KB015467

생각의 문법

생각의 문법

세상을 꿰뚫는 50가지 이론 3

강준만 지음

왜 우리는
'생각의 문법'에 무심할까?

미국에서는 2008년부터 매년 3월 4일을 '문법의 날Grammar Day'로 정하고 문법에 맞는 영어를 써야 한다는 운동을 전개하고 있다지만, 그런 운동의 비법을 한국에서 배워야 하는 건 아닌지 모르겠다. 영어 문법을 지키는 것에 대해 한국인처럼 강박증을 갖고 있는 사람들은 찾아보기 어려울 것이기 때문이다. 영어 실력이 꽤 되는데도 행어 문법에 맞지 않는 말을 할까 두려워 아예 입을 떼지 않는 사람들이 좀 많은가.

이게 의외로 재미있는 이야기다. 영어 문법에 대해 그런 강박을 갖고 있는 한국인은 한국어 문법에 대해선 거의 신경 쓰지 않으며, 문법의 존재에 대해서조차 거의 생각하지 않기 때문이다. 미국인들이 영어 문법에 대해 그러하듯이 말이다. 왜 그럴까? 이미 온몸으로 익숙하기 때문이다.

같은 이유로 우리는 우리가 하는 생각에도 그 나름의 '문법'이 있다는 것에 대해 무심하다. 어렸을 때부터 부모와 주변 사람들이 주는 '가르침'을 자연스럽게 온몸으로 익힌 탓이다. 예컨대, 다음과 같은 속담이나 속설은 그런 교육을 통해 우리에게 이미 확고한 '생각의 문법'으로 자리 잡았다고 보아야 하지 않을까?

"뒤로 자빠져도 코가 깨진다." "하나를 보면 열을 안다." "우리가 남이가." "더도 덜도 말고 중간만 가라." "혼자 사는 세상이 아니다." "친구 따라 강남 간다." "네가 하면 나도 한다." "놓친 고기가 더 커 보인다." "백문百聞이 불여일견不如一見이다." "사람은 다 저 알아주는 맛에 산다." "사람은 큰물에서 놀아야 한다." "까마귀 노는 곳에 백로야 가지 마라." "부자는 3대를 못 간다."

이런 '생각의 문법'은 이성과 원칙에 관한 문법이라기보다는 감정과 고정관념에 관한 문법이며, 명시적으로 공인된 문법이라기보다는 암묵적으로 실천되는 문법이다. 각기 그 나름으로 그럴 만한 과학적 근거를 갖고 있을망정 모든 경우에 적용할 수는 없으며 적용해서도 안 될 '상식'이다.

사람들마다 생각의 내용은 물론 생각하는 방식이 다르다는 것은 각자 다른 '생각의 문법'을 갖고 있다는 것을 말해주지만, 이 책에선 주로 '최대공약수'에 해당하는 공통의 문법을 다룰 것이다. 그런 공통 문법을 연구하는 학문 중의 하나가 바로 '행동경제학behavioral economics'이다. 행동경제학은 인간의 합리성을 전제로 추상적 이론을 숭배해온 탓에 현실과 동떨어진 주류 경제학과는 달리 비합리적인 인간의 행태에 주목하는 경제학이다. 노벨경제학상 수상자인 행동경제학자 대니얼 카너먼Daniel Kahneman, 1934- 은 노벨상 수상 소감에서 다음과 같이 말했다.

"저는 고정관념에 기초한 인간의 두루뭉술한 사고와 편향성에 대해 연구했습니다. 인간이 모두 비합리적이라고 말하는 것은 아닙니다만 '합리성'이라는 개념은 매우 비현실적입니다. 저는 '합리성'이란 개념 자체를 부정하고 싶을 뿐입니다."[1]

물론 우리는 '합리성'이라는 개념 자체를 부정할 필요는 없다. 우리 인간은 합리적일 때도 있고 합리적이지 않을 때도 있다는 선에서 타협하자. 인간이 늘 합리적이진 않기에 각 개인이 갖고 있는 생각의 문법을 탐구하는 일은 큰 의미를 갖는다고 볼 수 있다. 자신의 문법이 갖는 문제점에 대해 깨달은 사람은 좋은 방향으로 생각을 바꾸고, 더 나아가 행동까지 바꿀 수 있기 때문이다. 생각이나 행동을 바꾸지 않더라도, 자신의 문법에 대해 자의식을 갖는 것만으로도 큰 의미가 있다.

우리는 우리 자신의 '확신'이나 '신념'을 소중히 여기지만, 우리와 갈등을 빚는 사람의 '확신'이나 '신념'은 '편견'이나 '고집'으로 여기는 경향이 있다. 이런 이중 기준의 원리를 존중한다면, '확신'은 소통의 적敵일 수 있다는 점에 눈을 돌려 보는 건 어떨까. 독일 철학자 프리드리히 빌헬름 니체Friedrich Wilhelm Nietzsche, 1844-1900가 "확신은 거짓말보다 위험한 진실의 적이다"고 한 것도 그런 관점에서 이해할 수 있지 않을까?[2]

그러나 우리 인간은 '확신'이나 '신념' 없인 살아가기 어려운 것도 분명한 사실이다. 이와 관련, 영국 철학자 버트런드 러셀Bertrand

Russell, 1872-1970은 이렇게 말하지 않았던가. "인간은 경솔한 신념의 동물이며 반드시 뭔가를 믿어야만 한다. 신념에 대한 좋은 토대가 없을 때에는 나쁜 것이라도 일단 믿고 만족해할 것이다. 그러한 믿음에 따라 능동적으로 움직이려고 한다."[3]

그래서 어떤 일이 벌어지는가? 아일랜드 시인 윌리엄 버틀러 예이츠William Butler Yeats, 1865-1939는 "최고로 선량한 사람은 모든 확신을 잃어버렸고 최고로 악한 자들은 어두운 열정에 몰두하나니"라고 노래했다. 미국 경제사가 데이비드 란데스David Landes, 1924-2013는 『국가의 부와 가난The Wealth and Poverty of Nations: Why Some Are So Rich and Some So Poors』(1998)에서 이 구절을 인용하면서 오늘날 광신주의, 당파주의, 적개심이 더 만연하고 있다고 개탄한다.[4]

물론 한국의 사정도 다르지 않다. 아니 우리는 70년 묵은, 게다가 현재진행형인 국토 분단의 상처를 안고 있기에 더하다고 볼 수 있다. 분단 갈등에 더해 정치 갈등·빈부 갈등·지역 갈등·세대 갈등 등 온갖 유형의 갈등이 우리의 일상적 삶을 짓누르고 있으며, 악한 사람은 물론 선량한 사람들까지 갈등을 먹고 자라는 증오의 확신에 사로잡혀 있다. 권력이나 금력을 가진 사람들은 자신보다 낮은 위치에 있는 사람들을 상대로 확신에 찬 '갑질'을 해대고 있으며, 그걸 자연의 법칙이자 사회의 법칙으로 여기는 신념에 투철하다.

이쯤 되면 확신과 신념은 '공공의 적'이라 할 만하다. 나의 확신과 신념에 대해 그것이 생겨나게 된 근원과 과정을 탐구하는 것, 그게 바로 '생각의 문법' 연구다. 이 책은 '생각의 문법'과 관련된 50개의 "왜?"라는 질문을 다양하게 던지고 여러 분야의 수많은 학자에 의해

머리말

논의된 이론과 유사 이론을 끌어들여 답을 하려는 시도를 해보았다. 독자들께서 이 책을 통해 자신이 갖고 있는 '생각의 문법'에 대해 성찰하거나 다시 한 번 생각해보는 기회를 가지면서 소통에 충실한 삶을 살게 되길 바라마지 않는다.

2015년 2월

강준만

제 1 장

착각
과
모방

왜 미팅만 하면
마음에 안 드는 사람이 걸릴까?

머피의 법칙

"친구들과 미팅을 갔었지 / 뚱뚱하고 못생긴 애 있길래 / 우와 쟤만 빼고 다른 애는 다 괜찮아 / 그러면 꼭 걔랑 나랑 짝이 되지 / 내가 맘에 들어하는 여자들은 / 꼭 내 친구 여자 친구이거나 / 우리 형 애인, 형 친구 애인, 아니면 꼭 동성동본 / 세상에 어떻게 이럴 수가 / 나는 도대체 되는 일이 하나 없는지 / 언제쯤 내게도 기가 막힌 / 그런 눈부신 여자 친구 하나 생길까."

지금부터 20년 전인 1995년 DJ DOC가 히트시킨 〈머피의 법칙〉이란 노래의 가사다. '뚱뚱하고 못생긴 애'를 공개적으로 차별하는 점이 마음에 걸리긴 하지만, 누구나 한 번쯤은 "왜 미팅만 하면 맘에 안 드는 사람이 걸릴까?"라는 의문을 품었음직하다. 우리 인간은 자기애가 투철한 동물이어서 "너 자신을 알라"는 말은 알아도 그걸 실천하는 법은 거의 없으니 말이다. 그래서 상대편도 자신에 대해 그런 불평을 할 수 있다는 건 전혀 생각하지 않은 채 '눈부신 여자 친구'를 꿈꾸는 착각의 늪에 빠져 살 수 있는 게 아닐까?

이 노래의 제목인 '머피의 법칙'이란 무엇인가? "뒤로 자빠져도 코가 깨진다"거나 "개똥도 약에 쓰려면 없다"는 속담이 있다. 쉽게 말하자면, 이를 가리켜 '머피의 법칙Murphy's Law'이라고 한다. 1949년 미국의 항공 엔지니어 에드워드 머피Edward A. Murphy, Jr., 1918-1990가 충격 완화 장치 실험이 실패로 끝나자 "잘못될 가능성이 있는 것은 항상 잘못된다Anything that can go wrong will go wrong"고 말한 데서 유래된 것으로 원하지 않는 방향으로 일이 진행될 때 사용된다.

머피의 법칙은 미국 작가 아서 블로크Arthur Bloch, 1948-가 1975년부터 사람들 사이에 떠도는 관련 이야기들을 모은 책을 시리즈로 출간하면서 널리 알려졌는데, 누가 원조냐 하는 걸 두고 논쟁이 제법 치열하다. 블로크가 제시한 '이름 유래의 법칙', 즉 "선견지명이 있는 법칙일수록, 그 법칙을 발견했다고 주장하는 사람의 수는 늘어날 것이다"가 잘 맞아떨어진 경우라고 볼 수 있겠다.

머피의 법칙과 상반되는 '샐리의 법칙Sally's Law'은 영화 〈해리가 샐리를 만났을 때When Harry Met Sally〉(1989)의 여주인공 이름을 딴 법칙으로, 잘될 가능성이 있는 것은 항상 잘되는 경우를 말한다. 예컨대, 일어날 확률이 1퍼센트밖에 되지 않는 나쁜 사건이 계속 벌어지면 머피의 법칙에 해당하고, 일어날 확률이 1퍼센트밖에 되지 않는 좋은 사건이 계속되면 샐리의 법칙에 해당한다.[1]

머피의 법칙

'샐리의 법칙'과 비슷한 '이프름의 법칙Yhprum's Law'이란 것도 있다. Yhprum은 Murphy의 철자를 거꾸로 한 것이다. 하버드대학 경제학자 리처드 젝하우저Richard J. Zeckhauser, 1940-가 명명한 것으로, "작동하지 않아야 마땅한 시스템이 그럼에도 불구하고 작동할 때가 있다Sometimes systems that should not work, work nevertheless"는 법칙이다. 좀더 대중적인 버전은 "잘될 일은 잘되게 되어 있다Everything, that can work, will work"다. 모르는 사람들 사이에서 공정한 거래가 이루어지는 세계 최대의 전자상거래 업체 이베이eBay의 성공을 이 법칙으로 설명하기도 한다.[2]

2013년 7월 취업포털 커리어가 직장인 924명을 대상으로 '직장 내 머피의 법칙과 샐리의 법칙'이라는 주제의 설문조사를 한 결과 직장인 머피의 법칙 1위는 '약속이 있는 날에 꼭 야근을 하게 된다'(24.8퍼센트)였다. 이어 머피의 법칙 2위는 '지각하는 날 더 안 오는 버스와 엘리베이터'(17.8퍼센트)였다. 또 '급한 업무 전화를 걸었을 때, 담당자가 자리에 없거나 통화 중'(17.8퍼센트), '열심히 일하다가 잠시 딴 짓 하는데 상사가 내 모니터를 확인'(13퍼센트), '보너스 탔는데 약속이라도 한 듯 바로 생기는 급한 지출'(10.2퍼센트) 등이 뒤를 이었다.

반대로 직장에서 겪는 '샐리의 법칙' 1위는 '집에서 늦게 출발했는데 오히려 일찍 도착'(32.9퍼센트)이었다. 이어 '지각을 했는데 때마침 자리에 없는 상사'(34.3퍼센트), '급한 지출이 있었는데 달력을 보니 곧 월급날'(15.1퍼센트), '회의 준비 덜 했는데 오히려 칭찬'(16.9퍼센트) 등의 순서였다.[3]

"왜 미팅만 하면 마음에 안 드는 사람이 걸릴까?"라고 궁금해하는 사람들에겐 "입장 바꿔 생각해봐!"라는 답이 제격일 게다. 즉, 머피의 법칙은 심리적 현상이라는 뜻이다. 미국 정신의학자 아서 프리먼 Arthur Freeman은 머피의 법칙에 대해 다음과 같이 말한다.

"세상에는 전혀 걱정할 필요 없는 상황이란 없다. 그렇지만 그 확률이 백만 분의 1이라 해도 걱정하는 사람은 문제가 생기지 않을 99.9999퍼센트의 좋은 상황보다는 문제가 생길 단 0.0001퍼센트에 집착한다. 걱정하는 데 너무 많은 에너지를 소비하게 되면, 말도 안 돼 보이던 것조차 가능해 보일 수 있다."[4]

일반적으로 머피의 법칙을 반박하는 이들은 공교롭게도 일이 잘 안 풀린 경우나 아주 재수가 없다고 느끼는 일만 또렷하게 기억하는 이른바 '선택적 기억selective memory' 때문이라고 설명한다. 자신이 당황했거나 손해를 본 경험은 오래 기억하기 마련이고, 또 그래서 쉽게 기억나는 일일수록 그 일이 일어난 확률을 높게 매기는 경향이 있다는 것이다. 또 사람들이 모든 현상의 원인을 찾으려 하기 때문에 나타나는 심리적 현상, 즉 논리학에서 말하는 '거짓 원인의 오류the fallacy of false cause'로 설명하기도 한다. 그렇다면 '머피의 법칙'이 아니라 '머피의 오류'인 셈이다.[5]

머피의 법칙을 자기암시 현상으로 본 일본 작가 기쿄 기요시桔梗清는 『역逆머피의 법칙: 플러스 지향의 성공법칙 권장』(1994)에서 머피의 법칙은 미국에서 1970년대 후반부터 유행했다는 점에 주목하면서, 여기에는 불경기라는 경제적 배경과 냉소적인 감각이 감도는 사회적 배경이 작용했다고 주장한다.

"냉혹한 현실 앞에서 대부분의 미국인들은 무력감과 후퇴감이 심해졌으므로, 자신들도 모르는 사이에 마이너스 사고에 사로잡힌 것이 당연할 수밖에 없겠다. 마이너스 이미지가 강해지면 도전정신과 희망이 사라지고, 기껏해야 세상을 시니컬한 감각으로 바라보는 정도밖에 되지 못한다. 그 같은 기분에 딱 맞는 법칙이 '머피의 법칙'이었다 해도 좋을 것이다. 머피의 법칙은 슘페터가 예언한 '황혼녘이 된 사회·문화'의 상징적 법칙으로 보아야 할 것이다."[6]

영국 물리학자 로버트 매슈스Robert A. J. Matthews, 1959-는 좀 다른 방식으로 설명한다. 예컨대, 버터 바른 빵이 바닥으로 떨어질 땐 잼이나 버터를 바른 부분이 바닥에 닿게 되어 있으며, 12개의 계산대가 있는 마트에서 빨리 줄어들 것 같은 줄에 서지만 다른 줄이 먼저 줄어들 확률이 12분의 11이나 된다는 식의 설명이다.[7]

1997년 머피의 아들은 '머피의 법칙'에 관한 논문이 실린 『사이언티픽 아메리칸Scientific American』에 편지를 보내, 아버지 머피는 조종사의 안전을 위해 아주 낮은 확률의 사고라도 막기 위해 최선을 다했던 완벽주의자로서 '머피의 법칙'은 일상사의 불운을 다룬 법칙이 아니라, 혹시 벌어질지 모르는 만약의 사태에 철저히 대비하자는 뜻에서 제안된 것이라고 말했다.[8]

그러나 세상은 '머피의 법칙'을 주로 일상사의 불운을 다룬 법칙으로 많이 쓰는 걸 어이하랴. '머피의 법칙'은 '착각적 상관illusory correlation' 개념으로 설명할 수도 있는데, 이에 대해선 「왜 "하나를 보면 열을 안다"는 속담은 무서운 말인가?: 착각적 상관의 오류」에서 살펴보기로 하자.

왜 "하나를 보면 열을 안다"는
속담은 무서운 말인가?

착각적 상관의 오류

우리는 "하나를 보면 열을 안다"는 말을 즐겨 하는데, 사실 그런 경우가 많다. 포털사이트에서 이 속담이 언론 기사에서 사용된 수많은 사례를 검색해보면, 하나같이 고개를 끄덕이지 않을 수 없을 정도로 설득력이 높다. 그래서 우리는 "하나를 보면 열을 안다"는 말을 거의 진리처럼 간주하는 경향이 있다.

그러나 "하나를 보면 열을 안다"는 속담은 알고 보면 참 무서운 말이다. 하나를 보아 열을 알 수 있는 경우가 많지만, 결코 그렇지 않은 경우도 있기 때문이다. 이 속담은 주로 누군가의 행실을 비판하거나 비난할 때에 사용하는데, 열 중에 아홉은 같다 치더라도 예외적인 하나가 있을 경우 어떻게 할 것인가? 그 하나마저 90퍼센트의 확률에 의해 도매금으로 비판·비난받아 마땅한가? 그래서 우리는 "열 명의 죄인을 사법 처리를 못할지라도 한 명의 죄 없는 사람이 처벌받아서는 안 된다"는 법언法言도 무시해야 하는가?[9]

어떤 개인이나 집단의 독특성을 하나의 일반적인 범주로 간주하는 건 더욱 심각한 문제를 낳을 수 있다. 주로 남자로 구성된 집단에 소수의 여자가 있을 경우를 상정해보자. 대다수가 남자이기 때문에 소수인 여자는 잘 구별되는 독특성을 갖게 된다. 이때 이 소수 여자의 독특성과 일반적인 여성 사이에 무슨 상관관계가 있는 것처럼 여겨 여자는 어떻다는 식의 결론을 내린다면, 이는 '착각적 상관의 오류 fallacy of illusory correlation'를 범하는 것이라고 말할 수 있다. 특정 지역에 대한 고정관념이나 편견도 바로 이런 식으로 만들어지는 경우가 많다.[10]

'착각적 상관의 오류'는 1967년 미국 심리학자 로렌 채프먼Loren Chapman과 진 채프먼Jean Chapman의 실험을 통해 처음 입증된 것이다. 이들은 참가자들에게 계란-호랑이, 노트북-베이컨, 사자-꽃 같은 식으로 2개씩 짝 지어진 단어들을 보여주고, 약간의 시간이 흐른 뒤에 그들이 보았다고 생각하는 단어의 짝을 조사하는 실험을 했다. 대다수의 참가자들이 실제로는 제시된 적이 없는 호랑이-사자 짝을 보았다고 대답했는데, 이는 고정관념에 따른 착각이었다. 이처럼 실제로는 두 범주 또는 사건 사이에 아무 관련이 없는데도 관련이 있다고 착각하는 것을 '착각적 상관illusory correlation' 또는 '연관성 착각'이라고 한다.[11]

실제 생활에서 두 사건 사이에 아무런 관련이 없는데도 관련이 있다고 여기는 경우를 보자. 예컨대, "날씨가 좋으면 거래자의 기분이 좋기 때문에 주가가 오른다"라는 가설을 세웠을 경우 사람들은 이 가설을 확인시켜주는 정보만을 찾는다. 그리고 맑은 날과 주가 사이의 잘못된 상관관계를 확고히 한다. 가설을 만들고 그에 맞는 정보만 찾음으로써 통계적으로 보면 존재하지 않지만 추측으로 존재하는 두 사건 사이의 관련성을 구성하게 되는 것이다. 이처럼 어떤 현상이나 상관관계에 대한 다른 경우를 생각하지 않은 채 결론을 내리는 것을 '허위 진단성 편향pseudo diagnosticity bias'이라고도 한다.[12]

'착각적 상관의 오류'는 남녀관계에서도 발생한다. 『헤어짐의 심리학』을 쓴 아즈마 야스시阿妻靖史는 최악의 이별 유형으로 '이별 상태를 계속 사랑 상태라고 착각하면서 사는 유형'을 꼽았다. 이미 헤어진 사람인데도 "우리가 헤어졌을 리가 없어. 내가 그 사람을 못 잊듯 그 사람도 날 잊지 못하고 있을 거야. 곧 내게 다시 돌아올지도 몰라. 언젠간 내 진심을 알고 다시 돌아올 거야"라고 생각하면서 이별을 인정하지 않고 자신과 옛 연인을 계속 착각적 상관의 관계에 놓는다는 것이다.[13]

그런 착각적 상관의 오류가 악화되면 양쪽 모두에게 돌이킬 수 없는 비극을 낳기도 한다. 이미 이별을 한 사이인데도 어느 한쪽이 그걸 인정하지 않고 자기 상상의 세계에서 그 관계를 지속시키면 배신감이 증폭되어 보복 범죄의 길로 들어서기 때문이다. 한국에선 그런 '이별 범죄'를 저지르는 사람의 수가 매년 약 1만 명에 이른다.[14]

상관관계correlation를 인과관계causality, causation로 착각하는 것도 오류를 낳는다. 상관관계는 인과관계와 전혀 다른 말인데, 이를 혼동하

는 경우가 많다. 미국 갤럽 여론조사에 따르면, "상관관계가 곧 인과
관계를 의미한다고 생각하십니까?"라는 질문에 응답자의 62퍼센트
가 "그렇다"는 답을 한 것으로 나타났다.[15]

A와 B가 있을 때, 둘 중 어느 하나가 다른 것이 원인이 아님에도
상관관계를 갖는 일은 아주 흔하다. 널리 잘 알려진 예로는 다양한 사
회집단에서 우유의 소비량(A)과 암 발병 건수(B) 사이에 느슨한 상관
관계가 있다는 것을 들 수 있다. 이 상관관계는 사회집단의 상대적인
부의 차이(제3의 요소)가 우유 소비량의 증가(A의 변화)와 수명 연장에
의한 암 발생 건수의 증가(B의 변화)를 동시에 가져왔기 때문이라고
설명할 수 있다.[16]

미국 경영학자 필 로젠츠바이크Phil Rosenzweig는 「상관관계와 인과
관계의 망상The Delusion of Correlation and Causality」이라는 글에서 "경영자
교육에 많은 비용을 지출하는 기업이 높은 실적을 올리는 경향이 있
음을 발견했다고 하자. 이것을 어떻게 해석해야 할까?"라는 질문을
던지면서 다음과 같이 말한다.

"경영자 교육에 대한 투자가 높은 실적을 초래한다고 말할 수 있
을까? 아니다. 왜냐하면 수익성 있는 기업만이 교육 투자 비용을 감당
할 여력을 지녔기 때문이다. 우리가 특정 시점의 자료를 수집하는 경
우에는 어느 쪽이 인과 요인인지 알지 못한다."[17]

심리학자 에드윈 로크Edwin Locke는 "상관관계 방식은 인과관계 가
설을 제시하는 데 아주 유용하지만 과학적 증명 방식은 아니다. 상관
관계만으로는 아무것도 설명하지 못한다"고 말한다. 스티븐 레빗
Steven D. Levitt과 스티븐 더브너Stephen J. Dubner도 "2가지 요인이 상관관

계를 지닌다는 것이 인과관계가 있다는 의미는 아니다"며 다음과 같이 말한다.

"상관관계는 단순히 두 요인 사이에 관계가 있다는 것을 의미할 뿐이며, 관계의 방향성에 대해서는 아무것도 말해주지 않는다. X가 Y를 야기하기도 하지만, Y가 X를 야기할 수도 있고, X 및 Y가 전혀 다른 요인 Z에 의해 야기될 수도 있다."[18]

인과설정의 오류post-hoc fallacy라는 것도 있다. 과거의 일에 지나치게 특별한 의미를 두고 잘못 해석해 "선행하는 것이 곧 원인이라는 논리post hoc ergo propter hoc = after this, therefore because of this", 즉 어떤 일이 과거에 일어난 다른 일보다 시간적으로 나중에 발생했다면 그 원인은 과거에 일어난 일 때문"이라고 막연하게 생각해버리는 오류를 말한다. 과거에 일어난 일과 나중에 일어난 일의 인과관계가 확인되지 않았는데도 지레짐작으로 그럴 것이라고 믿어버리는 오류인 셈이다.[19]

그 대상이 무엇이건 관계에 대한 판단은 늘 착각과 오해에 노출되어 있기 마련이지만, 우리 인간이 본능적으로 갖고 있는 '인지적 구두쇠cognitive miser' 성향은 그런 위험을 무릅쓰게 만든다. 그래서 사람들은 "하나를 보면 열을 안다"고 말하지만, 자신도 그 열 속에 포함된 예외일 수 있다는 생각을 해보아야 하지 않겠는가? 세상일엔 아홉을 본다 해도 열을 모르는 경우도 있는 법이다.

착각적 상관의 오류

왜 세상을 이해하는 데에 필요한 범주화는 폭력적인가?

범주화된 지각의 오류

누구나 한 번쯤은 접해 보았을 '수수께끼 그림' 가운데 보는 시선에 따라 젊은 여인이 되기도 하고 노파가 되기도 하는 그림이 있다. 이 그림은 범주category의 힘을 설명할 때에 사용되곤 한다. 우리가 범주를 바라볼 때에도 바로 이러한 방식으로 바라보기 때문이다. 그래서 마케팅 전문가들은 기업들에 새로운 수요 창출을 위해 어떤 제품이 특정 범주에 속한다고 하는 고정관념을 깨라고 조언하기도 한다.[20]

기업은 마음만 먹으면 그런 파격적인 발상을 쉽게 실천할 수도 있겠지만, 우리 인간들 사이의 범주는 그 경계를 뛰어넘기가 이만저만 어려운 게 아니다. 학연·지연·혈연 등의 연고를 중심으로 한 범주는 말할 것도 없고 그 무엇을 기준으로 삼건 일단 어떤 범주 집단이 형

성되면 징그럽다고 해도 좋을 정도로 배타적인 패거리주의를 드러내
보인다. 그래서 이 세상에 개인은 없고 범주만 존재하는 것 같은 느낌
을 주기까지 한다. 다음과 같은 신문 기사는 이런 문제에 대해 생각해
볼 수 있는 귀중한 실마리를 제공해준다.

"19일 오후 7시 40분쯤 서울 성북구 안암동 고려대 운초우선교육
관 건물 7층에서 사범대 부교수인 정 모(41) 씨가 자신의 연구실 문에
포장용 노끈으로 목을 매 숨져 있는 것을 정 교수 부인과 경비원이 발
견해 경찰에 신고했다. 경찰에 따르면, 부인이 정 교수와 연락이 되지
않자 불안한 마음에 학교를 찾았고, 문이 잠겨 있어 경비원인 김 모 씨
와 함께 문을 따고 들어갔다가 숨진 정 교수를 발견했다는 것이다. 경
찰 관계자는 '정 교수가 출근 전 죽음을 암시하는 말이나 행동 등을
부인에게 한 것 같다'며, '이 때문인지 늦지 않은 시간인데도 부인이
계속 정 교수에게 전화했고, 연락이 되지 않자 직접 학교로 찾아왔다'
고 밝혔다. 정씨는 유서에서 '가족에게 미안하다'는 말과 함께 직장
내 '왕따' 문제 등으로 신변을 비관한 것으로 알려졌다. 경찰 관계자
는 '지난해 2월 임용된 정 교수는 지방대 출신(공주대)이다 보니 교수
사회에 어울리지 못하고 왕따를 당한 것으로 보인다'며 '재임용을 앞
두고도 심적 고통이 컸던 것으로 알고 있다'고 말했다."[21]

『조선일보』 2010년 10월 21일자에 실린 「지방대 출신 고려대 교
수 자살」이라는 기사다. 인터넷판엔 「고려대 교수 자살…"왕따 비
관"」이라는 제목으로 실렸지만, 종이 신문에서 내 눈길을 확 잡아끈
것은 '지방대 출신'이라는 표현이었다. 제목에서 '지방대 출신'을 언
급하지 않은 다른 신문들을 읽을 때엔 그냥 지나쳤던 기사인데, 기사

제목에 끌려『조선일보』기사를 자세히 읽게 되었다.

그런데 '지방대 출신'이라는 범주화를 어떻게 보아야 할까? 명암明暗이 있다. 이른바 '성급한 일반화의 오류fallacy of hasty generalization'와 비슷한 문제다. 이는 논쟁에서 가설을 설정하는 중간 단계를 거치지 않고 성급하게 제한된 증거를 가지고 바로 어떤 결론을 도출하는 오류를 말한다. 일반화가 단 하나의 사례에만 근거할 경우, 이를 '단일 사실의 오류fallacy of the lonely fact' 또는 '사례 입증의 오류the proof by example fallacy'라고도 한다.

성급한 일반화의 오류는 논리학적 개념이며, 이와 유사한 사회심리학적 개념이 바로 '범주화된 지각의 오류fallacy of categorical perception'다. 앞서 거론한 '착각적 상관의 오류fallacy of illusory correlation'의 전 단계에서 일어나는 오류라고 볼 수 있다.

범주화된 지각은 매우 비합리적인 면을 갖고 있지만 인간의 정보 처리 능력에 한계가 있기 때문에 실제로는 대부분의 사람들이 하고 있는 것이다. "우리가 남이가"라는 범주 확인용 한마디에 휩쓸려 들어가는 사람들이 좀 많은가. 범주화된 지각의 오류가 인종 간에 일어나면 인종적 편견이 되고 지방 간에 발생하면 지방적 편견이 되는데, 일단 편견이 확고하게 고정되면 그 편견을 타파할 수 있는 행위를 보아도 눈감아 버리는 경향이 있다.[22]

고려대 교수의 자살이 그가 지방대 출신이었기 때문인지는 확실치 않다. 그러나 그럴 가능성을 따져보는 일은 필요하다. 그런 점에서『조선일보』의 제목은 바람직하다. 반면 그런 범주화가 지방대 출신에 대한 '성급한 일반화의 오류'나 '범주화된 지각의 오류'를 강화하는

범주화된 지각의 오류

데에 일조할 수 있다는 점에선 위험하다. 그런데 이런 문제는 그 어떤 범주화 시도에건 따라붙기 마련이다.

이 사건과 관련, 텍사스주립대학 저널리즘스쿨 교수(현 성공회대 교수) 최진봉은 "이번 사건은 우리나라 대학 사회에 학벌주의가 얼마나 뿌리 깊게 박혀 있는지를 잘 보여주고 있다. 또한 최고의 지성인이 모인 교수 사회도 결국 사회의 구조적인 문제점인 출신과 학벌로 상징되는 패거리주의가 여전히 존재하는 조직임을 여실히 보여준 셈이다"며 다음과 같이 말했다.

"출신 학교에 따라 보이지 않는 차별과 무시가 존재하는 조직 내에서는 한국 사회에서 소위 2류로 분류되는 지방대 출신은 아무리 노력해도 일류가 될 수 없다. 실상은 출신 성분을 엄격하게 따지면서도 마치 유리천장으로 교묘하게 장막을 쳐놓아 누구나 함부로 진입하는 것을 금하고 있는 사회구조 속에서 소위 일류 출신이 아닌 사람들은 일류가 되려고 노력하면 노력할수록 엄청난 무력감에 빠질 수밖에 없다. 이처럼 공정하지 않은 구조가 대학에 남아 있는 한 우리나라 대학이 세계 일류 대학으로 발돋움하기는 어려울 것이다."[23]

좋은 뜻으로 한 말이지만, 이 주장 역시 『조선일보』 기사처럼 명암을 갖고 있다. 내가 『전라도 죽이기』(개마고원, 1995)와 『서울대의 나라』(개마고원, 1996)를 출간하면서 직면한 딜레마이기도 했다. 좋은 뜻으로 잘못된 현실을 고발하는 성격의 책이었지만, 두 책은 원래의 의도와는 상관없이 부작용을 초래할 수도 있었다. 전라도 차별 의식이 거의 없는 사람이 전라도 차별의 실상을 알게 되었을 때, 서울대 패권주의를 잘 모르던 사람이 그 실상을 알게 되었을 때, 고발의 취지와는 전혀 다른 결과를 낳을 수도 있다는 것이다.

모든 고발은 그런 양면성을 갖는다. 범주화의 명암明暗이요, 딜레마다. 아니 우리 인간의 딜레마다. 인간은 '범주화의 동물'이기 때문이다. "나는 누구인가?"를 묻고 따지는 정체성 탐색은 우선 범주화에서 비롯된다. 일상적인 대인관계에서도 누군가를 처음 만나면 혈연·지연·학연이라는 범주, 즉 1차적인 호구조사에 들어가는 게 우리의 오랜 습속이 아니던가.

우리는 '편가르기'라는 말을 부정적인 의미로 쓰지만, 모든 종류의 사랑은 본질적으로 '편가르기'의 산물이 아닌가. 마이클 딥딘 Michael Dibdin, 1947-2007의 소설 『죽은 늪Dead Lagoon』(1996)에서 베네치아의 민족주의 선동가는 "진정한 적敵이 없다면 진정한 친구도 있을 수 없다. 우리가 아닌 것을 증오하지 않는다면 우리 것도 사랑할 수 없다"고 했다.[24] 이런 이치는 인간관계에도 그대로 적용할 수 있다.

누구에겐가 배타적 관심이나 이익을 줄 때에 사랑과 정情이 생겨나는 것이지, 모든 인간을 사랑한다는 건 예수나 할 수 있는 일이 아닌가. 그런 관점에서 보자면 왕따는 나쁜 사람들이 저지르는 일이 아니다. 자기편 사람들에게 정 많고 사랑이 흘러넘치는 사람일수록 왕따를 저지르기 쉽다. 의도하지 않은 왕따, 그것이 왕따의 본질이다. 개인적인 삶의 경쟁력은 그런 왕따를 많이 저지를수록 강해진다는 데에 인간세계의 역설이자 비극이 있는 게 아닐까?

범주화된 지각의 오류

왜 좋은 뜻으로 한 사회고발이
역효과를 낳을 수 있는가?

사회적 증거

어느 심리학자는 남자 1명을 길모퉁이에 세워놓고 텅 빈 하늘을 60초 동안 쳐다보게 하는 실험을 실시했다. 대부분의 행인들은 그냥 지나쳤다. 다음번엔 5명이 똑같은 행동을 하도록 했다. 길을 가다 멈춰 서서 빈 하늘을 응시한 행인은 이전보다 4배 많아졌다. 15명이 서 있을 땐 길 가던 사람 가운데 45퍼센트가 멈춰 섰으며, 하늘을 응시하는 사람들의 수가 늘어나자 무려 80퍼센트가 고개를 올려 하늘을 쳐다보았다.

1968년 미국 심리학자 스탠리 밀그램Stanley Milgram, 1933-1984이 실시한 실험이다. 이 실험에서 나타난 게 이른바 '사회적 증거social proof'의 원리다. 많은 사람이 하는 행동이나 믿음은 진실일 것이라고 생각하는 경향이 있다는 것이다. 사회적 증거는 이른바 '동조conformity' 현상과는 다르다. 사람들은 동료의 압력이나 징계가 두려워 하늘을 보는 것이 아니기 때문이다. 정말 볼 것이 없다면 많은 사람이 쓸데없이 하늘을 응시하겠느냐고 생각하기 때문에 따라서 하는 것이다.[25]

일부 나이트클럽들은 입장 공간이 충분한데도 일부러 손님들을 문밖에 길게 줄 서게 함으로써 가장 인기 좋은 나이트클럽이라는 사회적 증거를 조작하기도 한다. 영업 교육 강사인 카벳 로버트Cavett Robert는 이 원칙의 핵심을 이렇게 말한다. "주도자는 5퍼센트뿐이고, 나머지 95퍼센트는 '따라쟁이'들이다. 다른 사람의 행동은 영업사원이 제시하는 어떤 증거보다 더 설득력이 높다."[26]

이 원리에 따라 바의 바텐더는 하루의 일과를 시작할 때 팁을 받는 항아리에 일부러 동전이나 지폐를 넣어둔다. 빈 항아리를 보면 고객들은 "아무도 팁을 주지 않았으니 나도 팁을 낼 필요가 없겠다"고 생각하는 반면, 항아리에 돈이 들어 있으면 "다들 팁을 내는구나, 나도 일어나기 전에 팁을 넣어야겠군"이라고 생각할 가능성이 높아지기 때문이다.[27]

미국의 홈쇼핑 구성작가 콜린 스좃Colleen Szot은 흔하디흔한 카피를 사회적 증거의 법칙에 따라 바꿈으로써 대박을 터뜨렸다. 구매를 유도하는 너무나도 익숙한 문구 "상담원이 기다리고 있습니다. 바로 전화해주세요"를 "상담원이 지금 굉장히 바쁘네요. 다시 전화해주세요"로 바꾼 것이다.

호텔에서 고객들을 대상으로 수건 재사용 권유를 하는 방법론도 사회적 증거의 법칙을 따를 때에 성공할 수 있다. 미국 애리조나대학 심리학자 로버트 치알디니Robert Cialdini 연구팀은 두 가지 종류의 카드를 만든 다음, 호텔 지배인의 도움을 받아 객실에 카드를 비치했다. 하나는 환경보호와 관련된 것으로, "수건 재사용 프로그램에 참여해서 환경을 보호하는 데 힘을 보태고 자연보전에 대한 의지를 보여달라"는 내용이었다. 하나는 사회적 증거의 법칙에 따른 것으로, "호텔을 이용하는 손님들 대다수가 숙박 기간 동안 적어도 한 번 이상 수건을 재사용한다"는 단순한 사실만 적었다. 손님들의 참여율은 두 번째 카드가 첫 번째 카드에 비해 26퍼센트 더 높은 것으로 나타났다.[28]

세 번째 카드는 "자신과 같은 방에 묵었던 대다수가 수건을 다시 사용한다"는 내용이었다. 어떻게 달라졌을까? 호텔 투숙객 전체의 행동에 대한 정보를 얻은 손님들에 비해 참여율이 더 높았으며, 기본적인 환경보호 메시지만으로 실험한 경우에 비하면 참여율이 33퍼센트 더 증가한 것으로 나타났다. 왜 그런 걸까? 우리는 자신과 같은 처지나 상황에 있는 사람들의 행동 규범을 따르기 때문이다.[29]

케네스 크레이그Kenneth Craig 연구팀은 사회적 증거의 원칙이 사람이 경험하는 고통의 강도에도 영향을 미친다는 걸 밝혀냈다. 피험자에게 전기 충격을 가할 때 다른 사람이 똑같은 전기 충격을 받으면서도 별로 고통스러워하지 않는 모습을 보여주자, 피험자가 고통을 덜 느꼈다고 밝혔을 뿐만 아니라 감각 민감도 같은 심리 반응, 심박수와 피부전도율 같은 신체반응 등에서도 피험자가 느끼는 고통이 줄어들었다는 것이다.[30]

앨버트 반두라Albert Bandura 연구팀은 그런 사회적 증거의 원칙을 이용해 바람직하지 못한 행동을 교정하는 방법을 발견했다. 사람들의 극심한 공포증을 치료할 수 있는 간단한 방법을 찾아낸 것이다. 이들의 연구에 따르면, 개를 두려워하는 유치원생들을 모아 놓고, 한 남자 아이가 개를 데리고 재미있게 노는 모습을 하루에 20분씩 보여주었는데, 단지 나흘 만에 놀라운 변화가 일어났다고 한다. 무려 67퍼센트의 아이들이 개를 데리고 놀이기구에 올라가는 등 개와 재미있게 놀았다는 것이다.[31]

기업들은 수십억 명이 먹는다는 것을 강조하는 맥도날드 광고처럼 인기를 증명하는 자료를 함께 제시한다. 제품이나 서비스에 만족한 고객들의 사용 후기에서부터 자체 광고에 이르기까지 사회적 증거의 설파에 여념이 없다. 국내 한 신용카드 회사의 텔레비전 광고는 "천만 명이나 쓰는 카드가 있대요. 괜히 천만이겠어요"라거나 "대한민국 성인 남녀 넷 중 하나는 ○○카드를 갖고 계십니다. 자그마치 천만이나 쓴다는 얘기죠"라고 외침으로써,[32] 확실한 사회적 증거에 동참하라고 선동한다.

앞서 살펴본 '범주화된 지각의 오류'와 마찬가지로, 사회적 증거의 법칙은 좋은 뜻으로 한 사회고발이 역효과를 낳을 수 있는 이유를 설명해준다. 아무리 좋지 않은 일이라도 다른 사람들 대부분이 한다는 정보에 접하게 되면, 그런 대세에 따르려는 심리를 갖게 되기 때문이다. 이와 관련, 수전 와인솅크Susan M. Weinschenk는 『마음을 움직이는 심리학How to Get People to Do Stuff: Master the Art and Science of Persuasion and Motivation』(2013)에서 다음과 같이 말한다.

"일전에 나는 대학 신입생과 학부모들을 위한 오리엔테이션에 참석한 적이 있다. 한 대학 행정관이 말하기를 최근 3년 사이에 교내 기숙사에서 음주 규정을 위반한 사례가 200건이 넘었다고 했다. 그는

사회적 증거

캠퍼스 내에 음주 문제가 심각하다고 지적하면서 이 문제를 해결하기 위해 학교 측에서 시도한 갖가지 방법들에 대해 얘기했다. 그러나 그의 메시지는 이미 돌이킬 수 없는 피해를 입힌 상태였다. 행정관은 그 자리에 모인 300명의 신입생들에게 다른 많은 학생들이 교내에서 술을 마신다는 말을 한 것이다. 이 말은 음주 문제를 줄이기는커녕 더 증가시킬 확률이 높다."[33]

미국 애리조나의 '화석의 숲' 국립공원은 관광객들이 화석화된 나무를 가져가는 바람에 골머리를 앓고 있었다. 국립공원 관리자들은 이런 표지판을 세웠다. "나뭇조각을 훔쳐가는 사람들 때문에 매일 우리의 유산이 파괴되고 있습니다. 여러분이 작은 조각 하나씩만 가져가도 매년 14톤가량의 석화된 나무가 유실됩니다." 그러나 이 표지판은 오히려 상황을 악화시켰다. 이 표지판을 본 어느 여성은 남자 친구에게 "우리도 하나씩 챙겨야겠는데"라고 말했다는데, 이런 식으로 표지판이 나뭇조각을 가져갈 마음이 없는 사람까지 동하게 만드는 역효과를 낳은 것이다.

치알디니를 비롯한 애리조나대학 연구팀은 "이곳을 다녀간 많은 사람들이 공원에서 석화된 나무를 가져갔기 때문에 숲이 훼손되고 있습니다"라는 문구의 표지판, 그리고 "숲을 보존할 수 있도록 공원에서 석화된 나무를 가져가지 마십시오"라는 문구의 표지판을 세운 뒤 두 표지판의 효과를 비교하는 연구를 했다. 세 번째 경우는 아무 표지판도 세우지 않아 실험군과 비교할 수 있도록 했다.

놀라운 결과가 나타났다. 표지판을 세우지 않은 실험에서는 전체 나뭇조각의 2.92퍼센트가 도난당한 반면, 부정적인 사회적 증거 메시지를 전달한 첫 번째 표지판의 경우엔 7.92퍼센트가 도난당했다. 이와는 대조적으로 "나뭇조각을 훔쳐가지 마라"는 메시지만 전달한 경우엔 1.67퍼센트가 도난당한 것으로 나타났다.[34]

    언론이 좋은 뜻으로 한 사회고발이 역효과를 낳을 수 있는 것도 바로 이런 부정적인 사회적 증거의 법칙 때문이다. 그렇다고 사회고발을 하지 않을 수도 없으니, 이 일을 어찌할 것인가? '아' 다르고 '어' 다르다는 원리에 따라, 부정적인 사회적 증거의 역효과를 염두에 두고 사회고발을 신중하게 하는 지혜를 발휘할 필요가 있겠다.

사회적 증거

왜 자살 사건이 크게 보도되면 자동차 사고가 급증하나?

베르테르 효과

미국 캘리포니아대학 사회학자 데이비드 필립스David P. Phillips는 1970년 「사회적 행위로서의 죽음Dying as a Form of Social Behavior」이라는 박사학위 논문을 출판하면서 자신의 전 생애를 죽음이란 연구 주제에 바치기로 했다.[35]

1974년 필립스는 1947~1968년의 기간에 미국에서 발생한 자살 통계를 면밀히 분석한 결과, 자살이 신문의 전면 기사로 다루어진 후 2개월 이내에 평균 58명의 자살 사건이 다른 때보다 증가되어 나타나는 현상을 관찰했다. 이러한 자살 건수의 증가는 특히 미디어가 요란하게 다루었던 지역에 국한되어 나타났다. 그 이전에 비해 이후에 각종 사고(비행기 사고, 자동차 사고 등)가 급증했으며, 이러한 사고에서

인명 치사율은 보통 때의 3~4배에 이르렀다. 필립스는 이 가운데 상당 부분을 사고를 가장한 자살로 추정했다.

필립스는 이러한 모방 자살copycat suicide 현상을 독일의 문호 괴테Goethe, 1749-1832가 1774년에 펴낸 『젊은 베르테르의 슬픔Die Leiden des jungen Werthers=The Sorrows of Young Werther』에서 주인공 베르테르가 연인 로테에게 실연당한 뒤 권총으로 자살하는 내용을 모방한 자살이 전 유럽으로 확산된 것에 비유해 '베르테르 효과Werther Effect'라고 이름 지었다.

당시 자살자들은 소설 속의 베르테르처럼 정장을 하고, 부츠, 파란 코트, 노란 조끼를 착용한 뒤 책상 앞에 앉아 권총 자살을 하는 등 베르테르의 모든 걸 흉내냈다. 괴테는 독자들에게 제발 베르테르를 따르지 말라고 호소하기도 했지만 별 효과가 없어 이 책은 한동안 이탈리아, 독일, 덴마크 등에선 금서가 되었다.

이 '베르테르 효과'는 주인공의 특성을 닮은 사람들에게서 주로 나타난다. 젊은이의 자살을 크게 보도하면 젊은이들의 자살과 차량 사고 사망률이 높아지고, 노인의 자살과 사망률이 높아지는 식이다. 베르테르 효과는 똑같이 고민에 빠진 다른 사람의 행동을 근거로 자신의 행동을 결정하는 경우로, 사회적 증거의 원칙을 부정적인 방향으로 적용한 사례로 볼 수 있다.[36]

심리학자 로버트 치알디니Robert Cialdini는 '베르테르 효과'가 나타나는 이유를 사람들이 처해 있는 상황에서 적절한 행위가 무엇인지를 판단하기 위해 자기와 유사한 처지에 있는 비슷한 사람들이 어떻게 행동하는지를 관찰하고 단서를 삼기 때문이라고 설명했다. 그는 자살 사건이 크게 보도되면 항공기, 고속버스 여행을 삼가라고 조언했다. 이는 자신의 이야기이기도 하다.

치알디니는 "그들은 여러 가지 이유에서(자신의 명성을 지키기 위해, 가족들에게 수치심과 상처를 주지 않기 위해, 부양가족이 보험을 타게 하기 위해) 자살한 것처럼 보이고 싶어 하지 않으며, 따라서 의도적으로 자동차 사고나 비행기 사고를 몰래 일으킨다. 민간 비행기 조종사들은 비행기를 추락시키고, 자동차 운전사들은 갑자기 가로수를 들이받는다"며 다음과 같이 말한다.

"정말 끔찍한 것은 함께 목숨을 잃는 무고한 사람들의 숫자이다.……나는 이러한 통계자료를 보고 영향을 받아 신문 1면에 자살 기사가 나올 때마다 기록을 해두고, 사건이 난 이후에는 행동을 조심했다. 나는 특히 자동차 바퀴 뒤쪽을 조심했다. 그리고 비행기를 오래 타야 하는 장기 출장은 꺼렸다. 만일 그 기간 동안 비행기를 타야 할 일이 생기면 평소보다 많은 금액의 비행 보험에 들었다."[37]

이에 대해 다른 심리학자 로렌 슬레이터Lauren Slater는 "하지만 나는 도저히 믿을 수 없다"며 이런 의문을 제기한다. "모방 자살은 납득할 수 있어도 베르테르 효과나 사회적 신호가 너무 강하여, 가령 커트 코베인이 죽었다고 해서 민간 비행기 추돌 사고를 일으킬 수 있다니 이게 가당키나 한 말인가? 자살 충동을 느꼈어도 그것을 단 한 번도 실행에 옮기지 못했던 기차나 비행기 조종사가 1면에 난 자살 기사에 이끌려 다른 생명들까지 앗아갈 정도로 충동적이 될 수 있다고?"[38]

이 논쟁은 두 심리학자에게 맡겨두고, 우리는 모방 자살을 인정하는 선에서 베르테르 효과를 이해하면 되겠다. 한국은 어떤가? 일부 전문가들은 2003년 8월 현대아산 이사회 회장 정몽헌의 자살 이후 부산 시장 안상영, 대우건설 사장 남상국, 전남지사 박태영 등 유명 인사들의 자살이 잇따른 걸 '베르테르 효과'로 추정했다.

2005년 2월 22일 영화배우 이은주의 자살도 '베르테르 효과'를 낳은 것으로 분석되었다. 서울중앙지검은 2005년 2월 22일부터 3월 17일까지 관할 지역인 서울 시내 7개구에서 발생한 변사 사건을 분석한 결과 하루 평균 자살자는 2.13명으로 그전의 0.84명에 비해 2.5배로 늘었으며, 이은주의 자살을 기점으로 이전 53일 동안 45명이 자살을 한데 반해 이후에는 23일간 49명이 자살했다고 밝혔다. 또 20대 자살자 숫자가 이은주의 자살 이후 15명(30.6퍼센트)으로 그전의 7명(15.5퍼센트)에 비해 급증했으며, 과거에는 의사(목을 매 죽음) 비율이 절반을 조금 넘는 53.3퍼센트였지만, 이후에는 79.6퍼센트로 집계되어 10명 중 8명꼴로 이은주와 비슷한 방식으로 목숨을 끊었다는 것이다.[39]

2014년 3월 서울아산병원 융합의학과 김남국 교수팀은 유명인 자살에 대한 언론의 기사 수와 모방 자살 증가 수를 조사한 결과 유명인 자살에 대한 언론 보도와 모방 자살의 상관관계가 통계적으로 유의미하다고 밝혔다. 연구팀이 1990년부터 2010년 사이 자살한 유명인 중 언론에 많이 보도된 15명에 대한 신문과 텔레비전 기사량, 통계청 모방 자살자 수를 정량적으로 모델링해 분석한 결과, 상관계수가 0.74로 유의미한 값이 나왔다. 상관계수는 1에 가까울수록 두 변수 간 연관성이 높다. 특히 2008년 자살로 숨진 탤런트 최진실의 상관계수가 가장 높았다. 자살에 대한 일별 신문 보도량과 일별 모방 자살의 상

관계수가 0.71, 텔레비전 보도량과 모방 자살의 상관계수는 0.76으로 나타났다.[40]

세계보건기구와 국제자살방지협회는 자살 보도와 관련한 연구, 전문가 의견을 종합해 2001년 '자살 보도에 관한 미디어 지침'을 마련하고 2008년 이를 개정했다. 또 국내에서도 한국기자협회와 한국자살예방협회가 공동으로 2004년 '자살 보도 권고 기준'을 제정했으며, 이어 2013년 9월 보건복지부는 '자살 보도 권고 기준 2.0'을 발표했다.

'자살 보도 권고 기준 2.0'의 주요 내용은 자살 보도 최소화, 자살 단어 사용 자제 및 선정적 표현 피하기, 자살 관련 상세 내용 최소화, 유가족 등 주변 사람 배려하기, 자살과 자살자에 대한 미화나 합리화 피하기, 사회적 문제 제기 수단으로 자살 보도 이용 않기, 자살로 인한 부정적 결과 알리기, 자살 예방에 관한 다양하고 정확한 정보 제공 등이다.[41]

2013년 12월 자살예방행동포럼 창립대회에서 '자살과 언론미디어의 사회적 역할'에 대해 발표한 서강대 신문방송학과 교수 유현재는 자살을 시도하는 사람에게 카메라부터 들이대는 미디어의 자세와 자살 보도 권고 기준에 반하는 보도에 대해 지적했다. 그는 "'수면제 45알을 한 번에 먹었다' 등 방법을 자세하게 적거나 '빚을 갚지 못해 자살을 선택했다' 등 자살이 해결책인 듯 제시하는 언론 보도가 잘못됐다"며 "보도를 어떻게 하느냐에 따라 자살률에 큰 차이가 있어 각 미디어는 '파파게노 효과'를 적극 활용해야 한다"고 주장했다.[42]

파파게노 효과Papageno Effect는 자살에 대한 언론 보도를 자제하면 자살 충동을 예방할 수 있다는 긍정적 효과를 뜻한다. '파파게노'는 모차르트의 오페라 〈마술피리〉에 나오는 캐릭터인데, 연인과의 이루지 못한 사랑을 비관해 자살하려 할 때 요정의 도움으로 죽음의 유혹을 극복하고 연인과 재회한다는 일화에서 유래된 말이다.[43]

하루 평균 40명이 자살을 하는 한국은 '자살 공화국'이요, 자살은 '국민병'이 되었다는 말까지 나오고 있다. 경제협력개발기구 34개 회원국 중 10년째 자살률 1위 자리를 지키고 있으니 그럴 만도 하다. 언론은 자살에 대해 앞다퉈 "이대론 안 된다"를 외치고 있지만, 베르테르 효과에 충분한 주의를 기울이지 않는 언론도 문제의 공범일 수 있다는 데에 눈을 돌려야 할 것 같다.

제 2 장

동조
와
편승

왜 우리 인간은
'부화뇌동하는 동물'인가?

동조

평범한 부모들이 자식들에게 강조하는 처세술 중의 하나로 "더도 덜도 말고 중간만 가라"는 말이 있다. 중간을 가기 위해선 어떻게 해야 하는가? 늘 남들을 관찰해야 하고, 눈치가 빨라야 한다. 즉, '동조同調'의 기술을 익혀야 한다. 동조conformity란 '형식form을 공유한다'는 뜻으로, "어떤 특정인이나 집단에서 실제적이거나 가상적 압력을 받아 자기 자신의 행동이나 의견을 바꾸는 것"을 말한다.

미국 사회심리학자 솔로몬 애시Solomon E. Asch, 1907-1996는 1952년 4개의 선에 대해 길이를 비교하게끔 하는 유명한 '동조 연구conformity research' 실험을 통해 사람들이 인지된 집단 압력에 굴복해 자신들이 확실하게 믿고 판단하는 것조차도 거부한다고 주장했다.

이런 가정을 해보자. 정답이 C인 매우 쉬운 문제가 있다. 그런데 참가자 5명 중 4명이 모두 오답인 A라고 말한다. 이 상황에서 자신 있게 정답 C를 외칠 수 있는 사람이 얼마나 될까? 애시의 실험에 따르면 실험 참가자 중 75퍼센트가 적어도 한 번은 다수의 의견을 따라 틀린 답을 말했다. 분명히 C가 정답이라고 생각하면서도 주위 사람들이 모두 A라고 대답하게 되면 어떡하지? 내가 C라고 말하면 이 사람들이 나를 이상하게 생각하지 않을까, 내게 화를 내지 않을까, 아니면 더 나아가 나를 조롱하지 않을까? 이 같은 걱정에 빠진 사람들은 다수의 편에 서기 위해 자신의 판단과는 다른 선택을 하게 된다는 것이다. 이런 동조 욕구에 대해 애시는 "남과 다르다는 것에 대한 두려움 때문에 남들과 똑같이 표현을 하면서 동질감과 소속감을 찾는다"고 말했다.[1]

애시는 왜 이런 실험을 했을까? 폴란드계 유대인으로 제2차 세계대전 이후에 연구 활동을 시작한 애시는 어떻게 그 많은 독일인이 사람을 대량 학살한 나치의 이데올로기를 흔쾌히 따를 수 있었는지 알아내기로 결심했다.[2] 우리는 부화뇌동附和雷同에 대해 안 좋게 이야기하지만, 애시의 연구 결과는 '인간은 부화뇌동하는 동물'이라는 걸 말해준다. 애시는 미국에서 공산주의자 동조자들을 색출해내는 '매카시즘 히스테리'가 한창이던 상황에서 이 실험 결과에 대해 다음과 같이 말한다.

"우리 사회에서 순응하려는 경향이 이렇게 강하다는 것은, 다시 말해 선량하고 지적인 젊은이들이 상황에 따라서는 흑백도 뒤바뀔 수 있다는 생각을 기꺼이 받아들인다는 것은 심상치 않은 문제이다. 우리가 얻은 결과는 현재의 교육 방법이나 우리 행동의 지침이 되고 있는 가치관에 의문을 제기하고 있다."**3**

미국 터프츠대학 심리학자 샘 소머스Sam Sommers는 "애시의 실험에서 참가자들에게 틀린 답을 말하라고 요구한 사람은 없었다. 집단의 의견을 거스른다는 생각 때문에 괜히 스스로 불편해진 것이다. 그리고 우리한테 옷을 어떻게 입고 머리를 어떻게 꾸미라고 대놓고 이야기하는 사람도 거의 없다. 하지만 그럼에도 불구하고 특정한 시대나 지역을 반영하는 어떤 '모습'에 대한 사람들의 의견은 대부분 하나로 모아진다"며 다음과 같이 말한다.

"그런 의미에서 우리는 스스로 생각하는 것만큼 독립적인 개개인은 아니다. 동조하려는 경향의 가장 흥미로운 측면은 아마 그것이 우리 행동의 아주 미묘한 부분에까지 영향을 끼친다는 점일 것이다. 즉 다른 사람의 직접적인 간청 없이도 우리의 사고와 행동은 급격하게 변할 수 있다. 그것이 바로 우리 행동을 좌우하는 보이지 않는 손이다. 그 보이지 않는 손이 우리 머릿속을 가득 채우고 있다."**4**

애시의 연구는 17개 국가에서 133번이나 재연되었는데, 그 결과들을 종합해보면, 개인의 정체성이 타자와 연결되어 발달하는, 소위 집단주의 문화권에서는 집단에 순응하는 비율이 개인주의 사회에서보다 높았다. 서유럽과 북미가 25퍼센트 수준을 보인 반면 아프리카, 오세아니아(남태평양의 여러 섬), 아시아, 남미는 평균 37퍼센트를 나타냈다. 개인적 차이도 있다. 자존감이 높은 사람은 집단의 영향력을 덜 받지만, 권위적 성격의 소유자는 그런 영향력에 더 많이 휘둘린다.**5**

동조와 유사 개념으로 '응종compliance'과 '복종obedience'이 있다. 응종은 동조와 달리 '명시적' 요청이나 부탁이 있을 때 이를 들어주는 것을 말한다. 의사의 지시를 따른다든지, 친구의 부탁을 들어준다든지, 외판원의 구매 요청에 응한다든지 하는 것이 모두 응종에 속하며, '설득'이 효과적으로 되는 경우가 대부분 여기에 해당한다. 복종은 권위를 부여받은 사람의 명시적 명령에 따르는 것을 말한다.[6]

부정적인 일의 경우, 응종이나 복종보다 무서운 게 동조다. 아무런 흔적을 남기지 않기 때문이다. 심리학자 놈 슈펜서Noam Shpancer는 "우리는 언제 동조하고 있는지조차 모를 때가 있다. 그것이 바로 우리의 홈베이스이자 우리의 기본 모드이기 때문이다"고 말한다. 그는 동조를 뇌 속에 새겨져 있는 '디폴트default(초깃값, 초기 설정)'로 간주한다. 우리는 생존과 성공을 위해 동맹이 필요하다는 걸 본능적으로 알고 있다는 것이다.[7]

동조는 나쁘거나 바람직하지 못한 걸까? 우리는 공식적으로는 그렇게 평가하는 경우가 많지만, 비공식적으로는 "혼자 사는 세상이 아니다"는 상식에 더 기우는 경우가 많다. 프랑스 사회심리학자 실뱅 들루베Sylvain Delouvee는 동조에 대해 현실적인 자세를 취한다.

"이와 같은 다수의 영향력은 우리 사회에서 종종 부정적인 의미를 내포하고 있어서 순응하는 사람은 남의 영향을 쉽게 받고 자신의 신념을 고수하지 못하는 줏대 없는 사람으로 여겨지기도 한다. 하지만 어떤 사회든, 조직이든, 단체든 대다수의 구성원이 공동규칙을 공유하고 이에 동조해야만 존재하고 기능할 수 있다. 따라서 동조는 한 단체의 존재를 안전하게 유지하기 위해 없어서는 안 되는 부분이기도 하다."[8]

생존 메커니즘으로서 동조는 우리 사회의 모든 분야와 전 국면을 지배하고 있지만, 우리는 "나의 동조는 불가피하지만, 너의 동조는 추하다"는 이중 자세를 취하는 데에 매우 익숙해져 있다. 특히 정치를 평가할 때에 더욱 그런 경향을 보인다. 우리 인간이 '부화뇌동하는 동물'인 것이 분명할진대, 부화뇌동하지 않는 사람을 평가할 때엔 '모나다'고만 할 게 아니라 그 점을 고려한 '프리미엄'을 부여하는 게 공정하지 않을까?

왜 우리 인간은
'들쥐 떼' 근성을 보이는가?

편승 효과

서커스 따위 행렬의 선두에 선 악대차를 뜻하는 밴드왜건bandwagon이 선거 유세에 등장해 인기를 끈 건 1848년 미국 대선 때부터였다. 휘그당 후보인 재커리 테일러Zachary Taylor, 1784-1850의 열성 지지자들 가운데 댄 라이스Dan Rice, 1823-1900라는 유명한 서커스단 광대가 있었다. 라이스는 테일러를 악대차에 초대해 같이 선거 유세를 했다.

악대차는 군중이 별 생각 없이 덩달아 뒤를 졸졸 따르게 하는 데엔 최고의 효과를 발휘했다. 테일러는 대선에 승리해 제12대 대통령이 되었는데, 악대차 효과 덕분이라는 소문이 나면서 이후 정치인들이 앞다퉈 악대차를 동원한 선거 유세를 펼치기 시작했다. 말이 끄는 밴드왜건은 1920년대에 사라졌지만, '악대차에 올라탄다jump on the bandwagon'는 말은 계속 살아남아 오늘날 "시류에 영합하다, 편승하다, 승산이 있을 것 같은 후보를 지지하다"는 뜻을 갖게 되었다.

현대적 밴드왜건의 본때를 보여준 대형 이벤트는 1952년 대선에 등장했다. 이른바 '아이젠하워-닉슨 밴드왜건Eisenhower-Nixon Bandwagon'이다. 공화당은 25톤짜리 트레일러트럭을 화려한 밴드왜건으로 개조해서 아이젠하워-닉슨의 유세 지역에 미리 파견해 호의적 분위기를 조성하게끔 했다. 이 밴드왜건은 밤에는 약 16킬로미터 떨어진 곳에서도 보인다는 대형 서치라이트를 이용해 각종 놀자판 무드를 조성했으며, 32일간 29개 도시에서 활약함으로써 아이젠하워-닉슨 승리에 크게 기여했다.[9]

이후 사회과학자들은 대중이 투표나 여론조사 등에서 뚜렷한 주관 없이 대세를 따르는 걸 가리켜 '밴드왜건 효과bandwagon effect'라는 이름을 붙였는데, 우리말로 '편승 효과'라고 하며, '무리 효과herd effect'라는 말도 비슷한 뜻으로 쓰인다. "친구 따라 강남 간다"는 속담이 말해주듯이, 무리에서 혼자 뒤처지거나 동떨어지지 않기 위해 다른 이들을 따라 하는 모습을 연상해보면 쉽게 이해가 되겠다. 앞서 살펴본 '사회적 증거'와 '동조'는 '편승 효과'를 낳기 마련이다.

'밴드왜건 효과'는 정치학보다는 경제학의 소비자 연구 분야에서 먼저 쓰였다. 미국 경제학자 하비 레이번스타인Harvey Leibenstein, 1922-1994이 1950년 『경제학 저널Quarterly Journal of Economics』에 발표한 「소비자 수요 이론에서 밴드왜건, 스놉, 베블런 효과Bandwagon, Snob and Veblen Effects in the Theory of Consumer Demand」라는 논문이 밴드왜건 효과를 처음 제시한 것으로 알려져 있다.[10]

밴드왜건 효과, 즉 편승 효과는 이른바 '네트워크 외부 효과 network externalities'로 볼 수도 있다. 서정환은 '네트워크 외부 효과'를 "특정 개인의 재화 수요가 다른 개인의 수요에 영향을 주는 현상"으로 정의하면서, "편승 효과는 다른 사람들의 재화 수요가 많을수록 그 재화의 내재된 가치가 상승해 다른 특정 개인의 수요가 증가하는 것"이라고 말한다.[11]

대중의 일상적 삶과 관련된 편승 효과에 대한 지식인들의 시선은 싸늘하다. 그래서 '들쥐 떼'라는 표현이 자주 사용된다. 미국 미주리 대학의 도시문제 전문가 데니스 저드Dennis Judd는 미국인들은 들쥐 떼 같다고 비판한다.

"미국인을 개인주의자로 보는 것은 난센스다. 우리는 가축이나 다름없는 국민이다. 범죄에 대해 걱정할 필요가 없으며 우리 재산이 안전하게 지켜질 것이라고 누군가 말해주기만 한다면 스스로의 많은 권리들을 포기할 체제 순응적인 들쥐 떼 같은 존재가 우리다. 우리는 공공 영역에서라면 결코 참지 않을 각종 제약들을 회사생활에서는 감내한다. 그런데도 많은 사람들이 인식하지 못하고 있는 것은, 특정한 종류의 회사 내 생활이 점차 우리 모두의 미래 생활이 될 것이라는 점이다."[12]

미국인만 들쥐 떼인가? 그렇진 않다. 다소의 정도 차이는 있을망정 모든 인간의 공통된 속성으로 보는 것이 옳을 것이다. 리처드 탈러 Richard H. Thaler와 캐스 선스타인Cass R. Sunstein은 "인간들은 분명 들쥐와는 다르다. 그러나 타인의 말이나 행동에 쉽게 영향을 받는 것도 사실이다"며, "영화에서 사람들이 미소를 짓는 장면이 나오면 (재밌는 영화

든 아니든) 당신도 미소를 지을 가능성이 높다"고 말한다.[13]

왜 우리 인간은 '들쥐 떼' 근성을 보이는가? 다수에게서 멀어져선 안 된다는 안전의 욕구 때문이다. 일반 대중뿐만 아니라 학자와 전문가들도 편승 효과를 탐한다. 예컨대, 1987년 『뉴잉글랜드 의학저널 New England Journal of Medicine』에 실린 한 논문은 '밴드왜건 효과'를 다루고 있는데, 의사들이 "마치 들쥐 떼처럼 다른 의사들이 하니까 그때그때 상황에 따라, 분위기에 맹목적으로 휩쓸려 특정 질병과 치료법 연구에 매달린다"고 꼬집고 있다.[14]

유행의 본질도 바로 그런 편승 효과다. 한국에서 베스트셀러에서부터 유명 맛집에 이르기까지 사람들이 우우 몰려드는 현상은 모두 편승 효과의 위력을 말해준다. 거리에서 3초마다 눈에 띌 정도로 흔해졌다는 뜻으로 쓰이는 L브랜드의 '3초백'도 이런 편승 효과에서 비롯되었다.[15]

그래서 편승 효과를 '레밍 신드롬lemming syndrome'이라고도 한다. 레밍은 나그네쥐로 스칸디나비아 반도에 사는 들쥐의 일종인데, 그 수가 폭발적으로 늘면 떼 지어 바닷가 절벽으로 밀려가 뛰어내린 뒤 죽을 때까지 헤엄친다고 한다. 동물학자들은 개체 수 과잉 문제를 극단적으로 해결하는 레밍의 행태를 급격히 치열해진 생존경쟁에서 종족 보전을 위해 일시적인 공황에 빠지기 때문이라고 설명했다. 동물보호론자들인 레밍에이드(구조대)가 들쥐를 구하기 위해 갖가지 장비를 갖추고 바닷가 절벽을 향해 질주하는 들쥐를 막아 보려 안간힘을 다했지만 실패했다.[16]

춘카 무이Chunka Mui와 폴 캐럴Paul B. Carroll은 『똑똑한 기업을 한순간에 무너뜨린 위험한 전략』(2008)에서 레밍 신드롬을 기업들 간의 경쟁에 적용시킨다. 이들은 레밍 신드롬이 두 가지 상황에서 나타나기 쉽다며 다음과 같이 말한다.

"하나는 다양한 경쟁사가 시장이나 기술과 관련해서 높은 불확실성에 직면해 있을 때다. 이 경우, 레밍은, 아주 많은 인정을 받고 있는 기업이 자기가 모르는 뭔가를 알고 있을까봐 두려운 나머지 뒤처지지 않으려고 빠르게 앞선 경쟁자를 추격한다. 그런데 역할모델로 삼은 기업이 실제로는 파국의 길을 걷고 있을 때 그 뒤를 따르던 기업들은 벼랑 끝에서 떨어지는 끔찍한 경험을 하게 된다.……또 다른 레밍 신드롬은 비교적 수준이 비슷한 경쟁사들끼리 상대방이 차별화된 입지를 구축하는 걸 용인하지 못해 서로 모방할 때 일어난다. 이러한 집단행동은 집단몰락을 초래할 수 있다."[17]

편승 효과의 반대편에 '속물 효과snob effect'가 있다. 이에 대해선 「왜 비싼 명품일수록 로고는 더 작아질까?: 속물 효과」에서 살펴보기로 하자.

왜 비싼 명품일수록
로고는 더 작아질까?

속물 효과

1920년대의 미국은 물질적으론 풍요로웠지만, 정신은 빈곤했다. 1922년에 간행된 『미합중국의 문명』을 공동집필한 20명의 지식인은 "오늘날 미국의 사회적 삶에서 매우 흥미롭고도 개탄할 사실은 그 정서적·미적 기아 상태"라고 진단했다.[18] 이 시대의 대표적인 독설형 저널리스트인 헨리 루이 멩켄Henry Louis Mencken, 1880-1956은 자기만족에 빠진 미국의 청교도적 중산층의 속물근성snobbery을 겨냥해 "컨트리클럽에 우글거리는 겉만 번지르르한 야만인들, 저 영국 귀족을 흉내내는 골판지 상자들"이라고 독설을 퍼부었다.[19]

1920년대를 지배한 속물근성은 문학작품에도 반영되었다. 고발의 성격을 띤 반영이었는데, 이 방면의 선두 주자는 미국인의 물질 만

능주의와 순응주의를 날카롭게 묘사한 해리 싱클레어 루이스Harry Sinclair Lewis, 1885-1951다. 루이스가 1922년에 발표한 『배빗Babbitt』의 주인공인 배빗은 자신이 속한 골프클럽의 지위가 첫째가 아니고 두 번째라는 점에 언짢아하는 사람이었다.[20] 『배빗』은 중산층의 속물근성을 실감나게 표현한 덕에 이후 속물적이면서 거만을 떠는 사람은 누구든지 '배빗'으로 불렸다. 오늘날의 배빗은 어떨까? 조지프 엡스타인Joseph Epstein은 『미국판 속물근성Snobbery: The American Version』(2003)에서 다음과 같이 말한다.

"우월감이란 BMW 740i에 앉아 자신이 가난한 속물들보다는 낫다고 생각하면서……빨간 신호등 앞에 멈췄을 때, 내 차 옆에 선 촌티나는 캐딜락에 누가 앉아 있는지를 조용히 음미하는 것이다. 또한 내 딸이 하버드에서 미술사를 전공할 때, 방금 인사 받은 여자의 아들이 애리조나 주립대에서 포토저널리즘을 전공한다는 이야기를 기껍게 들으며 느끼는 조용한 기쁨이다."[21]

영국의 보건학자 리처드 윌킨슨Richard G. Wilkinson은 『평등해야 건강하다: 불평등은 어떻게 사회를 병들게 하는가?The Impact of Inequality: How to Make Sick Societies Healthier』(2006)에서 "속물근성은 사회적 지위를 과시하거나 높이기 위한 방법 가운데 하나다. 그것은 우리가 사회적으로 열등하다고 생각하는 사람들보다 자기 자신이 더 낫다고 주장하기 위해 차별점을 만들어내고 이를 활용하는 전략이다"며 다음과 같이 말한다.

"이전 세대만 해도 계급은 돈을 얼마나 소유하고 있는지에 따라 구분되지 않았다. 사회적 거리는 여타의 문화적 측면들을 통해 만들어지고 유지됐다. 서열 체계에서 살아가는 동물들이 신체적으로 우월하다는 점을 상대방에게 과시하는 것과 마찬가지로, 인간은 자신의 우월성을 드러내기 위해 상징적이고 문화적인 방법들을 고안해왔다." [22]

자신의 우월성을 드러내기 위한 상징적이고 문화적인 방법들 중의 하나는 "난 남들과 달라"라는 태도로 다른 사람들이 사는 제품은 절대로 사지 않으려는 심리, 즉 "자기만이 소유하는 물건에 특별한 가치를 부여하는 소비 행태"다. 남들이 사용하지 않는 물건, 즉 희소성이 있는 재화를 소비함으로써 더욱 만족하고 그 상품이 대중적으로 유행하기 시작하면 소비를 줄이거나 외면하는 행위인데, 이를 가리켜 '속물 효과snob effect'라고 한다. "까마귀 노는 곳에 백로야 가지 마라"는 속담이 그런 심리를 잘 표현해주고 있다 해서 '백로 효과'라고도 한다. 한정판이라는 뜻의 '리미티드 에디션limited edition'에 매력을 느끼는 것은 이런 이유 때문이다. [23]

중류층과 상류층은 숨바꼭질 놀이를 한다. 중류층이 "네가 하면 나도 한다"는 삶의 문법에 따라 상류층을 쫓아가면 상류층은 기분 나쁘다며 다른 곳으로 숨는다. 예컨대, 20세기 초에는 화장품의 가격이 매우 비쌌기 때문에 상류층 여성들만 사용했지만 제1차 세계대전 말쯤에는 화장품의 값이 저렴해지자 공장에서 일하던 여성 노동자들까지 화장품을 사용할 수 있게 되었다. 그래서 화장품을 많이 사용하면 상류층이 아니라 노동계층이라는 표시가 되었다. 이에 상류층 여성들은 어떻게 대응했던가? 그들은 화장품을 계속 사용하기는 했지만 훨씬 더 절제된 방법으로 사용했으며 세련되고 비싼 제품을 사용함으로

속물 효과

써 중하층 여성들과의 차별성을 유지하고자 했다.[24]

오늘날 유행의 사이클이 빨라진 것도 그런 숨바꼭질 놀이와 무관하지 않다. 상류층은 중류층이 쫓아오면 숨어버리고, 중류층이 상류층이 숨은 곳을 찾아내면 얼마 후 또 다시 숨어버리는 일이 반복되고 있는 것이다. 이와 관련, 낸시 에트코프Nancy Etcoff는 다음과 같이 말한다.

"중류층은 패션 추구자들로, 그들 중 가장 보수적인 사람도 특정 스타일을 입도록 이끌리게 된다. 그 이유는 오로지 그 스타일이 너무 유행이라 그것을 입지 않으면 관행에 따르지 않는 사람이 되기 때문이다. 상류층은 그들을 모방하는 중류층으로 오인되는 것을 두려워한다. 이것이 한 패션이 그들에 의해 도입되자마자 그들이 그 패션을 포기하는 이유이다."[25]

그런데 소비사회는 물질로 자신을 내세우는 걸 매우 어렵게 만든 점도 있다. '물질의 평등'이 상당한 정도로 이루어졌기 때문이다. 그래서 나온 게 바로 '명품luxury'이라는 것이다. 지난 수십 년 동안 랠프 로런Ralph Lauren의 폴로Polo 선수 도안, C자를 맞대어 놓은 샤넬Chanel의 도안, 구치Gucci의 G자 도안, 루이뷔통의 머릿글자 도안 같은 등록상표들은 높은 가격을 뜻하는 신분 상징물 노릇을 해왔다. 그러나 그런 높은 가격을 지불하고라도 그 물건을 사는 사람이 많아지고 의미가 퇴색하게 되자 디자이너들은 가격을 올리고 로고를 작게 만들기 시작했다.[26]

값이 비쌀수록 명품의 로고는 더 작아진다. 명품을 찾는 중류층이 많아진 탓에 생긴 차별화 욕구로 빚어진 결과다. 아무도 알아볼 수 없다면 왜 비싼 돈을 주나? 그러나 안심하시라. 자기들끼리 그리고 그

근처에 가까이 가고 싶어 안달하는 사람들 사이에서만 통하는 그 무엇인가가 있기 때문이다. 게다가 그 무엇인가를 알아내는 능력이 대접받기 때문에 이건 아주 재미있는 수수께끼 놀이가 된다. 그래서 생겨난 게 바로 노노스족이다.

노노스족nonos族은 'No Logo, No Design'을 추구하는, 즉 겉으로 드러나지 않는 명품을 즐기는 계층을 일컫는 말이다. 2004년 프랑스 패션회사 넬리로디Nelly Rodi가 처음 사용한 단어로, '명품의 대중화'에 대한 상류층의 반발이 노노스족을 낳게 했다. 루이뷔통이 'LV'라는 널리 알려진 로고를 2005년 추동 제품부터 거의 쓰지 않기로 한 것도 바로 그런 이유 때문이다.[27]

명품잡지 네이버 VIP 마케팅 팀장 이기훈은 "부자들은 '구별짓기'를 하고 워너비wannabe(추종자)들은 '따라하기'를 한다"며 "여행을 하더라도 부자들은 구별짓기 위해 워너비들도 갈 수 있는 발리보다는 쉽게 가기 어려운 몰디브나 마케도니아를 선호한다"고 말한다. 진짜 부자들은 '10개 한정판매' 등과 같은 특별한 물품, 즉 '명품 중의 명품'을 원하며, 일반적인 명품에 대한 선호도는 오히려 추종자 그룹에 비해 떨어진다는 것이다.[28] 그래서 아예 『부자들의 여행지』 같은 책도 출간된다. 이는 패키지여행을 벗어나 특별한 휴가를 준비하는 사람들에게 몰디브, 피지, 뉴칼레도니아 등 고급 리조트 45군데를 소개한 책이다.[29]

우리는 사회생활을 하면서 편승 효과를 따르면서도 속물 효과에 대한 열망을 동시에 갖고 있는 건 아닐까? 아무런 물적 기반 없이 속물 효과를 실천할 수는 없는 법이니 말이다. 처음엔 남들과 같아지기

속물 효과

위해 그 어떤 흐름에 편승을 하다가도 자신의 경제적 위치가 상승하면 남들과 다르다는 '구별짓기'를 확실히 하기 위해 속물근성에 투철해지기 마련이다. 이건 바뀌기 어려운 인간의 속성인바, 우리 인간이 원래 그렇다고 체념의 지혜를 발휘하는 게 좋을 것 같다.

왜 정치인들은 자주
'약자 코스프레'를 하는가?

언더도그 효과

"언더도그들의 반란!" 화려한 경력의 선수들이 없는 프로야구 넥센 히어로즈가 의외로 좋은 성적을 올리자 나온 말이다. 언더도그란 무엇인가? 영어사전에서 언더도그underdog는 "(생존경쟁 따위의) 패배자, 낙오자, (사회적 부정이나 박해 등에 의한) 희생자, 약자"를 뜻하는 말로 풀이되어 있다. 반대말은 overdog(지배계급의 일원), top dog(승자, 우세한 쪽)다.

투견鬪犬에서 밑에 깔린 개, 즉 싸움에 진 개를 언더도그라고 부른 데서 유래한 말이지만, 옛날 벌목산업의 나무 자르기 관행도 이 표현의 유행에 일조했다. 큰 나무는 미리 파둔 땅 구덩이 위로 나무를 걸쳐 둔 뒤 위아래로 톱질을 하는 방식으로 나무를 잘랐는데, 구덩이 속에 들어가 톱질을 하는 건 매우 어려운 고역이었다. 구덩이 속에서 톱질을 하는 사람을 under dog, 나무 위에서 톱질을 하는 사람을 top dog라 불렀다. 19세기 후반부터 쓰인 말이다.[30]

광고계엔 '언더도그 마케팅'이라는 게 있다. 특정 브랜드를 띄우는 데에 '초라한 시작', '희망과 꿈', '역경을 이겨내는 도전정신'을 강조하는 마케팅이다. 이 마케팅은 언더도그가 사랑받는 나라에서 잘 먹힌다. 그래서 비교적 초창기부터 많은 것을 갖춘 싱가포르보다는 초라한 시작과 더불어 개척과 고난의 역사를 갖춘 미국에서 환영받는다. 어려운 시절을 보낸 스티브 잡스Steve Jobs나 버락 오바마Barack Obama에 대한 일부 미국인들의 열광도 그런 관점에서 이해할 수 있다.[31]

'언더도그 마케팅'이 기대는 '언더도그 효과underdog effect'는 주로 선거에서 많이 쓰이는 말로, 개싸움에서 밑에 깔린 개underdog가 이겨주기를 바라는 것처럼 경쟁에서 뒤지는 사람에게 동정표가 몰리는 현상을 말한다. 1948년 미국 대선 때 여론조사에서 뒤지던 해리 트루먼 Harry S. Truman, 1884-1972이 4.4퍼센트포인트 차이로 토머스 듀이Thomas E. Dewey, 1902-1971 후보를 물리치고 당선되자 언론들이 처음 이 말을 쓰기 시작했다.[32]

선거와 관련해서 '언더도그 효과'는 '편승 효과'의 반대라고 볼 수 있지만, 같은 무게는 아니다. 여러 실증적 연구에 따르면, '편승 효과'는 자주 광범위하게 발생하지만, '언더도그 효과'는 비교적 드물고 예외적인 경우로 발생하는 편이다.[33] 쉽게 표현하자면, '편승 효과(대세론)'는 "줄을 서시오!", '언더도그 효과(동정론)'는 "나 좀 보시오!" 일 텐데,[34] 누군가를 볼 때도 있지만 아무래도 줄을 서는 경우가 더 많다고 보아야 하지 않을까?

그럼에도 한국은 비교적 '언더도그 전략'이 잘 먹히는 나라에 속한다. 선거에서건 일상적 삶에서건 한국인들은 '언더도그 스토리', 즉 낮은 곳에서 오랜 세월 엄청난 고난과 시련을 겪은 후에 승리하는 스토리를 사랑하기 때문이다. 고난과 시련으로 말하자면, 이 지구상에서 한국을 따라올 나라가 또 있으랴. 언더도그 스토리가 늘 한국 선거판의 단골 메뉴로 등장하는 건 당연한 일인지 모른다. 하지만 정당이나 정치인이 너무 속 보이는 언더도그 전략을 쓰면 '엄살 작전'이라거나 '약자 코스프레'라고 비판을 받기도 한다.

그래서 '언더도그 효과'를 부정적으로 보는 시각도 있다. 미국의 보수운동 단체인 티파티Tea Party의 전략가인 마이클 프렐Michael Prell은 『언더도그마Underdogma: How America's Enemies Use Our Love for the Underdog to Trash American Power』(2011)라는 책에서 자신이 만든 '언더도그마'라는 말에 대해 다음과 같이 말한다.

"언더도그마는 힘이 약한 사람이 힘이 약하다는 이유만으로 선하고 고결하며, 힘이 강한 사람은 힘이 강하다는 이유로 비난받아 마땅하다는 믿음을 가리킨다. 언더도그마는 단순히 약자 편에 서는 것이 아니라 힘이 약하다는 이유 때문에 무조건 약자 편에 서고 그 약자에게 선함과 고결함을 부여하는 것이다.……언더도그마는 평등주의나 힘의 불균형을 바로잡으려는 욕망과는 다르다. 언더도그마는 많이 가진 자에 대한 경멸과 덜 가진 자에 대한 유치한 찬양이라고 할 만하다."[35]

우익적 성향이 농후한 티파티의 전략가다운 주장이라고 일축할 수도 있겠지만, 그럴듯한 작명이라는 데에 동의하긴 어렵지 않다. 2012년 3월 전승훈은 "권력을 얻으려는 정치권의 언더도그마 전략은 여야를 가리지 않는다. 최고 권력자인 이명박 대통령이 TV에 나와 풀빵장사 경험을 이야기하거나 욕쟁이 할머니의 장터국밥을 먹고, 노무현 전 대통령이 임기 말까지 자신이 '거대야당과 언론권력'에 휘둘리는 나약한 존재라고 호소했던 이유도 그 때문이다"며 다음과 같이 말한다.

"이번 총선에서도 부산 지역에서 문재인 후보가 속한 민주통합당이 언더도그였는데, 새누리당은 더 약해 보이는 27세 정치 신인 손수조로 맞불을 놓아 '언더도그' 경쟁을 벌인다. 진보정당이 거대여당에 대한 심판을 내세우며 자신들의 스캔들에는 '무오류'를 주장하는 것도 언더도그마로 해석된다. 대중이 약자에게 끌리는 건 자연스러운 심리다. 그러나 이것이 말 그대로 '도그마dogma'로 변질될 때는 위험하다. '언더도그마'는 분별 있는 이념도, 도덕도 아니다. 사촌이 땅을 사면 배가 아프다는 대중들의 변덕스러운 심리일 뿐이다."[36]

그렇다고 해서 언더도그마를 무작정 부정적으로만 볼 게 아니라, 독일 철학자 프리드리히 빌헬름 니체Friedrich Wilhelm Nietzsche, 1844-1900가 말한 '약자의 원한'이라는 개념과 연결시켜 생각해보는 건 어떨까? 니체는 '약자의 원한'을 혐오했으면서도 그것이 현대적인 방식으로 무수한 얼굴을 가질 것임을 예감했기 때문이다.

"현대 민주주의 체제는 아마도 약자들의 복수와 원한에 내재하는 합리성 혹은 정당성을 창조적으로 인정한 덕택에 발전했을 것이다. 예를 들어 '사회적 정의'란 무엇인가? 그것을 단순히 도덕적으로만 이해하지 말고, 창조적으로 이해해보자. 그것은 약자들의 원한과 분노가 창조적으로 인정되면서 새로 태어난 권리다."[37]

현재 한국 사회에서 사회문제가 되고 있는 갑을관계는 프렐이 우려한 언더도그마와는 차원을 달리할 정도로 심각한 수준이다. 갑이 을에게 저지르는 횡포의 범위가 넓고 그 정도가 심하다는 것이다. 그렇지만 '을의 반란'이 가장 조심해야 할 것은 그것이 언더도그마로 전락하지 않게끔 과유불급過猶不及의 원리를 지키는 일임은 두말할 나위가 없다.

정치도 마찬가지다. 한국 유권자들이 '언더도그 스토리'에 무한 감동을 느끼기엔 '언더도그'의 대표 선수였던 정치인들이 입힌 상처가 너무 크다. 그들은 모두 고생을 많이 했고 밑바닥에서 자수성가해 높은 자리에까지 오르는 '코리언 드림'을 이루었지만, 각종 비리를 저지르거나 자신들의 언더도그 시절을 잊고 오만하게 구는 등 실망스러운 모습을 많이 보였다.

언더도그 스토리에 열광하는 사람들은 자신을 진보라고 착각하는 경향이 있다. 언더도그를 사랑하는 게 진보가 아니겠느냐는 단순 논리다. 물론 진실은 그렇지 않다. 이들이 진보적 가치의 실현을 위해 애쓸 때도 있긴 하지만, 이들은 기본적으로 한 인간의 스토리라는 틀에 갇혀 있다. 특정 정치인에 열광하는 이른바 '빠' 현상은 이념이나 당파성 현상이 아니다. 어떤 스토리를 좋아하는가 하는 취향 현상이다.

언더도그 효과

10

왜 매년 두 차례의
'민족대이동'이 일어나는가?

각인 효과

노벨상 수상자(1973년 의학 부문)이자 동물행동 분야의 석학인 오스트리아 동물학자 콘라트 로렌츠Konrad Lorenz, 1903-1989는 1930년대에 인큐베이터에서 부화된 회색다리 거위들이 태어나서 최초로, 정확히 생후 36시간 이내에 본 움직이는 물체에 깊은 영향을 받는 사실을 발견하고 그 과정을 '각인imprinting'이라고 불렀다. '각인'은 동물이 태어난 직후 처음으로 보게 된 대상에 대해 갖는 애착이나 행동양식으로 정의할 수 있겠다.[38]

거위 새끼들은 로렌츠의 검정 부츠에 각인되어 다른 새끼들이 엄마 거위를 따라다니듯이 그를 따라다녔다. 이런 각인이 이루어지는 특별한 기간을 '결정적 시기' 또는 '민감한 시기'라고 하는데, 출산 직

후의 일정 기간을 말한다. 오리나 거위는 부화된 지 24~48시간, 고양이는 2~7주, 개는 2~10주, 유인원은 6~12개월이다. 영국 심리학자 에이드리언 펀햄Adrian Furnham은 "각인은 학습과 본능의 교차지점쯤 된다. 그것은 단순히 학습으로 습득되지 않으며, 세 종류의 증거가 이러한 생각을 뒷받침해준다"며 다음과 같이 말한다.

"첫 번째, 각인은 정해진(엄격한) 기간에만 일어난다. 이때가 곧 결정적 시기로, 이후의 학습이 미치는 효과는 약하고 다르다. 두 번째, 각인 과정은 되돌릴 수가 없어서 절대로 잊히지 않고 고정된다. 세 번째, 각인은 종에 따라 고유하다. 특정 종에 속한 모든 동물은 개체들 사이에 다른 어떤 차이가 있든 없든 상관없이, 공통적으로 각인이 일어난다."[39]

로렌츠는 1963년에 출간한 『공격행위에 관하여On Aggression』에선 공격성을 허기나 성욕처럼 일정한 간격을 두고 주기적으로 제 권리를 주장하는, 따라서 교육적 노력을 통해서 완전히 제거될 수 없는 인간의 내면적 충동으로 설명했다. 로렌츠는 이 책을 자기 아내에게 바쳤는데, 그 이유는 "공격성 일반에 관한 관심에서 그 책을 쓴 것이 아니라 공격성이야말로 그가 자기 아내를 사랑하는 근본적인 이유라고 확신했기" 때문이다.

그러나 이 책이 발표되고 난 뒤 많은 사람은 로렌츠가 동물의 행동에 대한 관찰 결과를 가지고 인간의 행동을 설명하려 든다며 거센 비난을 퍼부었다. 로렌츠가 1973년 『거울의 뒷면: 인간 지식의 자연사에 관한 탐구Behind the Mirror: A Search for a Natural History of Human Knowledge』를 세상에 내놓자 철학자들은 그에게 완전히 등을 돌렸다.

이와 관련, 독일 과학사학자 에른스트 페터 피셔Ernst Peter Fischer, 1947-는 다음과 같이 말한다.

"여기서 로렌츠는 과감하게 경계를 뛰어넘었을 뿐만 아니라 철학자들의 명백한 취약점을 만천하에 노출시켰다. 그의 책은 인식론 분야에서 지난 백여 년 동안 학계의 전문가들이 발표한 모든 작업을 능가하는 발전을 이루었다. 로렌츠는 철학자들이 그동안 본질적인 차원을 등한시하거나 아예 잊고 있었음을 환기시켰다. 그것이 바로 생명이 진화를 위해 사용한 시간의 차원이다. 이로써 로렌츠는 진화론적 인식론의 가능성을 열었다."[40]

로렌츠는 새끼 거위들이 자기를 따라다니는 행동에 애정이나 친화 정서를 부여하지 않았으며, 움직이는 물체에 대해 생물학적으로 준비된biologically prepared 반응이라고 주장했다. 새끼 거위가 로렌츠 자신의 움직임을 지각할 때 일어나는 고정된 행위 패턴이라는 것이다. 이 설명에 따르면, 혐오스러운 사건의 신호 뒤에 큰 소리가 날 때 평균 이상의 놀람 반응 -가령, 숨을 확 들이마시는 것- 을 보이는 것 또한 생물학적으로 준비된 반응이다.[41]

일부 기업들은 소비자들의 각인 효과를 노린 광고 공세를 퍼붓는데, 그 대표적 기업이 맥도날드다. 맥도날드는 매출액의 15퍼센트를 광고비로 지출하고 있으며, 새로운 햄버거를 선보일 땐 20~25퍼센트를 광고비로 지출한다. 브랜드 인지도 제고 차원에서 광고를 하는 게 아니다. "오늘 아침 드셨습니까?"라는 광고 문구가 말해주듯이, '식사=맥도날드'를 추구하겠다는 것이다.[42] 그런 점에서 맥도날드는 각인 효과를 노린 미디어 현상이기도 하다.

각인 효과

'각인'은 조직 이론organizational theory에서도 처음에 익숙해진 조직의 기본 구조나 문화가 훗날의 조직에 영향을 미치는 걸 가리키는 개념으로 쓰인다. 그 역사는 사회학자 아서 스틴치콤Arthur Stinchcombe이 1965년에 발표한 논문 「사회구조와 조직Social Structure and Organizations」으로 거슬러 올라간다. 한 개인의 초기 경력이 훗날의 커리어career에 영향을 미치는 걸 가리켜 '경력 각인career imprinting'이라고 한다. 이는 이른바 '경로 의존path dependence'과도 통하는 것이라고 할 수 있겠다.[43]

인간과 컴퓨터의 상호작용에서도 '각인' 개념이 사용되는데, 이를 가리켜 '새끼 오리 신드롬baby duck syndrome'이라고 한다. 컴퓨터 사용자가 처음에 배운 시스템을 그대로 지속시키면서 다른 시스템을 처음의 시스템 기준으로 평가하는 경향을 가리키는 말이다. 일반적으로 컴퓨터 사용자들은 그들이 처음에 배운 시스템을 선호하며, 익숙하지 않은 시스템은 싫어하는 경향이 있다.[44]

일부 동물학자들은 철새의 이주migration나 연어와 같은 물고기가 회귀하는 행동을 각인을 통해 설명하고자 한다. 철새는 태어난 번식지와 겨울을 나는 월동지 사이를 계절적으로 이동하는 행동을 보이는데, 이는 번식지와 월동지의 지형, 숲의 형태와 같은 환경이 새의 기억 속에 각인이 되었기 때문에 가능하다는 것이다. 이와 관련, 임신재는 『동물행동학』(2006)에서 다음과 같이 말한다.

"사람들도 특히 동양인들이 연중 한두 번씩 고향을 찾기 위한 대이동을 한다. 우리나라의 설과 추석, 중국의 춘절(음력 설)에 고향을 찾는 것이 바로 그것이다. 또한 고향을 떠나 타향이나 멀리 외국에서 사시던 어르신들께서 연세가 많이 드시면 고향을 그리워하는 경우를 주변에서 종종 볼 수 있다. 사람도 자신이 태어나서 자란 고향을 그리워하고 돌아가고자 하는 회귀본능이 있다면 이 역시 자신의 기억 속에 각인되어 있는 어릴 적 고향에 대한 추억과 향수 때문일 것이다."[45]

지난 반세기 넘게 사회구조와 환경이 혁명적으로 변화했는데도 여전히 전 인구의 반이 넘는 2,700여만 명이 한꺼번에 움직이는 '민족대이동'은 그것이 유발하는 사회적 비용과 개인적 고통을 감안하면 아무리 보아도 합리적이진 않다. 이는 자신의 뿌리에 대한 본능적 그리움, 즉 '각인 효과'와 더불어 또 다른 이유가 있는 것 같다. 남들이 다 하는 걸 홀로 거부하기 어렵다는 무언의 사회적 압력도 작용하는 게 아닐까? 즉, '각인 효과'와 더불어 '편승 효과'도 작용하는 게 아니겠느냐는 것이다. 머리와 이성으로는 "이건 아닌데……" 하는 딴 생각을 하더라도, 이미 몸에 각인된 익숙함과 더불어 큰 사회적 흐름을 따라가려는 열망이 한국인들로 하여금 설과 추석 때 고향을 찾게 만드는 건 아닐까?

각인 효과

제3장

예측
과
후회

11

왜 우리는
걱정을 미리 사서 하는가?

정서 예측

서로 죽도록 사랑하는 청춘 남녀가 있다. 만약 헤어진다면? 상상하기 조차 끔찍한 일이다. 하늘이 무너져 내릴 것 같은 두려움에 휩싸이기 마련이다. 그러나 어쩌다가 막상 헤어지면 한동안 괴로울망정 곧 담담해진다. 하늘이 무너져 내리는 일도 없을 뿐만 아니라 푸른 하늘의 아름다움을 감상할 여유마저 다시 생겨난다. 이게 바로 우리 인간이다.

공포영화의 대가인 영화감독 앨프리드 히치콕Alfred Hitchcock, 1899-1980은 "폭탄이 터지는 것에는 공포가 없다. 공포는 오직 폭발이 일어나리라는 예감에 존재한다"고 했다.[1] 폭탄만 그런 게 아니다. 두렵게 생각하는 모든 일에 대한 공포는 실제로 일어나는 일보다는 그런 일이 일어나리라는 예감에서 비롯된다.

이와 관련, 미국 버지니아대학 심리학자 팀 월슨Tim Wilson과 하버드대학 심리학자 대니얼 길버트Daniel Gilbert, 1957-는 '정서 예측affective forecasting'이라는 개념을 만들어냈다. 사람들이 자신의 적응 능력을 과소평가하기 때문에 긍정적·부정적 사건들의 여파가 실제보다 오래 갈 것으로 착각하는 걸 말한다. 우리 속담에 "미리 사서 걱정을 한다"는 말이 있는데, 이게 바로 '정서 예측'의 핵심을 잘 말해준다. 반대로 매우 행복할 것이라고 예측하는 것 역시 그런 '정서 예측'의 함정에 빠질 수 있다.

팀 월슨은 "나쁜 일이든 좋은 일이든 사건들의 여파는 그리 오래 가지 않는다"면서 이렇게 말한다. "사람들이 스스로 생각하는 것보다 회복탄력성이 높은 것으로 나타났다. 나쁜 일이 생긴 직후에는 불행을 느끼지만 많은 심리적 기제들을 동원하여 길지 않은 시간 안에 평소의 감정 상태로 되돌아온다. 마찬가지로 좋은 일도 새로움이 사라지면 더이상 행복감을 유발하지 않는다."[2]

또 대니얼 길버트는 이렇게 말한다. "어떤 경우에도 사람은 아주 '오랫동안' 고무되거나 비참해지는 않을 겁니다. 내가 그럴 것이라고 '생각하는' 것을 '영속성 편향durability bias'이라고 부릅니다. 그리고 그런 것이 생겨나면 우리는 모두 그것 때문에 고통을 받게 됩니다. 옳지 않지요."

그런 상황에서 우리는 '면역 무시immune neglect'를 하게 된다. 면역 무시란 현재의 심리 상태가 항구적이고 고정적이며, 우리 뇌의 어떠한 심리적 면역 체계psychological immune system도 고통을 덜어주지 못할 것이라고 믿는 일시적인 착각을 말한다. 즉, 우리는 모욕이나 패배, 후

회와 상실의 고통에서 막아주는 심리적 면역 체계의 힘을 제대로 파악하지 못하는 것이다.[3]

심리학자 스탠리 래치먼Stanley J. Rachman이 실시한 정서 예측 실험에선 뱀에 대한 공포를 가진 사람들을 뽑아서 이들에게 뱀을 보여주거나, 폐소공포증이 있는 사람들을 뽑아서 이들에게 작은 금속제 벽장 안에 서 있도록 했다. 이 실험을 통해 래치먼은 공포스러운 대상에 대한 실제 경험은 실험 참가자들이 예측했던 것보다 훨씬 덜 무서웠다는 점을 발견했다.[4]

정서 예측과 관련된 인지 편향으론 '영향력 편향impact bias', '초점주의focalism', '감정이입 격차empathy gap' 등이 있다.[5]

'영향력 편향'은 정서적 사건에 관해 예상할 때, 그 영향력을 실제보다 강하고 오래갈 것이라고 과대평가하는 것으로, '충격 편향'이라고도 한다. 영향력 편향은 긍정적인 사건이나 부정적인 사건 모두에 해당한다. 이를 밝혀낸 대니얼 길버트에 따르면, 사람들은 직업적 성공, 애정 관계 형성, 원하는 물건 구매, 원하던 곳으로 떠난 여행 등에서 느끼는 행복이 대단할 것이라 예상했지만 실제로는 그런 긍정적 사건에 의한 감정은 예상보다 변화폭이 좁고 지속 시간은 짧은 것으로 나타났다. 승진 실패, 낙선落選, 가족의 죽음 등 부정적 사건에 의한 감정의 변화폭과 지속 시간 역시 마찬가지였다. 길버트는 이런 영향력 편향이 생기는 이유를 정보 집중의 문제라고 밝혔다. 특정 미래 시간에 생각을 집중하면서 다른 사건이 어떻게 되는지 무시하기 때문에 특정 사건의 영향력만 과대평가하게 된다는 것이다.[6]

초점주의 또는 '초점 편향focusing illusion'은 어떤 사건에 대해 다른 요소들은 무시한 채 세부적인 특정 사항에 너무 초점을 맞출 때에 일어나는 편향을 말한다. 초점주의는 결정을 내릴 때에도 발생한다. 우리 일생의 큰 결정들에는 무수히 많은 요소가 포함되어 있는데 사람들은 몇 개의 작은 부분에만 집착하는 경향이 있다는 것이다. 행복의 조건으로 소득을 과대평가하거나 투자자가 시장에 대한 한 가지 보고서나 언론 보도에 사로잡혀 의사결정을 내리는 것도 초점 편향으로 볼 수 있다.

'초점 편향'이란 말을 만든 데이비드 슈케이드David Schkade와 대니얼 카너먼Daniel Kahneman은 1998년의 연구에서 미국 중서부 지역에 사는 사람들과 캘리포니아에 사는 사람들에게 자신이 얼마나 행복한지를 물었다. 연구 결과에 따르면 서쪽 해안 지역에 사는 사람이 중서부 지역의 사람들보다 결코 행복하지 않았지만, 중서부 지역의 사람들은 캘리포니아에 사는 사람들이 더 행복할 거라고 예상했다. 왜 이런 오해가 일어나는 걸까? 중서부 지역의 사람들은 해변이나 따뜻한 햇빛 같은, 캘리포니아에서 가장 눈에 띄고 잘 알려진 특징에만 집중했기 때문이다.[7]

이런 실험도 있다. "당신은 전반적으로 얼마나 행복한 삶을 살고 있다고 생각합니까?"와 "당신은 지난달에 데이트를 몇 번 했습니까?"라는 두 개의 질문은 질문의 순서를 어떻게 하느냐에 따라 판이한 결과를 낳았다. 데이트에 관한 질문을 먼저 받은 경우에 행복에 대한 사람들의 판단은 데이트 횟수와 높은 상관관계를 보인 것으로 나타났다. 즉, 사람들의 초점이 낭만에 맞추어지자 졸지에 사람들은 행복을 연애와 연관시켜 생각한 것이다.[8]

정서 예측

미국 뉴욕대학 심리학자 나타부드 파우다비Nattavudh Powdthavee는 『사이칼러지스트The Psychologist』(2009)에 발표한 「자녀가 있으면 더 행복해질 것 같은가?Think Having Children Will Make You Happy?」라는 논문에서 "자식이 생긴다고 해서 우리 인생이 더 즐거워지는 것은 아니다"고 주장했다. 그럼에도 아이를 둔 부모가 자신의 인생이 그 이전보다 행복해졌다고 굳게 믿는 것은 '초점 편향' 때문이란 게 그의 주장이다. 즉, 우리 환경에 중요한 변화가 생겼을 때 그것이 유발하는 효과가 커 보여 다른 것들은 제대로 보지 못하는 현상이 발생한다는 것이다.[9]

'감정이입 격차'는 우리 인간은 주어진 각 상황에 따라 감정을 이입하는 바가 다르기 때문에 선택하는 행동도 각각 달라진다는, 즉 우리 인간의 이해는 '상황 의존적state dependent'이라는 것을 말해주는 개념이다. 카네기멜런대학의 경제학자이자 심리학자인 조지 뢰벤스타인George F. Loewenstein, 1955-이 만든 말로, '핫-콜드 감정이입 격차hot-cold empathy gap'라고도 한다.

뢰벤스타인은 실험 참가자들에게 약속한 날짜에 청중이 많은 무대에 나가 음악에 맞추어 춤을 추면 돈을 주겠다고 제안했다. 그러자 지원자가 물밀 듯이 몰려들었지만, 시간이 다가오자 많은 지원자가 참가를 취소한 것으로 나타났다.

이와 관련, 뢰벤스타인은 인간의 심리 상태를 불안, 용기, 공포, 열망, 흥분과 같은 뜨거운 상태hot state와 이성, 합리성 같은 냉정한 상태 cold state로 나누었다. 지원자는 처음엔 냉정한 상태에서 경제적으로 합리적인 계산을 해서 상황을 판단했지만, 약속한 날짜가 다가오면서 두려운 감정을 갖게 되었다는 것이 뢰벤스타인의 설명이다. 즉, 처음

에는 돈이 중요했지만, 시간이 흐를수록 청중 앞에서 춤을 춰야 한다는 사실이 중요해졌다는 것이다.[10]

　우리의 일상적 삶에선 걱정을 미리 사서 하는 것도 문제지만, 걱정을 하지 않다가 막상 일이 닥치면 이전과는 전혀 다른 감정을 갖는 것도 문제일 게다. 정서의 불안정성을 말해주는 증거로 볼 수 있지 않을까? 현재에 충실한 삶이 바람직하긴 하지만, 정서적 충격을 받았을 땐 현재보다는 과거나 미래로 눈을 돌리는 게 현명하다고 할 수 있겠다.

정서 예측

12

왜 창피한 행동을 떠올리면
손을 씻고 싶어지는가?

점화 효과

엄마가 집에 도착하면 엄마와의 포옹을 예상하는 아이는 그런 기대에 차서 엄마를 보기도 전에 이미 팔을 움직이기까지 한다. 이를 심리학적 용어로 '점화priming'라고 한다. 점화는 뇌가 특정한 방식으로 반응하도록 준비되는 과정을 말한다. 즉, 점화는 기억에 저장된 생각을 무의식적으로 활성화시키는 것이다.[11] priming의 사전적 의미는 지하수를 끌어올리는 수도 펌프에 넣는 마중물이라는 뜻인데, 이를 우리의 뇌와 기억에 은유적으로 적용한 개념으로 이해하면 되겠다.

이런 실험을 해보자. 사람들에게 table이라는 단어를 먼저 보여주고 난 다음 tab를 보여주고 그다음을 채우게 하면 table이라고 대답할 확률이 미리 제시하지 않은 경우보다 높아진다. 이처럼 시간적으로 먼저 제시된 자극이 나중에 제시된 자극의 처리에 영향을 주는 현상을 '점화 효과priming effect'라고 한다. 점화 효과는 어떤 판단이나 이해에 도움을 주는 촉진 효과와 그 반대의 역할을 하는 억제 효과를 낼 수 있다.[12]

네덜란드의 경영대학원 교수 천보중Chen-Bo Zhong과 케이티 릴리언퀴스트Katie Lijenquist는 'w_h', 'sh_er', 's_p'라는 모호한 단어 조각들과 관련된 흥미로운 실험을 했다. 최근 겪었던 창피한 행동을 떠올리라는 부탁을 받은 사람들은 이 조각 단어들을 wash(씻다)와 shower(샤워)와 soap(비누)로 완성할 가능성이 높은 반면, wish(바라다)와 shaker(셰이커)와 soup(수프)로 볼 가능성은 낮은 것으로 나타났다. 아울러 동료 몰래 그의 험담을 하는 자신을 생각만 했는데도 마트에서 배터리나 주스, 아이스크림보다는 비누나 소독약, 세제를 구매하는 경향을 보였다.

이들은 2006년 9월 『사이언스Science』에 발표한 「죄를 씻기: 위협받은 도덕성과 물리적 세척Washing Away Your Sins: Threatened Morality and Physical Cleansing」이라는 논문에서 이런 점화 효과에 '맥베스 부인 효과Lady Macbeth effect'라는 이름을 붙였다. 자신의 영혼이 더럽혀졌다는 느낌은 자신의 몸을 씻고 싶다는 욕구를 유발한다는 의미에서 붙인 이름이다.[13]

'맥베스 부인 효과'는 윌리엄 셰익스피어William Shakespeare, 1564-1616의 『맥베스』에서 맥베스 부인이 남편과 공모해 국왕을 살해한 뒤 손을 씻으며 "사라져라. 저주받은 핏자국이여"라고 중얼거린 데서 유래된 작명이다. 그녀의 손에는 피가 묻어 있지 않았지만 손을 씻으면 죄

점화 효과

의식도 씻겨 내려간다고 여겼으리라. '맥베스 부인 효과'는 '맥베스 효과'라고도 하는데, 마음이 윤리와 같은 추상적 개념을 이해할 때 몸의 도움을 받는 증거, 즉 "몸으로 생각한다"는 '신체화된 인지embodied cognition'의 증거로 여겨지고 있다.[14]

어떤 거래에 대해 협상할 때 부드럽고 푹신한 의자보다는 딱딱하고 튼튼한 의자에 앉는 게 낫다거나, 상거래를 할 때 상대에게 차가운 음료보다 뜨거운 커피를 마시게 하면 따뜻한 느낌을 갖게 되어 계약을 성사시킬 확률이 높아진다거나, 입사 면접 시 무거운 물건을 들고 있는 지원자가 더 신뢰할 만한 인물로 보이기 때문에 무게감 있고 단단한 손가방에 이력서를 넣어가는 게 좋다거나, 이성과 데이트를 할 때에 촉감이 거친 물건을 치우고 식탁을 부드럽게 꾸며야 성공 확률이 높아진다는 것 등은 모두 신체화된 인지 이론을 활용하는 사례다.[15]

종교 혹은 신은 인간의 필요에 의해 만들어졌다고 주장하는 인류학자 라이어넬 타이거Lionel Tiger와 생의학자 마이클 맥과이어Michael McGuire는 부모들이 아이가 올바른 행동을 하도록 가르치기 위해 신의 존재를 들먹이는 것은 '맥베스 효과'를 유발한다고 주장한다.

"그래서 자신의 도덕적 순결에 위협을 느끼거나 도덕성을 떨어뜨리는 행동을 하게 되면, 사람들은 육체적으로 몸을 깨끗이 하려 하고 (손을 자주 씻는 행위 등) 몸을 씻음으로써 자신을 정신적, 육체적으로 치료한다. 알 수 없는 것에 대한 걱정과 공포가 어린 시절의 가르침과 결합되면, 사람은 쉽게 빠져나올 수 없는 믿음과 의심에 사로잡히게 된다."[16]

심리학자 캐슬린 보Kathleen Vohs는 점화 현상을 광범위하게 연구한 결과, 사람들에게 돈에 관한 글을 읽게 하거나 자리에 앉아 여러 종류의 통화가 그려진 포스터를 보게 하는 등 돈과 관련된 이미지를 제시하는 것이 그들이 이기적으로 행동할 확률을 높인다는 사실을 밝혀냈다. 닐 매크래Neil Macrae 등의 실험에선 F1 자동차 경주의 세계 챔피언인 마이클 슈마허Michael Schumacher에 대한 생각을 떠올린 실험 참여자들의 말하는 속도가 더 빨라지는 것으로 나타났다.[17]

심리학자 마거릿 쉬Margaret Shih, 토드 피틴스키Todd Pittinksky, 날리니 암바디Nalini Ambady 등은 동양인 여학생들을 대상으로 수학 시험을 치르게 하면서 한 집단은 '동양인'이라는 정체성으로, 다른 집단은 '여성'이라는 정체성으로 사전 자극했다. 이 실험에서 전자의 점수는 매우 높게 나온 반면 후자의 점수는 낮게 나왔다. 동양인에 대한 고정관념은 수학을 잘한다는 것이고, 여성에 대한 고정관념은 수학을 잘못한다는 것인바, 이 고정관념이 사전 자극되어 시험에까지 영향을 미친 것이다.[18]

'죄수의 딜레마prisoner's dilemma' 게임 실험에서도 실험 참가자들에게 게임의 이름을 '커뮤니티 게임'이라고 했을 때와 '월스트리트 게임'이라고 했을 때 게임 결과는 확연히 다른 차이를 보였다. '커뮤니티 게임'이라는 말을 듣고 게임에 임한 사람들은 '월스트리트 게임'에 참여한 학생들보다 게임 상대방에게 훨씬 협조적인 모습을 나타냈고 최종적으로 얻는 보상의 크기도 컸다. 이는 '커뮤니티 게임'이라는 말이 협동을 필요로 하는 공동체를 떠올리게 한 반면, '월스트리트 게임'이란 말은 처절한 경쟁을 기반으로 하는 약육강식弱肉强食을 떠올리게 했기 때문에 나타난 결과로 이해할 수 있다.[19]

점화 효과

점화 효과를 이용한 창의성 자극 실험도 있다. 독일 브레멘 국제대학의 심리학자 옌스 푀르스터Jens Förster는 실험 참가자들을 둘로 나누어 한쪽에는 자유와 일탈의 상징인 펑크족을 떠올리게 하고 한쪽에는 보수적이고 논리적인 엔지니어의 이미지를 제시했다. 이후 두 집단을 대상으로 창의력 테스트를 실시한 결과, 펑크족 이미지를 떠올렸던 사람들이 엔지니어를 떠올렸던 사람들보다 훨씬 높은 창의력을 보인 것으로 나타났다.[20]

점화 효과는 무의식적으로 갖게 된 생각들을 우리가 알지 못하는 사이에 자극하면서 일어나는 것이다. 그런데 점화를 받은 사람들은 이를 전혀 알지 못하거니와 이에 대해 물어보아도 완강히 부인하는 경향이 있다. 코넬대학 마케팅 교수 브라이언 완싱크Brian Wansink는 "진짜 위험은 우리 모두 환경적인 암시에 영향을 받기에는 자신이 너무 똑똑하다고 생각한다는 점이다"고 말한다.[21]

이치가 이렇다면 점화 효과는 인간관계에도 적용될 수 있지 않을까? 독일 심리학자 폴커 키츠Volker Kitz와 마누엘 투쉬Manuel Tusch는 점화 효과를 이용해 평소 보기만 해도 짜증이 나는 직장 동료와의 관계를 개선시킬 수 있다고 주장한다.

"출근하기 전 '편안하다, 유쾌하다, 재미있다, 예의바르다……' 등의 단어들을 되뇐 다음 직장 동료를 만나는 것이다. 그러면 그를 대할 때의 태도가 조금은 긍정적으로 바뀐 자신을 경험하게 될 것이다. 만약에 회사의 대표와 중요한 면담을 앞두고 있고 그 사람이 여자라면 미인을 상대한다고 생각하라. 그리고 될 수 있는 한 긍정적 단어들을 많이 말하며 점화를 시켜라. 그러면 그녀가 긍정적으로 상대해

줄 것이다."²²

　뭐 썩 와 닿진 않지만, 실패한다 해도 손해 볼 일은 없으니 일단 시도를 해보는 것도 좋겠다. 우리의 무궁무진한 잠재 기억에서 점화되어 좋은 것들만 골라내 우리의 삶을 유쾌하고 풍요롭게 할 수만 있다면 무엇을 망설이랴. 태교胎敎를 하는 임산부의 심정처럼 가급적 좋은 생각만 하면서 사는 것을 일상화한다면 더할 나위 없이 좋지 않을까?

점화 효과

13

왜 한국인은
'감정 억제'에 서투른가?

좌뇌·우뇌적 사고

세상엔 여러 종류의 사람이 있다. '독자성'과 '협력'을 예로 들자면, 남들과 어울려 문제를 푸는 걸 좋아하는 사람과 혼자서 푸는 걸 좋아하는 사람이 있다. 추상적으로 사고하는 사람들은 몸소 체험하기보다는 다양한 곳에서 정보를 획득해 무언가 배우는 걸 좋아한다. 반면 경험주의적인 사람들은 사람이나 사물을 직접 접촉함으로써 정보를 얻는 걸 좋아한다. 그래서 사람의 직업이나 전공에 따라 문제 해결 방식이 다르다.

이처럼 일하는 방식과 의사결정 과정에서 사람마다 다른 건 인지認知 방식의 차이 때문이다. 널리 통용되는 인지 분류법 가운데 하나가 '좌뇌적 사고'와 '우뇌적 사고'를 구분하는 것이다. 좌뇌적 사고는 분

석적 · 논리적 · 순차적인 접근 방식인 반면, 우뇌적 사고는 직관적 · 가치지향적 · 비선형적인 접근 방식이다.[23]

좌뇌와 우뇌의 기능상 차이를 처음 발견한 사람은 1960년대 초 미국 캘리포니아대학의 신경생물학자 로저 스페리Roger Sperry, 1913-1994 다. 1981년 노벨생리의학상을 공동 수상한 스페리는 뇌의 좌반구는 신체 우측에서 들어오는 정보를 받으므로 왼쪽에 보이거나 왼손에 만져지는 사물을 알 수가 없으며(그 반대도 마찬가지), 언어능력은 좌반구에 집중되어 있다는 것 등을 발견했다.[24]

좌뇌와 우뇌는 '사고방식'에서 뚜렷하게 다르지 않다는 반론도 있지만, 우리가 가장 경계해야 할 것은 '좌뇌 · 우뇌 결정론'이다. 이에 대한 비판은 무수히 많다.[25] 예컨대, 마이클 블로치Michael Bloch는 "우리가 스스로를 '좌뇌형 인간' 또는 '우뇌형 인간'이라 규정지어버린다면, 새로운 전략을 개발할 수 있는 능력을 제한하는 꼴이 된다"고 경고한다. 이와 관련, 토니 부잔Tony Buzan과 배리 부잔Barry Buzan은 다음과 같이 말한다.

"비록 각각의 반구가 어떤 특정 영역의 활동을 지배하고 있긴 하지만, 사실상 기본적으로는 모든 영역을 관장하고 있다. 로저 스페리에 의해 양분된 정신 기능은 사실 두뇌 전체에 골고루 분포되어 있는 것이다. 그러므로 어떤 사람을 두고 좌뇌가 뛰어난 사람이라든가 우뇌가 뛰어난 사람이라고 단정 짓는 현재의 풍조는 기대에 반하는 결과를 초래하는 것이다."[26]

따라서 결정론은 경계하면서, 그저 "좌뇌가 논리적 추론과 더 강하게 연관되어 있다"거나 "우뇌가 직관과 더 강하게 연관되어 있다"

는 식의 상대적 관점에서 그 차이점을 음미해보는 게 좋을 것 같다.[27]

'좌뇌 · 우뇌론'이 다방면에 걸쳐 응용된 것도 그런 정도의 의미는 있다는 것이 인정되었기 때문일 것이다.

미국 UCLA 정신과 교수 대니얼 시겔Daniel J. Siegel은 좌뇌는 디지털 방식으로 작동하는 반면 우뇌는 아날로그 방식으로 작동한다고 말한다. 그는 "우뇌는 '그리고'라는 입장을, 좌뇌는 '또는'이라는 관점을 만들어낸다"며 다음과 같이 말한다.

"내가 우뇌 모드를 사용할 때는 상호 연결된 가능성들로 충만한 세상을 본다. 이것과 저것이 모두 진실일 수 있다고 생각한다.……그러나 좌뇌 모드에 들어가면 세계가 분리되어 보인다. 이것이 진실일까, 저것이 진실일까? 좌뇌 모드에서는 한 견해만이 현실을 정확히 반영한다고 생각한다. 그리고 좌뇌의 '또는' 모드로 세상을 볼 때는 자신의 견해가 자신이 세상을 그런 방식으로 보겠다고 선택한 것일 뿐이라는 사실을 이해하지 못한다. 그 방식이 유일하며, 다른 방식, 즉 우뇌 모드는 그저 틀린 것이라고 생각한다."[28]

하버드 경영대학원 교수 존 케이오John Kao는 좌뇌 · 우뇌론을 기업 경영에 접목시킨다. "한 회사가 비즈니스를 제대로 수행하기 위해서는 적극적으로 활용하고 또 계속해서 재창조해내지 않으면 안 되는 조직적 과정들 안으로 투입되는 진정한 '우뇌적' 창조성이 있어야 합니다. 하지만 다른 한편으로는 회사가 재정적으로 어떠한 상태에 있는지, 그리고 그런 창조적 과정들이 손익계산서에 긍정적인 결과를 가져다주고 있는지를 계속해서 묻지 않으면 안 되는 '좌뇌적' 회계기능 또한 존재하지요."[29]

좌뇌 · 우뇌적 사고

프랑스 심리학자 필리프 튀르셰Philippe Turchet는 『남자는 왜 여자의 왼쪽에서 걸을까』라는 책에서 남녀 2만 쌍 이상을 관찰한 연구를 통해 인간의 두뇌 중심에 프로그램화되어 있는 사랑증후군을 증명하고자 했다. 그는 좌뇌는 신체의 오른쪽 부분을 관리하고 오른팔은 통제와 감시의 기능을 수행하는바, 남자가 여자의 왼쪽에서 걷는 행위는 여자에 대한 책임감 때문이기도 하지만 여성을 통제하기 위해서라고 주장했다. 또 우뇌는 감성과 관련된 부분인바, 여성은 오른편에 섬으로써 결국 무의식적으로 상대의 감정에 적극적으로 개입하겠다는 표상을 보인다는 것이다. 튀르셰는 구속과 통제가 바탕이 되는 사랑증후군과 진정한 사랑을 구별해야 한다고 역설했다.[30]

　　이화여대 교수 최준식은 좌뇌는 논리나 이성 혹은 언어 습득 같은 능력을 담당하고, 우뇌는 감각 · 직관 · 공간 지각력 등을 관장하는데, 한국인은 아무래도 우뇌 쪽이 발달한 것 같다고 주장한다. 한국인은 논리적으로 차근차근 따지는 것보다 감정을 발산하면서 마시고 노래하는 것을 좋아하기 때문이라는 것이다.

　　"병아리 암수 감별사 같은 직업은 대단히 섬세한 감각을 요구하는 거라 한민족만이 할 수 있다는 설이 있다. 또 한국인 가운데 세계적인 음악가가 많은 것도 우리가 우뇌가 발달했음을 간접적으로 시사해준다. 그러나 같은 음악가도 소리를 지르면서 감정을 맘껏 발산하는 연주가만 많지 냉철한 논리를 사용해야 하는 작곡에서 세계적으로 이름난 한국인은 전 세계에 거의 없다.……이런 한국인들의 성향이 유감없이 발휘되는 분야가 바로 양궁이나 골프 같은 스포츠이다. 이 두 경기는 부분에만 능한 좌뇌적인 계산보다는 전체적으로 보는 데에 능한 우뇌적인 감각으로 해야 한다."[31]

좌뇌·우뇌적 사고를 정치에 적용한다면 한국 정치는 감성과 직관의 지배를 훨씬 더 많이 받으므로 '우뇌 민주주의'로 부를 수 있겠다. 언론과 지식인은 정치를 비판할 때마다 유권자들이 피해자라고 주장하지만, 과연 그런 것인지 따져볼 필요가 있다. 유권자들 역시 바람에 약하고 분위기에 휩쓸리는 우뇌적 사고에 능한지라, 이미 그걸 간파한 정치권이 유권자들에게 영합하는 '쇼'를 한다고 보는 게 옳지 않겠는가?

오랜 역사를 두고 형성된 국민적 기질인지라 한국의 '우뇌 민주주의'가 쉽사리 바뀔 것 같지는 않다. 차라리 '우뇌 민주주의'의 장점에 주목하면서 그걸 키우는 방향으로 애를 쓰는 게 현실적인 대안일 것이다. 우뇌적 사고는 '부분'보다는 '전체'를 보는 데에 강하다. 한국 유권자들이 많은 문제점을 안고 있으면서도 큰 흐름을 읽는 데엔 비교적 유능하며, 이는 이미 충분히 입증된 것이기도 하다.

좌뇌·우뇌적 사고

14

왜 동메달리스트의 표정이
은메달리스트의 표정보다 밝은가?

사후 가정 사고

공항에 비행기를 타러 가는 두 사람이 있다. 갑과 을이라고 하자. 갑과 을 모두 공항에 늦게 도착해 비행기를 놓쳤지만, 갑은 30분이 늦었고 을은 5분이 늦었다. 사람들에게 물어보았다. 누가 더 화가 나겠느냐고. 응답자들의 96퍼센트는 5분 늦게 도착한 사람이 더 화가 날 것이라고 대답했다. 간발의 차이로 비행기를 놓쳤기 때문에 더 아쉽고 분하고 억울하게 생각하리라는 이유에서였다.

심리학자이자 행동경제학자인 아모스 티버스키Amos Tversky, 1937-1996와 대니얼 카너먼Daniel Kahneman, 1934-은 1982년 우리 인간의 후회에 영향을 끼치는 요인을 탐구하기 위해 이 실험을 했다. 이렇듯 간발의 차이로 무엇인가를 하지 못할수록 더욱 연연해하고 그것이 이후의 행동, 심지어 인생 전반에 영향을 주는 현상을 가리켜 '간발 효과 nearness effect'라고 한다.

행동경제학자 리처드 세일러Richard Thaler, 1945-의 실험 결과도 흥미롭다. 슈퍼마켓의 계산대에 선 갑은 행운의 10만 번째 손님이 되어 100달러를 경품으로 탔다. 을은 다른 슈퍼마켓의 계산대에서 행운의 100만 번째 손님의 다음, 즉 100만 1번째 손님이 되어 150달러를 경품으로 탔다. 100만 번째 손님이 받은 경품은 1,000달러였다. 누가 더 행복할까? 대부분의 응답자들은 100달러를 탄 갑을 택했다. 을이 더 많은 돈을 받았지만 간발의 차로 1,000달러 대신 150달러를 받게 되어 몹시 속이 상할 것이라고 본 것이다.

이런 간발 효과는 올림픽에서 은메달을 받은 사람이 동메달을 받은 사람보다 덜 행복한 이유도 설명해준다. 은메달 수상자는 간발의 차이로 금메달을 놓쳤다고 생각하지만, 동메달 수상자는 간발의 차이로 아무런 메달도 받지 못하는 걸 피했다고 생각한다.[32]

이는 준거집단reference group의 개념에 입각한 상대성 이론으로 설명할 수도 있다. 은메달리스트는 금메달리스트를 준거집단으로 삼기 때문에 기분이 상하고 동메달리스트는 메달을 못 딴 선수들을 준거집단으로 삼기 때문에 기분이 좋다. 은메달리스트는 "만약 내가 마지막 몇 초만 더 힘을 냈다면, 내게 한 번만 더 기회가 주어졌다면 금메달을 딸 수도 있었을 텐데……"라며 자신을 금메달리스트와 상향 비교하는 반면, 동메달리스트는 메달을 받지 못한 선수와 하향 비교하는 것이다. 절대적 관점이 아닌 상대적 관점에서 사물의 가치를 평가하는 이른바 '준거점 의존성reference dependence'은 단순한 가치판단의 차원이

아니라 우리가 세상을 인식하는 방식의 본질적인 단면이다.[33]

비슷하긴 하지만, 코넬대학 교수 빅토리아 메드백Victoria Medvec과 톨레도대학 교수 스콧 메디Scott Madey는 은메달리스트의 어두운 표정을 '사후 가정 사고事後假定思考, counterfactual thinking'라는 개념으로 설명했다.

이들은 1992년 스페인 바르셀로나에서 열린 하계올림픽의 일부 은메달리스트와 동메달리스트의 표정을 비디오테이프로 녹화해 분석했다. 물론 동메달리스트의 표정이 은메달리스트의 표정보다 밝은 걸 확인할 수 있었다. 은메달리스트는 금메달리스트를 보면 "내가 저기 서 있을 수 있었는데"라며 아쉬워하는 반면, 동메달리스트는 "자칫 하면 시상대에 오르지 못할 뻔했다"는 안도감을 대안적 사실로 유추한다. 그래서 동메달리스트가 은메달리스트보다 경기 직후 시상대에 서 있을 때 행복감을 느끼는 것이다.

사람들은 일반적으로 "만일 내가 이게 아니라 다른 걸 가졌다면 혹은 다른 결과가 있다면 무엇일까"라는 상상을 한다. 일어나지 않았지만 일어날 수도 있었던 사건을 생각해보는 것이다. 즉, 사실에 반대되는 대안counterfactual alternative을 음미해보는 것인데, 이런 사고를 가리켜 '사후 가정 사고'라고 한다. 사후 가정 사고는 이론적 원조를 고대 그리스 철학자 아리스토텔레스Aristoteles, B.C.384-B.C.322와 플라톤Platon, B.C.427-B.C.347까지 거슬러 올라가야 할 정도로 역사가 오랜 개념이다. 사후 가정 사고는 간발 효과가 있을 때에 활발하게 일어난다.[34]

이미 앞서 보았듯이, 사후 가정 사고는 '상향적upward 사후 가정 사고'와 '하향적downward 사후 가정 사고'로 나눌 수 있다. '상향적 사후 가정 사고'는 실제 상황을 더 바람직한 상황과 비교하는 것이다.

'내가 그때 주식을 팔았으면 더 높은 수익률을 기록했을 텐데', '내가 그때 그런 말을 하지 않았으면……'과 같은 생각이 상향적 사후 가정 사고에 속한다. 반대로 일어난 일이 더 나쁘게 되었을 수도 있었다고 가정하는 것을 '하향적 사후 가정 사고'라고 부른다. 상향적 사후 가정 사고는 비판적 사고에 가깝고, 하향적 사후 가정 사고는 낙관적 사고에 가깝다. 구본형변화경영연구소 연구원 홍승완은 두 가지 사후 가정 사고 모두 우리에게 유용하다며 다음과 같이 말한다.

"이미 일어난 사실을 더 좋은 결과와 비교하는 상향적 사후 가정 사고는 잘못한 선택이나 행동에 대해 분석하고 반성함으로써 같은 실수를 반복하지 않도록 도와준다.……그에 비해 하향적 사후 가정 사고는 실제 상황을 더 나쁜 상황과 비교함으로써 지금 상황을 보다 긍정적으로 느낄 수 있도록 해준다. 예를 들어, 회사 일에서 기대한 성과를 내지 못한 사람이 '그래도 프로젝트 결과가 최악은 아니야'라고 생각하는 것이다."[35]

물론 사후 가정 사고는 위험할 수도 있다. 예컨대, 어떤 사고가 발생하면 그 사건의 발생을 미리 예측할 수 있었던 것처럼 사실과 다르게 착각하는 경우다. 이에 대해 중앙대 심리학과 교수 정태연은 다음과 같이 말한다.

"이러한 착각이 강하기 때문에 우리 사회가 사고에 대해 취하는 대부분의 조치는 책임자 처벌이다. 말하자면 예측할 수 있는 사고에 제대로 대처하지 못한 사후 문책인 셈이다. 안타깝게도 이러한 조치는 예측하기 힘든 미래의 사고를 막을 수 없다. 왜냐하면 사고 방지는 특정 책임자의 예측이 아니라 전체 시스템의 예방 노력에 따른 산물이기 때문이다."[36]

대중적 역사학엔 사후 가정 사고를 중심으로 하는 '사후 가정 역사counterfactual history'라는 게 있다. alternative history, speculative history, hypothetical history라고도 한다. 예컨대, "만약 대원군과 명성황후가 서로 싸우지 않았더라면?"이라는 가정을 내세워 이후 달라졌을 역사의 전개 방향에 대해 논의하는 역사 기술 방식이다. 한국에선 별 인기가 없지만, 미국엔 이른바 "what if" 시리즈로 수많은 책이 출간된다.[37]

내 인생의 "what if"는 무엇인가? 그때 지금의 아내가 아닌, 다른 여자와 결혼했더라면? 그때 직장을 옮기지 않고 그곳에 계속 있었더라면? 그때 재수, 삼수를 해서라도 내가 원하는 대학에 들어갔더라면? 수많은 "what if"가 가능하겠지만, 행복한 삶을 위해선 역시 '하향적 사후 가정 사고'가 바람직하다. 지금 이 정도나마 사는 게 얼마나 고마운지, 매사에 감사하고 사는 게 행복으로 가는 지름길이 아닐까?

15

왜 30퍼센트 할인 세일을 놓친 사람은
20퍼센트 할인 세일을 외면하나?

후회 이론

우리는 사후 가정 사고와 함께 일어나는 감정적 형태인 후회에 대해 좋게 생각하지 않는다. 어리석다고 생각한다. 이는 서양도 마찬가지여서, 후회를 탓하는 수많은 속담이 있다. It is no use crying over spilt milk(한번 엎지른 물은 다시 주워 담지 못한다. 후회해야 소용없다). There is no use repenting later = Regret will not mend matters (후회해야 소용없다). What's done cannot be undone=What's done is done(한번 저지른 일은 되돌릴 수 없다). Repentance is the virtue of fools(후회는 바보들의 미덕이다).**38**

미국 아마존닷컴Amazon.com의 창업자이자 최고경영자CEO인 제프 베저스Jeff Bezos, 1964-는 나이 30에 잘 나가는 월스트리트 금융회사 고

위간부직을 때려치우고 전혀 새로운 분야의 창업을 하는 모험을 감행했다. 이때의 결정에 대해 그는 훗날 '후회 최소화 프레임워크regret minimization framework'라는 것을 활용했다고 밝혔다. "내가 먼 훗날 나이가 들어 살아온 인생을 뒤돌아볼 때 어떤 결정을 가장 후회하게 될까?'를 생각해본 결과, 설사 실패하더라도 안정에 집착하다가 원하는 일을 아예 시도조차 하지 않은 것을 더 후회하게 될 것 같다는 결론을 내렸다는 것이다. 대부분의 후회는 '행동함commission'에서 오는 게 아니라 '행동하지 않음omission'에서 온다는 것이 베저스의 철학이라고 한다.[39]

어디 베저스만 그러겠는가. 대부분의 사람들이 후회하지 않기 위해 무진 애를 쓴다. 그런데 혹 그로 인한 문제는 없을까? 베저스야 '후회 최소화 프레임워크'로 큰 성공을 거두었다지만, 모든 사람이 다 그렇게 성공할 수는 없으니 말이다. 게다가 "놓친 고기가 더 커 보인다"는 속담이 시사하듯이, 우리 인간의 속성상 후회는 피하기 어려운 게 아닐까?

영국 경제학자 데이비드 벨David Bell, 그레이엄 룸스Graham Loomes, 로버트 서젠Robert Sugden 등은 1982년 연구를 통해 이른바 '후회 이론regret theory'을 제시했다. 사람들은 자신이 실수했다는 사실을 확인시켜주는 행동을 피하려는 경향이 있으며 후회를 최소화하기 위해 효용이 적은 쪽을 선택하는 비합리적인 행동을 한다는 것이다.[40]

선택 결정을 하기도 전에 예상되는 후회를 가리켜 '예상 후회anticipated regret'라고 한다. 건국대 경영학과 교수 범상규는 "예상 후회를 교묘하게 자극하는 경우가 바로 위협소구 광고에서 찾아볼 수 있

후회 이론

다. 요즘 '호모 헌드레드Homo Hundred' 시대라는 용어가 그리 낯설지 않게 들린다. 유엔이 2009년 처음 사용하기 시작한 이 용어는 100세 삶이 보편화되는 시대를 지칭하고 있다. 그만큼 현대를 살아가는 사람들은 100세까지의 인생 설계 특히 은퇴 후 자산관리의 필요성이 중요하다는 의미다"며 다음과 같이 말한다.

"최근 출근하는 남편을 보고 '여보, 어떡하지'라는 공포에 질린 다급한 메시지를 전달하는 투자증권회사의 광고가 있다. 이 광고에서는 100살까지 사는 시대, 노후 걱정하는 직장인들에게 자산관리의 필요성을 강조하면서 가능한 한 자사의 금융상품을 이용하라는 메시지를 전달하고 있다. 문제는 우리 모두를 극심한 위협에 빠뜨려 공포의 불안감을 극대화시키는 불안조성 마케팅 사례라는 점이다."[41]

대부분의 사람들은 작지만 확실한 이득과 크지만 불확실한 이득 사이에서 선택할 때 위험을 꺼리는 경향이 있는데, 그건 '후회 회피regret aversion' 때문이다. 후회 회피는 미국의 행동경제학자 리처드 세일러Richard Thaler, 1945-가 붙인 이름이다. 후회를 피하려는 욕망이 야기할 수 있는 효과는 사람들이 전혀 행동하지 않도록 유도하는 것인데, 이스라엘 심리학자 오리트 티코신스키Orit Tykocinski는 이를 '비행동 불활성inaction inertia'이라고 부른다. 예컨대, 30퍼센트 할인 세일을 놓친 사람은 그 기회가 사라졌는데도 나중에 20퍼센트 할인 세일을 외면한다. 30퍼센트 할인 때 사지 못한 것을 후회하게 되기 때문이다.[42]

소비자들은 어떤 물건을 사고 난 뒤 잘못 산 것 같아 후회하는데, 이를 가리켜 '구매자의 후회buyer's remorse'라고 한다. 주택이라든지 자동차 같은 거액의 구매를 했을 때에 자주 일어나는 현상이다. 일부 업체들이 "구입 후 마음에 안 들면 언제든지 환불해 드립니다"라고 말하는 것은 바로 이 구매자의 후회를 겨냥한 마케팅 전략이다.[43]

일부 미국 기업들은 '구매자의 후회'를 원천봉쇄하기 위해 작가 마크 트웨인Mark Twain, 1835-1910의 다음 명언을 활용하기도 한다. "지금부터 20년 후에는 자신이 저지른 일보다 저지르지 않은 일에 더 실망하게 될 것이다."[44]

비싼 제품 혹은 결점이 있는 물건을 구입한 소비자는 자신의 구입을 정당화하기 위해 제품의 문제점을 외면하는 대신 장점만을 부각시켜 생각하는 경향이 있다. "내가 산 물건이 비싼 데는 그럴 만한 이유가 있어"라는 식으로 말이다. 이를 '구입 후 합리화post-purchase rationalization'라고 하는데, 구매자가 제품의 포로가 되었다는 점에서 '구매자의 스톡홀름 신드롬buyer's Stockholm Syndrome'이라고도 한다. 아이폰 사용자들이 아이폰의 결함까지 애정을 보이는 것이 그 사례로 거론된다.[45]

'구입 후 합리화'는 '선택 지지 편향choice-supportive bias'이다. 선택 지지 편향은 어떤 결정을 내린 후에 그 결정이 최고의 선택이었다고 기억을 왜곡하는 것이다. 또한 자기가 선택하지 않은 옵션은 더 나쁜 것이었다고 왜곡하기도 한다. 선택 지지 편향은 나이가 들수록 더 강해지는 특성을 보이는데, "나는 항상 최고의 선택을 했어"라고 말하는 게 그 슬로건이라 할 수 있겠다.[46]

후회는 과연 바보들의 미덕일까? 미국 일리노이대학 심리학과 교수 닐 로즈Neal Roese는 '사후 가정 사고'를 다룬 『이프If의 심리학: 실패를 성공으로 바꾸는 후회의 재발견If Only: How to Turn Regret Into Opportunity』(2005)에서 전혀 다른 입장을 취한다. "후회는 음식을 먹는 것만큼이나 건강한 삶을 위해 필수적인 것이다. 그리고 마찬가지로 너무 지나치거나 모자라면 문제가 생긴다. 너무 후회가 많으면 과거를 극복해 미래로 전진하지 못하고, 너무 후회를 안 하고 자신의 감정 경험에서 오는 교훈을 계속 무시하면 비생산적인 행동을 고집하여 성장과 발전의 기회를 놓친다."[47] 결국 과유불급過猶不及이란 이야기다.

제4장

집중
과
몰입

16

왜 우리는 시끄러운 곳에서도
들고 싶은 소리만 들을 수 있나?

칵테일파티 효과

1950년대 영국 공항에서 항공 관제사들은 조종사들의 메시지를 관제 탑 내부의 확성기를 통해 들었다. 확성기에서 동시에 들리는 조종사들의 목소리가 혼란을 야기하자, 인지과학자 콜린 체리Colin Cherry, 1914-1979는 이 문제에 관심을 갖고 실험에 나섰다. 1953년 그는 피실험자에게 하나의 스피커에서 동시에 나오는 2명의 목소리를 구별하도록 한 결과 배경 소음에서 원하는 메시지를 잡아내는 것은 목소리의 톤과 속도, 말하는 사람의 성별 등에 의해 달라진다는 것을 발견했다.

인간이 자신이 원하는 음만을 골라서 들을 수 있는 것은 온갖 잡음이 섞인 칵테일파티에서도 자신의 이름을 부르는 소리는 똑똑하게 들을 수 있는 것과 같다고 해서 체리는 그런 능력을 '칵테일파티 효과

cocktail party effect'라고 불렀다. 오늘날 칵테일파티 효과는 칵테일파티나 나이트클럽처럼 시끄러운 곳에서도 대화가 가능하거나 자신이 관심을 갖는 이야기를 골라 들을 수 있는 것을 뜻한다.[1]

칵테일파티 효과는 자기에게 의미 있는 정보만을 선택적으로 받아들이는 선택적 지각selective perception 덕분이다. 이 효과는 감각기억이 존재하기 때문에 가능하다. 감각기억은 청각에서 일어나는 잔향 기억과 시각에서 일어나는 영상 기억으로 구분되는데, 칵테일파티 효과는 잔향 기억에서 일어나는 현상이다.

칵테일파티 효과는 광고의 홍수 속에서 소비자의 선택적 지각을 끌어내야만 하는 광고제작자에게 매우 중요한 의미를 갖는다. 여러 실험 결과, 특정 브랜드의 제품을 좋아하거나 구입했거나 구입하려고 하는 사람들은 그 브랜드에 대해 중립적인 사람에 비해 그 브랜드 광고를 지각할 가능성이 높은 것으로 나타났다.[2]

2012년 5월, 미국 연구팀은 칵테일파티 효과가 심리적인 이유를 넘어 두뇌 움직임과 관련이 있다는 증거를 과학적으로 입증했다. 이 실험에서 실험자가 여러 음성 중에서 단 하나의 음성에 반응하는 것이 두뇌 스펙트럼 사진을 통해 관찰된 것이다.[3]

인간은 자신과 관계없는 청각 정보는 전혀 듣지 못한 채 한번에 하나의 대화에만 집중할 수 있지만, 자신의 이름을 비롯한 몇 가지 말은 그러한 인식 장치를 뚫는 힘을 가지고 있는 것으로 밝혀졌다. 그래서 처음 만나는 사람의 이름을 부르는 것은 처세술의 기본 원칙이다. 물론 지나치게 자주 부를 경우 장사꾼처럼 보이고 자연스럽지 못하다는 느낌을 줄 수 있지만 말이다.[4]

칵테일파티 효과

2013년 12월 캐나다 퀸스대학 연구팀은 18년 이상 결혼 생활을 유지한 44~79세에 해당하는 23쌍의 커플을 대상으로 진행한 연구 조사 결과, 오랜 시간 연인 관계를 유지하거나 결혼한 사람들은 시끄러운 장소에서도 상대방의 목소리를 잘 알아들을 수 있다는 것을 밝혀냈다. 실험에 참여한 사람들은 한번에 3명의 목소리를 동시에 들었다. 남편 혹은 아내가 포함되어 있거나 3명 모두 낯선 사람인 경우 등을 나눠서 실험을 진행했다. 이어 참가자들은 특정한 목소리에 집중하거나 어떤 정보를 기억하도록 요구 받았다. 실험 결과 남편 혹은 아내의 목소리가 포함되어 있을 경우 특정 정보를 더 정확히 기억할 수 있는 것으로 나타났다. 참가자들은 배우자의 목소리가 들릴 경우 필요 없는 정보를 더 잘 걸러내고 특정한 목소리에 더 잘 집중했다는 것이다.[5]

칵테일파티 효과를 실감할 수 있는 최상의 방법은 자신이 참석한 회의를 테이프리코더로 녹음해서 들어보는 것이다. 이에 대해 일본 심리학자 사이토 이사무齋藤勇는 이렇게 말한다. "회의를 하는 동안에는 듣지 못했던 의자 소리와 문소리가 확실하게 들리는 대신, 회의 때는 잘만 들리던 발언자의 목소리는 거의 들리지 않는다. 테이프리코더는 음성을 기록하는 데는 편리하지만, 소리를 선택하는 능력에 있어서는 사람의 귀가 훨씬 우수하다. 이런 능력의 힘으로 소리가 가득한 환경에서도 잘 적응할 수 있는 것이다."[6]

전지전능할 것 같은 스마트폰도 그 점에선 인간 능력에 훨씬 못미친다. 사람은 소음이 심한 곳에서도 칵테일파티 효과 덕분에 원하는 소리를 골라서 들을 수 있지만 스마트폰은 그게 어렵기 때문에 바로 이게 스마트폰의 숙제로 남겨져 있다. 음성 인식 기능을 탑재한 휴

대전화의 판매량은 계속 늘고 있지만, 아직 정확성을 더 개선해야 한다는 것이다.[7]

아파트 층간소음 갈등의 상당 부분도 칵테일파티 효과와 관련이 있다. 실제로 한국환경공단 '층간소음 이웃사이센터' 관계자에 따르면, "가내수공업 소음에 시달린다는 민원들을 확인해보면 거의 사실무근이었다". 이와 관련, 신광영은 다음과 같이 말한다.

"윗집은 갈등이 길어지면 아랫집이 과민반응을 한다고 의심하기 시작한다. 나름대로 소음저감 노력을 해도 항의가 계속되기 때문이다. 이때 아랫집은 실제 고통을 겪는 경우가 대부분이다. 한 번 소음을 느끼기 시작하면 그 소리에 예민해지는 '칵테일파티 효과' 때문이다.……윗집에서 나는 특정 소음에 오래 스트레스를 받으면 그 소리가 유독 크게 들리는 것이다.……의사가 일반인보다 청진기를 통해 나는 소리를 잘 듣는 것도 이 효과에 따른 것이다."[8]

조준현은 칵테일파티 효과를 '리어왕 효과'로 부른다. "'리어왕 효과'라는 말은 내가 만든 것이어서 당연히 아무도 알아주지는 않는다. 아무튼 내가 그렇게 부르는 이유는 리어왕의 비극도 결국은 자기가 듣고 싶은 말만 듣고자 한 데서 비롯되었기 때문이다."[9]

이런 선택적 지각의 문제는 대인관계에서도 심각한 문제를 낳을 수 있다. 선택적 지각으로 인해 열등감이 많은 사람은 타인의 무심한 행동도 자신을 무시했다고 곡해하는 경향이 있기 때문이다. 선택적 지각이 완벽해지면 망상증 환자가 된다.[10]

이스라엘 출신 인지신경과학자인 엘라나 지온 골룸빅Elana Zion Golumbic 연구팀은 칵테일파티 효과에 대한 발견이 주의집중장애ADD ·

ADHD와 자폐증의 치료에 도움이 될 것으로 전망한다. 현재 뉴욕에서 단 자빗 박사Dr. Dan Javitt와 정신분열증 환자들에 대한 연구를 진행하고 있는 골룸빅은 이렇게 말한다. "어떠한 환경이 이런 선택적 주의selective attention에 강한 영향을 미치는지가 다음 과제입니다. 우리는 주의집중을 위한 최적의 환경을 알아낼 수 있겠지요. 그것이 이 연구의 다음 방향입니다."[11]

100여 년 전 윌리엄 제임스William James, 1842-1910는 "세상은 쿵쿵대고 윙윙거리는 시끄러운 혼돈이다"고 했다. 그래서 우리는 주변의 거의 모든 것을 무시할 수 있는 능력을 통해서만 그런 상태를 견딜 수 있는 걸까?[12] 칵테일파티 효과의 인터넷 버전이라 할 수 있는 '인터넷 칵테일 효과'도 그런 관점에서 보아야 하는 걸까? 인터넷 칵테일 효과는 인터넷 서핑 중에 필요하지 않은 정보는 유저가 의도적으로 감각기관을 차단해 듣거나 보거나 하는 것을 회피하는 것을 말한다.[13]

칵테일파티처럼 시끄러운 곳에서도 듣고 싶은 소리만 들을 수 있는 능력은 인간의 축복으로 여겨도 무방하겠지만, '정보 편식'을 조장하는 '인터넷 칵테일 효과'는 사회적 소통을 어렵게 만든다는 점에서 결코 반길 일은 아니라고 볼 수 있겠다.

17

왜 '몰입'은
창의적 삶과 행복의 원천인가?

몰입

"내가 과학적 탐구 활동에 몰두할 수 있었던 이유는, 다름이 아니라, 자연의 신비를 이해하고자 하는 나 자신의 제어하기 힘든 갈구 때문이었으며……공부하는 가장 중요한 동기는 그 일이 주는 즐거움이어야 한다."

세계적인 물리학자 알베르트 아인슈타인Albert Einstein, 1879-1955의 말이다. 이 발언은 '몰입沒入, flow'이 창의적 삶의 원천이라는 증거로 거론되곤 한다.[16] 몰입은 국내에서도 베스트셀러가 된『몰입의 즐거움 Finding Flow』(1990)의 저자인 헝가리 출신의 미국 심리학자 미하이 칙센트미하이Mihaly Csikszentmihalyi, 1933-가 재정의한 개념으로, 어떤 일에 집중해 내가 나임을 잊어버릴 수 있는 심리적 상태를 말한다. 즉, 몰입은

무아지경無我之境이나 물아일체物我一體처럼 하고 있는 일에 완전히 몰두
했을 때의 의식 상태를 뜻하는데, 이에 대해 칙센트미하이는 다음과
같이 말한다.

"몰입이란 그 자체가 좋아서 그 활동에 전적으로 빠지는 것이다.
이때 자아는 사라진다. 시간은 눈 깜짝할 새에 흘러간다. 모든 행동과
움직임, 생각은 마치 재즈를 즉흥 연주하는 것처럼 이전 것에 뒤따라
이어진다. 몰입하면 당신의 존재 자체가 깊숙이 빠지며 기량을 최고
조로 발휘한다.……의식이 완전한 상태에서 제대로 활동하면 몇 분
동안에 몇 시간이 흐른 것 같고 어떤 때에는 몇 초가 영원처럼 느껴지
는 시간으로 연장되기도 하니 시계는 더이상 경험의 시간적 특질을
계량하는 계기計器가 아니다."[15]

칙센트미하이는 몰입이 물 흐르는 것처럼 자연스럽고 편안한 느
낌이란 의미에서 영어로 '플로flow'라고 칭했다. 미국의 과학저술 작
가 스티븐 존슨Steven Johnson, 1968-은 칙센트미하이가 가장 생산적인 상
태의 인간 정신을 묘사하기 위해 제안한 몰입을 flow라고 표현한 것
에 대해 다음과 같이 말한다.

"그것은 매우 훌륭한 비유다. 좋은 아이디어가 흔히 필요로 하는
근본적 유동성을 암시하고 있기 때문이다. 몰입은 우리가 흔히 말하
듯 '레이저 광선처럼' 한 곳에 강하게 초점을 맞추는 것이 아니다. 또
한 갑작스런 브레인스토밍을 통한 기적 같은 깨달음도 아니다. 몰입
은 흐르는 물을 따라 떠내려가는 기분에 가깝다. 분명한 방향으로 이
끌려가지만 움직이는 물의 소용돌이에 의해 놀라운 방향으로 나아갈
수 있다."[16]

칙센트미하이는 한때 등반가이며 체스 플레이어이기도 했던 개인적인 체험이 계기가 되어 몰입에 관심을 갖게 되었다. 그는 전 세계 각계각층의 남녀노소 수천 명을 인터뷰하면서 사람들에게 "당신의 삶에서 가장 큰 만족을 얻었을 때는 언제인가요?"라는 질문을 던졌다. 뜻밖에도 자기 일에 열정적인 사람들이 삶에서 가장 행복했다고 말한 내용이 같았다. 각자 표현은 좀 달랐을망정, 그게 바로 몰입이었다.[17]

칙센트미하이는 몰입을 위한 조건으로 7가지를 제시했다. ①분명한 목표가 있어야 한다, ②어느 정도 잘하고 있는지를 알아야 한다, ③도전과 능력이 균형을 이루어야 한다, ④행위와 인식이 하나가 되어야 한다, ⑤방해받는 것을 피해야 한다, ⑥자기 자신, 시간, 주변을 잊어야 한다, ⑦경험 자체가 목적이 되어야 한다.[18]

7가지이긴 하지만, 역시 가장 중요한 것은 첫 번째의 '목표 설정'이다. 시합에서 승리하는 것, 어떤 사람과 사귀는 것, 어떤 것을 특정한 방식으로 성취하는 것 등과 같은 자신의 행동 목표가 설정되어야 그다음 단계로 나아갈 수 있다는 것이다.[19] 칙센트미하이는 분명한 목표가 있어야 한다는 건 목표를 달성하는 게 중요해서라기보다는 목표가 없으면 한 곳으로 정신을 집중하기가 어렵고 그만큼 산만해지기 쉽기 때문이라고 말한다.

"등반가가 정상에 오르겠다는 뚜렷한 목표를 내거는 이유는 꼭대기에 못 올라가서 환장을 했기 때문이 아니라 그런 목표가 있어야 등반에서 충실한 경험을 할 수 있기 때문이다. 정상이 없는 등반은 무의미한 발놀림에 지나지 않으며 사람을 불안과 무기력에서 헤어나오지 못하게 할 것이다."[20]

마틴 셀리그먼Martin E. P. Seligman과 함께 '긍정심리학'을 창시한 칙
센트미하이는『몰입의 경영Good Business』(2003)에선 몰입 개념을 경영
현장에 접목시켜 "몰입을 경험하지 못하면 회사의 업무는 따분하고
재미없는 일이 되며, 직원은 창의적이고 능동적인 태도를 잃고 만다"
고 말한다.[21] 셀리그먼도『긍정심리학』(2004)에서 직장에서의 몰입이
가능하다고 주장한다. "직장에서 자신의 대표 강점을 활용할 수 있는
방법을 찾고 그 일을 통해 더 많은 사람들의 행복에 기여한다면, 직업
을 고달픈 생계 수단에서 만족을 얻을 수 있는 천직으로 바꿀 수 있을
것이다."[22]

셀리그먼은『낙관적인 아이The Optimistic Child』(2007)에선 몰입은
좌절이 없다면 절대 가질 수 없는 경험이라고 주장한다. "실패를 겪지
않고 계속 성공만 했다면 진정한 몰입을 경험할 수 없다. 또한 보상이
나 높은 자존감, 자신감, 패기 등은 몰입을 만들어내지 못한다. 좌절을
꺼리고, 불안을 없애고, 어려운 도전을 피하는 태도는 모두 몰입을 방
해한다. 불안과 좌절, 경쟁과 도전이 없는 삶은 바람직한 삶이 아니며,
몰입이라는 최고의 상태를 경험할 수 없게 막는다."[23]

서울대 재료공학부 교수 황농문은『인생을 바꾸는 자기 혁명, 몰
입』(2007)에서 몰입을 '최고의 나를 만나는 기회'로 정의한다. "아프
리카 초원을 거닐다가 사자와 마주쳤다고 하자. 이때는 이 위기를 어
떻게 빠져나갈까 하는 것 이외에는 아무 생각이 없을 것이다. 이 상태
가 바로 몰입이다."[24] 보통 작심삼일作心三日은 부정적인 의미로 쓰이지
만, 그는 '작심삼일'만 몰두해도 인생을 바꿀 수 있다고 했다. 방법은

이렇다.

　첫째 날, 해결이 절실한 문제(화두라 해도 좋다) 하나를 잡아 잡념을 털어내고 되도록 편한 자세로 앉는다. 기억하고픈 아이디어가 떠오르면 그때마다 메모를 하며, 잠자리에 들어서도 생각의 끈을 놓지 않는다. 둘째 날, 전날과 같은 생각을 하는 게 지루할 땐 천천히 생각하려 애쓴다. 생각 자체가 스트레스가 되면 바람직하지 않기 때문이다. 단, 집중적으로 생각하는 것만은 쉬지 않도록 하며, 1시간가량 운동으로 땀을 뺀다. 셋째 날, 문제를 생각하는 것이 즐겁게 느껴지는 때가 오면 몰입의 90퍼센트에 이른 것이다. 온몸의 힘을 빼고 명상하듯 생각을 밀고 나가다보면, 애초 잡았던 문제를 푸는 아이디어가 떠오르게 된다.[25]

　그러나 아쉽게도 한국에서 몰입은 창의적 삶과 행복의 원천이라기보다는 '영어 몰입 교육'을 정당화하거나 미화하는 용도로만 사용된 게 아닌가 하는 생각을 지우기 어렵다. 몰입 교육이라는 미명하에 영어 이외의 과목을 영어로 수업하는 건 물론이고 어린이들을 상대로 미술이나 피아노·태권도·요리 등을 영어로 가르치는 몰입 교육 프로그램까지 등장했으니 말이다.[26] 무엇에, 무슨 목적으로 몰입을 하느냐가 중요하다는 걸 시사해준 사건으로 볼 수 있겠다.

몰입

18

왜 "백문이 불여일견"이란
말은 위험한가?

무주의 맹시

미국 하버드대학의 크리스토퍼 차브리스Christopher Chabris, 1966-와 일리노이대학의 대니얼 사이먼스Daniel Simons, 1969-는 농구공을 패스하는 두 팀이 나오는 짧은 동영상을 만들었다. 한 팀 학생들은 흰색 셔츠, 한 팀 학생들은 검은색 셔츠를 입게 했다. 동영상 시청자들에게는 흰색 셔츠를 입은 팀의 패스 횟수를 세라는 지시가 내려졌다.

동영상을 시청하는 학생들이 몰입과 집중을 하는 동안, 고릴라 복장을 한 한 학생이 코트를 가로질러 천천히 걸으며 가슴을 두드리는 등의 행동을 한다. 무려 9초 동안. 그런데, 동영상을 보면서 패스 횟수를 세던 수천 명의 학생 중 절반 정도는 고릴라를 보지 못했다고 했다. 그리고 그들은 고릴라가 등장하지 않았다고 우기기까지 했다.[27]

이른바 '투명 고릴라 실험'으로 알려진 유명한 연구 결과다. 이 실험은 1999년 『퍼셉션Perception』에 발표되면서 센세이셔널한 반응을 불러일으켰다. 이 고릴라 동영상이 영국 BBC-TV를 통해 방영되었을 때, 이를 시청한 사람들은 이렇게 말했다. "놀라워요. 내가 고릴라를 보지 못하고 지나쳤으리라고는 상상도 못했어요." "정말, 정말 믿어지지 않아요!" "삶 속에서 놓치고 지나가는 다른 무엇인가가 있지는 않은지 생각해보게 되었어요."[28]

전문가들은 좀 다르지 않을까? 수년 동안 이 고릴라 비디오를 '믿음의 힘'을 주제로 한 대중강연의 부교재로 활용해온 미국의 과학 저널리스트 마이클 셔머Michael Shermer, 1954-는 자신이 경험한 놀라운 사실을 털어놓는다.

"가장 많이 고릴라를 보지 못한 사람들은 약 1,500명가량의 행동심리학자들 그룹이었다. 이들은 행태 관찰 전문가들이었는데, 고릴라를 본 사람이 거의 없었다. 이들 중 다수는 큰 충격을 받았고, 일부는 내게 자기들에게 보여준 것이 2개의 다른 비디오였다고 비난하기도 했다. 이런 종류의 실험은 우리가 스스로의 지각력에 대해 터무니없는 자신감을 가지고 있음을 드러내준다."[29]

심리학자 김정운도 기업 강연을 할 때마다 이 고릴라 비디오를 보여주며 실험을 했는데, 기업의 임원들일수록 고릴라를 보지 못한다고 했다. "사회적 지위가 높을수록, 장사가 잘될수록, 나이가 들수록 자신이 원하는 것만 보느라 세상이 어떻게 바뀌는지 모른다는 이야기다."[30]

영국 미래학자 리처드 왓슨Richard Watson, 1961-은 이 실험의 의미에 대해 "우리는 명백한 것조차 못 볼 수 있으며, 자신이 뭔가를 보지 못한다는 사실을 모를 수도 있다"며 이렇게 말한다. "이 실험의 핵심은 우리의 관심은 무한한 자원이 아니라는 사실이다. 우리의 관심은 유한하며, 따라서 우리가 무엇 내지는 누구에게 관심을 가져야 할지 매우 신중하게 선택해야 한다."[31]

이 실험에서 나타난 현상을 가리켜 'inattentional blindness'라고 한다. 1992년 아리엔 맥Arien Mack과 어빈 록Irvin Rock이 만든 말로, 이들이 1998년에 출간한 책의 제목이기도 하다. 우리말로는 '무주의 맹시', '부주의맹', '시각적 맹목성' 등으로 번역해 쓰고 있다. 어떤 교수는 이런 현상을 가리켜 "우리의 눈은 물체를 응시하고 있으나 뇌는 그렇지 않은 현상"이라고 했다.[32]

차브리스와 사이먼스는 "주의력 사용은 제로섬게임과 같다. 무엇 하나에 주의를 기울이면 다른 것에는 당연히 주의를 덜하게 되기 때문이다. 유감스럽지만 무주의 맹시는 주의력과 인식이 정상적으로 작동하면서 발생할 수밖에 없는 산물이다"며 다음과 같이 말한다.

"본질적으로 무주의 맹시를 없앤다는 것은 사람에게 팔을 아주 빠르게 움직여 날아보라고 요구하는 것과 같다. 인간은 날 수 없듯이 우리의 정신구조 역시 주변의 모든 것을 인식할 수는 없게 만들어져 있다.……사실 무주의 맹시는 주의력이 작용한 결과로서 정신을 집중하는 우리의 예외적인(예외적으로 유용한) 능력에 대한 대가이다. 집중할 때 우리는 주변의 다른 것에 주의를 분산하고 싶어 하지 않으며, 집중력은 우리가 주의를 분산시키지 않고 제한된 자원을 더 효율적으로 사용하도록 돕는다."[33]

무주의 맹시

토머스 대븐포트Thomas H. Davenport와 존 벡John C. Beck도 『관심의 경제학The Attention Economy』(2001)에서 "비록 무주의 맹시라는 개념이 우리가 주위에서 일어나는 많은 일들을 놓친다는 것을 의미한다 하더라도, 한편으로는 우리가 하나의 일에 계속해서 집중할 수 있음을 나타내는 좋은 징조라고도 볼 수 있다"며 다음과 같이 말한다.

"우리는 조립라인에서 일하는 노동자들에게 요구되었던 것과 같이, 다른 일들은 배제하고 어느 한 가지 일에만 집중할 수 있어야 한다. 하지만 문제는 관심 병목attention bottleneck을 거쳐 지각 단계에 이르게 하는 과정을 우리가, 적어도 우리의 의식적인 마인드가 통제하지 못한다는 데 있다."[34]

예일대학 교수 브라이언 스콜Brian J. Scholl 연구팀은 '투명 고릴라 실험'을 변형시켜 원래대로 과제를 수행한 팀과 휴대전화로 통화하면서 동시에 과제도 수행한 팀을 비교했다. 2003년에 발표된 이 연구에선, 전자는 30퍼센트가 고릴라를 보지 못한 반면 후자는 무려 90퍼센트로 뛰어올랐다. 단순한 통화가 예상치 못한 사물을 못 보게 만들 가능성을 3배나 높인 것이다.[35]

이 실험 결과는 '운전 중 전화통화'의 위험성을 시사해준다. 핸즈프리 전화기hands-free phone를 쓰면 안전할까? 그렇게 생각하는 사람들이 많지만, 차브리스와 사이먼스는 "문제는 손이나 눈에 있지 않다"고 말한다.

"문제는 운전 행위에 따르는 한계가 아니라 주의력 자원과 인지가 갖는 한계다. 사실 정신을 산만하게 한다는 점에서 손에 드는 전화기나 핸즈프리 전화기는 거의 차이가 없다. 같은 방식, 같은 정도로 정신을 산만하게 한다.……거듭되는 실험에서도 손에 드는 전화기보다 핸즈프리가 더 낫다는 사실을 하나도 발견할 수 없었다. 운전 중에는 핸즈프리를 사용하는 것이 안전하다는 사람들의 믿음이 더 확고해진 것은 손에 드는 전화기의 사용을 금지하는 법률이 낳은 모순적 결과인지도 모른다."[36]

핸즈프리가 위험하다면 차를 함께 탄 사람과의 대화도 위험하지 않겠느냐는 의문이 제기될 수 있겠지만, 차브리스와 사이먼스는 그건 아니라고 말한다. 이들은 그 이유에 대해 "첫째, 통화 상대보다 바로 옆에 있는 사람의 말을 듣고 이해하기가 더 쉽기 때문에 대화하는 데 그다지 많은 노력을 기울일 필요가 없다. 둘째, 옆에 앉은 사람은 도로 상황을 볼 수 있기 때문에 예상치 못한 무언가를 알아차리면 운전자에게 알려줄 수 있지만, 통화 상대는 그렇게 해주지 못한다"며 다음과 같이 말한다.

"통화와 동승객과의 대화가 차이를 보이는 이유 중에서 가장 흥미로운 부분은 대화의 사회적 요구라는 특성과 관련 있다. 동승객은 당신의 상황을 인지하고 있다. 따라서 운전 중 위험한 상황이 발생해 대화가 끊기면 곧 그 이유를 알 수 있다. 운전이라는 상황이 동승객의 사회적 상호작용에 대한 기대치를 조정하기 때문에 당신이 계속 이야기를 해야 하는 사회적 요구도 있다. 그러나 통화 상대는 당신이 갑자기 말을 멈췄다가 시작할 거라고 예상할 만한 근거가 없기 때문에 당신은 운전하기 쉽지 않은 상황에서도 대화를 이어가야 하는 사회적 요구를 느끼게 된다."[37]

우리가 전체를 한번에 다 보지 못하는 현상을 잘 이용하는 것이

무주의 맹시

바로 마술이다. 마술사들의 손이 우리의 눈보다 빠르기 때문에 '속임수'가 가능해지는 것이다. 유명 마술사 데이비드 코퍼필드David Copperfield는 "만약 내가 당신의 주의를 모으고 그것을 특정 대상에 고정시킬 수 있으면 당신이 바로 눈앞에서 일어나고 있는 일도 알아채지 못할 가능성이 높다"고 말한다.[38]

마술은 재미있게 즐기는 것이지만, 우리의 실제 생활에서 나타나는 '무주의 맹시'는 결코 즐길 수 없는 것이다. 데이비드 맥레이니David McRaney는 『착각의 심리학You Are Not So Smart』(2011)에서 '무주의 맹시'의 문제점에 대해 다음과 같이 말한다.

"무주의 맹시의 문제점은 너무 자주 일어난다는 게 아니라 우리가 무주의 맹시가 일어난다는 사실을 믿지 않는 것이다. 당신은 당신 앞에 펼쳐진 온 세상을 본다고 믿는다. 증언이나 면밀한 조사가 중요한 상황에서는 자신의 인식과 기억이 완벽하다고 믿는 경향 때문에 본인의 마음과 다른 이들의 마음을 판단할 때 실수를 빚게 된다. 인간의 눈은 비디오카메라가 아니고, 따라서 인간의 기억 또한 비디오가 아니다."[39]

무주의 맹시는 그간 세속적 진리로 통용되어 온 "Seeing is believing(백문百聞이 불여일견不如一見)", 즉 "말로만 백 번 듣는 것보다 실제로 한 번 보는 것이 낫다"는 속설에 함정이 있으며, 따라서 위험할 수도 있다는 걸 시사한다. 맥레이니의 말처럼, 문제는 무주의 맹시의 발생이 아니라 그걸 인정하지 않는 우리의 시각적 확신이다.

과학 작가 이은희가 잘 지적한 것처럼, '모든 걸 다 볼 수 없다고 인정하는 자세'를 가질 때에 비로소 '서로 시각이 다른 현실에서 내

눈으로 본 것만이 옳은 것이라며 핏대를 세우고 서로를 헐뜯는 일'이 줄어들 수 있지 않을까?[40] "내가 이 두 눈으로 똑똑히 보았다니까!" 우리는 절대 움직일 수 없는 확신을 갖고 이런 말을 하지만, 우리가 미처 보지 못한 것에 대해선 어찌할 것인지 우리 모두 자문자답해볼 필요가 있겠다.

무주의 맹시

19

왜 갈등 상황에서
몰입은 위험한가?

터널 비전

'무주의 맹시inattentional blindness'로 인해 생기는 문제 가운데 대표적인 것이 바로 '터널 비전tunnel vision'이다. '터널 시야'라고도 한다. 터널 속으로 들어갔을 때 터널 안만 보이고 터널 밖은 보이지 않는 것처럼 주변을 보지 못한 채 시야가 극도로 좁아지는 현상을 뜻한다.[41] 영화 관에 들어가 자기 자리를 찾을 때 아는 사람을 쉽게 지나친다거나 누 군가 머리 모양을 바꾸고 나타나도 이를 알아차리지 못하는 것도 바 로 '터널 비전' 탓이다.

데이비드 맥레이니David McRaney는 '무주의 맹시'는 '터널 비전'이 피할 수 없는 현실임을 보여주었다며 이렇게 말한다. "뭔가에 집중하 면 세상을 보는 시야가 열쇠 구멍만큼 좁아지지만 편안한 마음을 가진다고 해서 모든 것을 다 받아들일 만큼 시야가 넓어지진 않는다. 당신은 보통 주변을 무시하거나 뭔가 다른 것에 대해 생각한다."[42]

터널 비전은 비유적으로도 많이 쓰인다. 즉, 사람들은 모든 것을 한꺼번에 다 다룰 수는 없기 때문에 문제를 단순화하기 위해 메시지의 일부분에만 선택적으로 주의를 집중하는 것을 가리켜 터널 비전이라고 한다.[43] 사람이 흥분하면 눈에 보이는 게 없어지고 주의력과 정보처리 능력이 급격히 저하되는 것,[44] 재판에서 2심이 밝힌 무죄 근거를 1심은 보지 못하는 것 등은 모두 터널 비전 탓이다.[45]

몰입은 축복일 수 있다. 자연, 사물, 일 등에 몰입하는 것만큼 재미있고 유익한 게 또 있을까. 그러나 인간관계에서 몰입은 축복일 수 있지만 재앙일 수도 있다. 스토킹은 바로 몰입의 산물이다. 인터넷시대의 '빠' 문화와 '까' 문화도 마찬가지다. 특히 갈등 상황에서 몰입은 자해自害를 초래하는 매우 위험한 결과를 낳을 수도 있다. 몰입은 무엇보다도 균형 감각을 잃게 만들기 때문이다.

미국 하버드 경영대학원 교수 디팩 맬호트라Deepak Malhotra와 맥스 베이저먼Max H. Bazerman은 『협상 천재Negotiation Genius』(2007)에서 '경쟁의식 각성competitive arousal'과 그에 따른 '비합리적 몰입 강화nonrational escalation of commitment'의 문제점을 지적한다. 경쟁의식을 높이는 상호작용은 당사자들에게 "어떤 희생을 치르더라도 이기고 말겠다"는 욕구를 불러일으켜 결국 자해自害로 이어질 수 있다는 이야기다.

"현실 세계에서는 비합리적 몰입 강화가 자주 일어난다. 양육권 싸움, 파업, 합작사업 청산, 입찰경쟁, 소송, 가격전쟁, 인종갈등, 그 밖의 수많은 분쟁들이 순식간에 통제할 수 없는 상황으로 치달을 가능성을 내포하고 있다. 모든 강화 요인들, 즉 승리에 대한 희망과 초기 전략을 정당화하고자 하는 욕구, 상대방을 이기고자 하는 욕망 등이 결합하면 종종 상식은 저 멀리로 날아가버린다."[46]

물론 몰입에 의한 터널 비전이 나쁘기만 한 건 아니다. 지식인은 자신의 연구 주제에 대해 터널 비전을 가질 때에 큰 업적을 이룰 수 있다. 예컨대, 『침묵의 봄Silent Spring』(1962)이란 불후의 명작을 쓴 환경운동 선구자 레이철 카슨Rachel Carson, 1907-1964은 복잡한 세계 전체를 제쳐놓고 자기한테 흥미 있는 극히 일부분에만 관심을 기울이는 드문 능력을 가졌다. 옆을 보지 않는 이런 유의 편협한 사고야말로 카슨을 규정하는 중요한 특징이었는데, 바로 그 덕분에 『침묵의 봄』이 탄생할 수 있었다. 그러나 동시에 그런 편협한 시각 때문에 카슨은 나치 독일을 흠모한 영국 작가 헨리 윌리엄슨Henry W. Williamson, 1895-1977을 추앙하기도 했다.[47]

터널 비전은 지식인 개인에겐 명암明暗이 있겠지만, 사회 전반의 문제를 다루는 정치에 이르러선 암暗이 두드러진다. 권력의 속성 때문이다. 아일랜드 트리니티칼리지의 뇌·신경 심리학자인 이안 로버트슨 Ian Robertson, 1951-은 "성공하면 사람이 변한다고들 하는데 맞는 말이다. 권력은 매우 파워풀한 약물이다Power is a very powerful drug. 인간의 뇌에는 '보상 네트워크'라는 것이 있다. 뇌에서 좋은 느낌이 들게 하는 부분이다. 권력을 잡게 되면 이 부분이 작동한다"며 다음과 같이 말한다.

"테스토스테론이란 남성호르몬을 분출시키고, 그것이 도파민이라는 신경전달물질 분출을 촉진해 보상 네트워크를 움직인다. 그래서 사람을 더 과감하고, 모든 일에 긍정적이며, 심한 스트레스를 견디게 한다. 권력은 항우울제다. 또 도파민은 좌뇌 전두엽을 촉진해 권력을 쥔 사람을 좀더 스마트하고, 집중력 있고, 전략적으로 만들어준다. 하지만 지나친 권력은 코카인과 같은 작용을 한다. 중독이 된다는 얘기다. 너무 많은 권력을 가지게 되면, 너무 많은 도파민이 분출된다. 다른 사람에게 공감하지 않고, 실패에 대해 걱정하지 않고, 터널처럼 아주 좁은 시야를 갖게 하며, 오직 목표 달성이란 열매를 향해서만 돌진하게 된다. 인간을 자기애에 빠지게 하고, 오만하게 만든다."[48]

오승주는 터널 비전을 진보 개혁 세력의 문제에까지 연결시킨다. "진보 개혁 세력이 음미할 만한 대표적인 편향은 '무엇에 지나치게 열심히 집중하면 자기도 모르게 눈이 멀게 되는' 현상이다.……혹시 진보 개혁 세력은 유권자들의 마음을 이해하고 읽어내는 데는 게으르고, 장밋빛 꿈에 부풀었거나 유권자가 공감하지 않는 어떤 가치에 지나치게 몰입하지는 않았을까."[49]

주변에서 오랜 기간 싸움을 하는 사람들을 겪어본 적이 있다면, 우리 인간의 균형 감각이 얼마나 취약한가 하는 걸 절감했을 것이다. 다른 모든 면에선 대단히 합리적이고 공정한 사람일지라도 일단 싸움에 휘말려들어 몰입하게 되면 전혀 딴 사람이 된다. 가장 먼저 역지사지易地思之 능력을 잃는다. 상대편의 언행은 무조건 악의적으로 해석한다. 사람이 오랜 싸움을 하면 정신이 피폐해진다는 건 바로 그 점을 두고 하는 말이기도 하다.

이른바 '분노→증오→숭배'의 법칙이란 게 있다. 처음엔 정당한 분노였을지라도 그 정도가 심해지면 증오로 바뀌고 증오가 무르익으면 증오의 대상을 숭배하게 된다. 싸움을 하는 상대편과 관련된 일이라면 그냥 잠자코 넘어갈 수 있는 사소한 일조차 심각하게 받아들이면서 큰 의미를 부여하게 된다. 더욱 중요한 건 그 상대편에 대한 몰입으로 인해 주변의 풍경이 눈에 들어오지 않게 된다는 점이다. 즉, 터널 비전이 작동하는 것이다.

텔레비전 토론에서 A가 B의 말을 왜곡했다고 가정해보자. B가 그 왜곡에 몰입하게 되면 진도를 나가기 어려워진다. 시청자는 B의 항변이 타당하다고 인정할망정 B가 느끼는 분노에까지 공감하진 않는다. 아니 공감할 수 없게 되어 있다. 시청자가 원하는 건 좋은 내용의 토론이지 토론자들의 인격에 대한 품평이 아니다. 그럼에도 B가 토론 내내 A의 왜곡을 질타하면서 분노하는 모습을 보인다면 시청자는 짜증을 낼 가능성이 높다. 우리는 그럼에도 B가 그런 분노의 와중에서 내놓은 발언의 품질을 공정하게 평가하는 게 옳겠지만, 그건 실제론 기대하기 어려운 일이다. B가 A에 대한 공격에 몰입한 나머지 책임지기 어렵거나 설득력이 떨어지는 발언들을 남발했다면, 더욱 그렇다.

싸움이 치열할수록 몰입은 '자기 성찰'을 원천봉쇄한다. 몰입은 상대편에 대한 과대평가로 이어져 상대편의 허물은 크게 보고 자신의 허물은 사소하게 여기는 심리를 낳기 때문이다. 창의성을 발휘하거나 행복을 만끽하기 위해 몰입을 하는 건 바람직하지만, 갈등 상황에서 몰입은 터널 비전을 초래함으로써 매우 위험할 수 있다는 걸 유념할 필요가 있겠다.

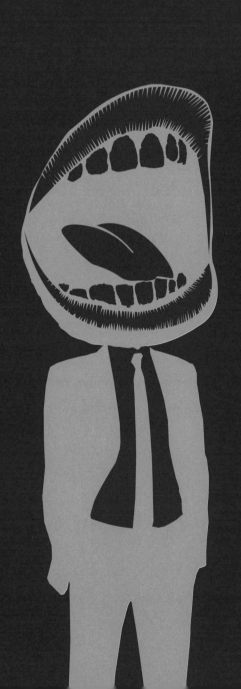

20

왜 전문가들은
자주 어이없는 실수를 저지를까?

지식의 저주

미국 스탠퍼드대학의 엘리자베스 뉴턴Elizabeth Newton은 1990년 박사 논문을 준비하면서 '두드리는 자와 듣는 자Tapper and Listener'란 실험을 했다. 한 사람이 이어폰으로 크리스마스캐럴과 같이 누구나 아는 120곡 정도의 노래를 탁자를 두드리는 방식으로 들려주었다. 얼마나 맞혔을까? 탁자를 두드리는 사람은 듣는 사람이 연주한 노래의 50퍼센트 이상은 맞힐 것이라고 예상했지만 실제로 듣는 사람은 2.5퍼센트가량의 곡만 알아맞혔다. 듣는 사람은 그저 박자만 듣게 되지만 두드리는 사람은 마음속에 생각한 리듬을 근거로 상대방이 알 수 있을 것이라고 착각한 것이다.

이런 문제는 특히 교육 현장에서 많이 일어난다. 어떤 주제에 대해 많이 알고 있는 사람은 아예 모르거나 적게 알고 있는 사람의 처지를 헤아리는 데에 무능하기 때문에 그런 착각이 쉽게 일어날 수 있기 때문이다. 이를 가리켜 '지식의 저주the curse of knowledge'라고 한다.[50] '전문가의 저주'라고도 할 수 있겠다.

세계 3대 SNS로 떠오른 '핀터레스트pinterest.com' 창업자 벤 실버만 Ben Silbermann, 1983-의 이야기가 '지식의 저주'를 실감나게 설명해준다. 그는 사용자들의 피드백을 받기 위해 탈퇴자들을 만나 그들의 이야기를 경청한다고 한다.

"왜 탈퇴했는지, 무엇에 불만족을 느꼈는지 알아야 하거든요. 그들을 찾아내 점심을 사주거나, 어떤 방법을 써서라도 꼭 만나서 의견을 듣습니다. 우린 전 직원이 다 나가요. 디자인 부문뿐만 아니라, 커뮤니케이션, 엔지니어들도 전부 나가게 합니다. 제가 가장 놀란 건 그렇게 쉽게 만들었는데도 '시작하는 게 쉽지 않다'고 말하는 사람들이 있다는 겁니다. 아직도 복잡하다는 거고 단순함이 더 필요하다는 이야기죠."[51]

이렇듯 지식의 저주는 일단 무언가를 알게 되면 자신이 과거에 그걸 몰랐을 때를 생각하지 못해 지식의 원활한 소통을 가로막는 현상이다. 이와 관련, 이방실은 "사람들은 일단 무언가를 알고 나면 알지 못한다는 게 어떤 느낌인지 상상하지 못하고 듣는 사람의 심정도 잘 헤아리지 못한다. 당연히 자신의 지식을 타인에게 제대로 전달하지 못한다. 즉 머릿속에 있는 정보가 원활한 커뮤니케이션을 막는 '저주'를 내려 아직 그 지식을 모르는 사람들을 무시하는 태도를 갖게 한다"며 다음과 같이 말한다.

지식의 저주

"의사소통에 문제가 생기는 이유는 여러 가지가 있을 수 있다. 상대방이 집중을 하지 않아서일 수도 있고, 애초에 토론할 마음이 없어서일 수도 있으며, 정말 모자라고 멍청해서일 수도 있다. 하지만 그 누구도 아닌, 바로 나 자신에게 문제가 있을 수 있다는 점도 명심해야 한다. 커뮤니케이션이 제대로 이뤄지지 않고 있다고 생각된다면 자신이 지식의 저주에 사로잡혀 '뭐 이런 것도 모르나'라며 상대방을 무시하고 있는 건 아닌지 돌아볼 필요가 있다. 사람들을 바보로 만드는 건 바로 나 자신일지도 모른다는 성찰의 자세가 필요하다."[52]

전문가가 자신의 관점에서 벗어나 자기보다 지식이나 기술이 뒤떨어지는 사람의 입장에서 생각하는 일은 결코 쉽지 않다. 스탠퍼드 대학 경영학 교수 패멀라 힌즈Pamela J. Hinds의 연구에 따르면, 전문가들은 초심자의 성과를 예측할 때 자주 실수를 저지른다. 예컨대, 전문가는 초심자가 휴대전화 기술을 습득하는 데에 15분도 채 걸리지 않을 거라고 예측하지만, 실제로는 30분 정도가 걸리는 식이다. 이는 전문가들의 지식 습득이 '절차 기억procedural memory'의 형태로 머릿속에 각인되어 있기 때문이다. 절차 기억은 암시적이고 무의식적인 기억이라, 초심자의 성과를 예측하는 데에 고려되지 않는 것이다.[53]

리더들은 변화를 추진할 때 변화에 관한 이야기를 충분히 전달하지 않는 실수를 자주 저지르는데, 이 또한 '지식의 저주'로 볼 수 있다. 무언가를 알고 나면 그것을 모른다고 상상하기란 대단히 어려운데,[54] 이걸 잘 표현해주는 게 "개구리 올챙이 시절 생각 못 한다"라는 속담이다.

김인수는 "회사 생활을 하다 보면 이런 속담에 꼭 들어맞는 보스를 만날 때가 있다. 자신은 사원이나 대리 시절에 허둥대며 실수를 거듭했는데도, 그런 적이 없다는 듯 행동하는 보스다. 부하 직원이 조금만 실수를 해도 답답해하며 '왜 그렇게밖에 못 하냐'며 답답해한다. '왜 요즘 어린 직원들은 이해력이 떨어질까. 일을 가르치는데, 잘 이해를 못 해'라고 얘기한다. 왜 이처럼 보스들은 올챙이 시절의 기억을 잃는 것일까?"라면서 다음과 같이 말한다.

"대개 보스는 이미 오랫동안 직장생활을 한 사람이다. 오랜 경험을 통해 이미 상당한 지식을 쌓고 있다. 반면 신입 직원들은 보스에 비해 경험과 지식이 일천하다. 보스는 지식이 많은 만큼, 신입 직원을 가르치기가 쉬울 것 같지만, 이는 오해다. 지식의 저주 때문이다. 아는 게 부족한 신입 직원이 어떤 문제를 겪는지 이해하지 못한다. 보스가 오랫동안 쌓은 지식이 오히려 신입 직원의 마음을 이해하고 가르치는 데 장애가 되는 것이다."[55]

박민은 '지식의 저주'로 인한 착각은 우리 사회 곳곳에서 발견되지만 특히 메시지를 전달하려는 리더가 소통에 나설 때 빈번하게 나타난다고 말한다. "대통령이 각종 연설이나 '국민과의 대화'를 통해 국정 운영에 대해 설명하려 하지만 국민들은 '대통령의 마음속에서 연주되는 리듬'까지 들을 수는 없다.……이런 현상은 대통령에 비해 매스미디어 등을 통한 대중 접근도가 낮은 지방자치단체장의 경우 더욱 심해질 수밖에 없다. 자치단체장들이 '지식의 저주'에서 벗어나기 위해서는 '자신만의 리듬'에 따라 메시지를 전달하려는 유혹에서 벗어나 '민심의 리듬'을 읽어야 한다."[56]

정치인이 민심과 동떨어진 언행을 자주 저지르는 이유도 '지식의 저주'로 설명할 수 있지 않을까? 정치인은 정치를 전문지식화함으로써 정치의 원래 목적에서 점점 멀어지는 경향이 있다. 미국 독설가 앰브로즈 비어스Ambrose Bierce, 1842-1914는 "정치는 정책의 가면을 쓴 이권 다툼"이라고 했는데,[57] 사실 이 원리에 충실하지 않고선 선거에서 승리하기 어렵다. 정치인이 정치에 대한 이런 현실적(그러나 사실상 전도된) 지식으로 무장해 그걸 생활화하다 보면 정치인은 멸사봉공滅私奉公해야 한다는 교과서적 원칙에서 멀어질 것이고, 그 과정에서 민심과 동떨어진 언행을 자주 저지르게 된다고 볼 수 있겠다.

제 5 장

인정
과
행복

21

왜 우리는 'SNS 자기과시'에
중독되는가?

인정투쟁 이론

우리 인간은 사회적 동물이다. 따라서 남들이 나를 인정해주는 맛에 세상을 산다. 삶은 남들의 인정을 받기 위한 투쟁, 줄여서 '인정투쟁struggle for recognition'의 연속이라고 해도 과언이 아니다. 미국 철학자이자 심리학자인 윌리엄 제임스William James, 1842-1910가 잘 지적했듯이, "인간의 행동을 지배하는 가장 기본적인 원리는, 다른 사람의 인정에 대한 갈구"다.[1]

　이젠 누구나 다 아는 뻔한 상식이지만, 독일 철학자 게오르크 빌헬름 프리드리히 헤겔Georg Wilhelm Friedrich Hegel, 1770-1831은 이걸 좀 어렵게 설명했다. 헤겔의 '인정투쟁' 개념은 미국 철학자이자 심리학자인 조지 허버트 미드George Herbert Mead, 1863-1931와 독일 철학자 악셀 호네트

Axel Honneth, 1949-에 의해 더욱 발전되었지만,[2] 이 개념을 이데올로기 차원에서 대중화시킨 주인공은 일본계 미국 학자인 프랜시스 후쿠야마 Francis Fukuyama, 1952-다. 자유민주주의 체제야말로 '인정의 욕구'가 모든 사람에게 충족되는 사회라는 점을 강조하기 위한 후쿠야마의 의도엔 논란이 있을망정, 다음과 같은 진술에 공감하긴 어렵지 않다.

"우리가 노동을 하고 돈을 버는 동기는 먹고살기 위함이 아니라, 그러한 활동을 통해서만 우리는 승인받고 인정받을 수 있기 때문이다. 여기서 돈은 물질적인 것이 아니라 사회적인 지위나 인정을 상징하게 된다.……보다 높은 임금을 받으려고 파업하는 노동자는 단순히 탐욕이나 물질적인 혜택 때문에 그러는 것이 아니다. 파업은 자신의 노동을 다른 사람의 노동과 비교해서 정당한 보상을 받으려는 일종의 '경제정의'를 추구하는 활동이다. 다시 말하면 자기 노동의 진정한 가치를 인정하라는 요구인 것이다. 이와 마찬가지로 사업 왕국을 꿈꾸는 기업가는 자신이 벌어들인 수백만 달러를 마음껏 쓰려는 것이 아니라 오히려 새로운 기술과 서비스 창조자로서 인정받고 싶어서 그러는 것이다."[3]

인정투쟁은 그 목표가 권력의 획득이 아니라 인정의 획득이라는 점에서 권력투쟁과는 다르다.[4] 그렇지만 여기서 한 가지 의문이 생긴다. 우리의 삶이 권력투쟁과는 다른 인정투쟁이라면, 세상이 살벌한 약육강식弱肉強食의 전쟁터가 되어야 할 이유가 무엇이란 말인가? 인정을 해주고 인정을 받는 일에 꼭 돈이 들어가야 하는 일도 아닐 텐데, 왜 세상은 돈에 미쳐 돌아가는 걸까? 인정의 기준이 다양화되지 못한 가운데 돈 중심으로 획일화되었기 때문일까? 그렇다면, 그 근저엔 무엇이 있을까?

인간에겐 '대등 욕망'과 '우월 욕망'이 있는데,[5] 우월 욕망이 왜곡된 형태로 나타나 '지배 욕망'으로 변질될 경우, 상호 인정의 평화공존이 깨지고 만다. 이와 관련, 미국 교육자 로버트 풀러Robert W. Fuller, 1936-는 다음과 같이 주장한다.

"사람들이 진정으로 원하고 또 필요로 하는 것은 남을 지배하는 것이 아니라 그들에게 인정을 받는 것이다. 인정은 유한한 자원이 아니라 무한정 만들어낼 수 있는 자원이다. '당신을 알아가는' 게임은 제로섬게임, 즉 내가 얻는 만큼 너는 잃고 그 반대도 마찬가지인 게임이 아니다. 오히려 수학에서 말하는 비非제로섬게임, 즉 양측 모두 처음보다 더 좋은 결말을 맞이할 수 있는 게임이다."[6]

세상이 그렇게만 된다면 더할 나위 없이 좋겠지만, 풀러의 꿈은 이루어지기 어려울 것이다. 이른바 '인정의 통속화'가 인정투쟁을 타락시키고 있기 때문이다. 노명우는 악셀 호네트가 1992년에 출간한 『인정투쟁』의 부제가 '사회적 갈등의 도덕적 형식'이었음을 상기시키면서, 오늘날 인정투쟁의 타락상에 대해 다음과 같이 말한다.

"인정의 통속화가 극한까지 진행되면, 인정은 마음대로 권력을 휘두를 수 있는 자리를 차지했다는 것과 동의어가 된다. 인정받았음이 타인의 '눈에 들었다'와 동일하게 느껴지는 한, 사람은 눈도장을 찍을 수 있는 권력을 지닌 사람과 눈도장을 구걸하는 사람으로 양분되기 마련이다."[7]

권력을 지닌 사람은 소수의 권력자에 국한되지 않는다. 권력의 주체는 나의 주변 사람들이거나 이름 없는 대중일 수도 있다. 그렇게 통속적으로 변질된 '인정' 개념이 적나라하게 펼쳐지는 공간이 바로 SNS다. 과거엔 자기과시를 위해선 사람들을 직접 만나야 했고, 또 적절한 타이밍을 잡는 노력이 필요했지만, SNS는 그런 번거로움을 일시에 해소시켜준 '혁명'이나 다를 바 없다. '인정 욕구'에 굶주린 사람들이 SNS에 중독되지 않고 어찌 견뎌낼 수 있으랴.

미국 사회학자 던컨 와츠Duncan Watts, 1971-는 페이스북과 같은 SNS의 성공엔 '노출증exhibitionism'과 '관음증voyeurism'이 큰 역할을 했다고 진단한다. 사람들은 자신을 표현하는 걸 좋아하는 동시에 그만큼 남들에 대한 호기심도 강하다는 것이다.[8]

SNS가 젊은층에게 압도적 인기를 누린 이유도 바로 그것이다. 자신의 정체성 만들기에 집중할 때인 젊은층은 크게 달라진 환경에서 이전 세대와는 비교할 수 없을 정도로 자기표현에 적극적인데, 바로 이런 정서가 SNS의 폭발적 성공을 견인했다.[9]

한국의 페이스북 이용에서 '인맥 과시용 친구 숫자 늘리기'가 많이 이루어지고 있는 것도 결코 우연이 아니다. 『조선일보』(2013년 7월 29일)는 "허울뿐인 '먼 친구'가 유행하는 이유는 페이스북 이용자들 사이에서 친구 추가 경쟁이 붙었기 때문이다. 페이스북 친구가 많을수록 인맥이 넓어 보인다는 생각에 친구 요청은 무조건 수락하고, 무작위로 검색된 이용자들을 추가한다. 글로벌 인맥을 과시하려고 외국인에게 다짜고짜 친구 요청을 보내기도 한다"며 다음과 같이 말한다.

"그러나 함부로 사생활을 공개할 수는 없기 때문에 이들을 모두 '먼 친구'로 설정하는 것이다. 국내에 교환학생으로 와 있는 미국인 조나단 캠벨(21) 씨는 '한두 사람을 먼 친구로 설정할 수는 있어도, 친구 숫자를 늘리려고 일부러 '먼 친구'를 맺는 모습은 한국에서 처음 봤다'고 말했다. 이명진 고려대 사회학과 교수는 '인적_{人的} 자본에 대한 지나친 과시욕이 사이버 커뮤니티로 번져 발생하는 현상'이라고 지적했다." [10]

어디 인맥 과시뿐이랴. "자신의 페이스북에 꾸준히 맛집 관련 사진을 남기는 조 모(35) 씨는 페이스북 친구들이 조 씨가 알지 못하는 맛집이나 고급 레스토랑에 갔다 온 사진을 올리면 괜한 질투심을 느끼곤 한다. 조 씨는 '친구의 페이스북에 여기가 어디냐고 댓글을 남겼더니 웬만한 사람은 다 가본 곳인데 왜 모르느냐고 은근히 핀잔을 주더라'며 '유행에 뒤처진 사람처럼 보일까봐 지금은 억지로라도 사진을 올리려 애쓰고 있다'고 말했다." [11]

최근 인기를 끈 'SNS 백태'라는 게시물은 이렇게 말한다. "미니홈피-내가 이렇게 감수성이 많다. 페이스북-내가 이렇게 잘 살고 있다. 블로그-내가 이렇게 전문적이다. 인스타그램(사진공유SNS)-내가 이렇게 잘 먹고 다닌다. 카카오스토리-내자랑+애자랑+개자랑. 텀블러-내가 이렇게 덕후(오타쿠)다" 등.

영화평론가 최광희는 SNS에 이런 글을 올렸다. "우리는 모두 자기 인생의 주인공이고 싶다. 그러려면 청중이, 관객이 필요하다. SNS는 많은 사람들에게 서로가 인생의 주인공임을 말하고, 서로의 청중이 되어주는 곳이기도 하다. 그러나 누구도 진짜 주인공이 아니고, 누구도 진짜 청중이 아닌 곳이기도 하다. 그래서 가끔 이 공간이 서글프다."

이와 관련, 양성희는 「우리는 왜 SNS에 중독되는가? 아마도 온라인 인정투쟁 중」이라는 『중앙일보』(2013년 8월 17일) 칼럼에서 이렇게 말한다. "SNS에 만연한 편가르기식 설전에 지쳐 활동을 접는 이들도 있다. 그런데 떠날 때도 조용히 사라지기보다는 '퇴장의 변'을 밝힌다. 막상 완전히 떠나는 건 쉽지 않다. 대부분 금세 돌아온다. 이런 '중독자'들 덕에 페이스북 사용자만 이미 전 세계 11억 명이 넘는다. ……약간의 차이는 있지만 본질은 '내 자랑', '내 과시'다. SNS가 바로 '온라인 인정투쟁'의 장이란 얘기다."[12]

우리가 좀 심하긴 하지만, SNS가 '온라인 인정투쟁'의 장으로 활용되는 건 전 세계적인 현상이다. 2013년 8월 미국 미시간대학 연구팀의 조사에 따르면, 페이스북을 오래 사용하는 사람일수록 삶에 대한 만족도가 더 떨어지는 것으로 나타났다. 왜 그럴까? '상대적 박탈감' 때문이다. 대개 페이스북에는 직장에서 성공담이나 귀여운 아기 사진, 멋진 여행 등 행복한 순간을 올리기 때문에 그런 걸 보면 화가 나거나 외로움을 느껴 결국 행복감도 떨어지게 된다는 것이다.[13]

그래서 SNS를 포기해야 할까? 그렇진 않다. 나도 남들의 부러움을 자극할 만한 것들을 올리면 된다. 물론 그렇게 하기 위해선 SNS에 더욱 중독되어야만 하다. 인정투쟁은 인류 역사의 원동력이라는 데 무얼 망설이랴! 그러나 남을 위해 사는 게 아니라면 '비교'에 대해 다시 생각해보는 게 좋다.

댄 그린버그Dan Greenberg는 『자신을 비참하게 만드는 법How to Make Yourself Miserable』(1987)에서 비참한 삶의 원인은 '비교'에 있다고 말한다. 미국 신화학자 조지프 캠벨Joseph Campbell, 1904-1987은 "우리가 더 없는 행복을 느끼기 위해서는 다른 사람이 나를 어떻게 생각할까 하는

생각을 내려놓아야 한다"고 말한다.[16]

　　그러나 그런 일을 혼자 하긴 어렵다. 사회적 차원에서 인정의 기준을 다양화하려는 노력이 필요하다. 인정의 기준이 권력과 금력 중심으로 미쳐 돌아가는 사회에선 정치마저 그런 문법에 따라 움직이기 마련이고, 그래서 정치는 이전투구泥田闘狗의 장場으로 전락할 수밖에 없다. 인정투쟁의 문법을 교정하는 일이 정치적 의제로 다루어지지 않는 현실에 대해 "왜?"라는 의문을 왕성하게 제기해야 하지 않을까?

22

왜 행복은
소득순이 아닌가?

쾌락의 쳇바퀴

2012년 6월 영국 민간 싱크탱크 신경제재단NEF에 따르면 최근 전 세계 151개국을 대상으로 삶의 만족도와 기대 수명, 환경오염 지표 등을 평가해 국가별 행복지수HPI를 산출한 결과 코스타리카가 총 64점으로 2009년에 이어 연속 1위에 올랐다. 이어 베트남이 60.4점으로 종전 조사보다 3단계 올라선 2위에 랭크되었으며, 다음으로 콜롬비아(59.8), 벨리즈(59.3), 엘살바도르(58.9) 등의 순으로 각각 파악되었다.

HPI 상위 10위국이 모두 경제력이 취약한 베트남과 중남미 국가들로 채워졌다. 아시아 지역에서는 베트남에 이어 방글라데시 11위(56.3), 인도네시아 14위(55.5), 태국 20위(53.5), 필리핀 24위(52.4), 인도 32위(50.9), 일본 45위(47.5) 등의 순이었으며, 한국은 43.8점으로

63위에 머물렀다. 또 최근 고도성장으로 세계 경제를 견인하고 있는 중국은 종전 20위에서 무려 40계단이나 추락한 60위로 밀려났다. HPI 최하위 3위는 카타르(25.2점), 차드(24.7점), 보츠와나(22.6)로 조사되었으며, 북한은 아예 조사 대상에 포함되지 않았다.[15]

이런 종류의 조사는 무엇에 가중치를 두느냐에 따라 크게 달라지지만, 여러 조사의 일관된 흐름은 행복은 소득순이 아니라는 것이다. 실제로 산업화된 여러 나라에서 지난 50년 동안 부富의 수준은 2~3배 높아졌음에도 사람들의 행복 수준과 삶의 만족 수준은 변하지 않고, 오히려 우울증만 더 흔해진 것으로 나타났다.[16]

이에 대해선 이미 1974년 미국 서던캘리포니아대학 교수 리처드 이스털린Richard Easterlin, 1926-이 「경제성장이 인간의 운명을 개선시키는가?Does Economic Growth Improve the Human Lot?」란 논문에서 이른바 '이스털린의 역설Easterlin paradox'로 설명한 바 있다. 방글라데시, 부탄 같은 빈곤국 국민들의 행복지수는 높은 반면 미국, 프랑스 등 선진국은 행복도가 낮다는 연구 결과에 근거해 소득이 일정 수준에 올라 국민의 기본 욕구가 충족되면 소득 증가가 더는 행복에 영향을 미치지 않는다고 주장한 내용이다.[17]

이 연구 결과에 대해선 소득이 높아지면 사람들의 기대치도 따라서 높아지기 때문이라거나 다른 사람과 비교해 자신의 위치를 평가하는 경향이 심할수록 소비가 증가해도 그다지 큰 행복을 느끼지 못할 가능성이 높다는 해석이 제시되고 있다.[18]

행복지수가 정체되는 시점은 보통 1인당 국민소득 2만 달러가 넘어선 때부터라고 한다. 영국 경제학자 리처드 레이어드Richard Layard,

1934-는 『행복, 새로운 과학에서 얻는 교훈Happiness: Lessons from a New Science』(2005)에서 평균 연간 개인 수입이 2만 달러가 넘는 나라에서 그 이상의 수입은 행복과 아무런 관련이 없다는 이른바 '레이어드 가설'을 제시했다.[19] 그는 인간의 물질적 욕망엔 이른바 '만족 점satiation point'이 있다며 다음과 같이 말한다.

"생활수준은 알코올이나 마약과 비슷한 면이 있다. 새로운 행복을 경험하게 되면, 그것을 유지하기 위해 더 많이 가져야 한다. 일종의 쳇바퀴를 타는 셈이다. '쾌락'이란 쳇바퀴를. 행복을 유지하려면 계속 쳇바퀴를 굴려야 한다."[20]

'쾌락의 쳇바퀴hedonic treadmill'는 심리학자 필립 브릭먼Philip Brickman과 도널드 캠벨Donald Campbell이 1971년에 발표한 「쾌락 상대주의와 좋은 사회 설계Hedonic Relativism and Planning the Good Society」라는 논문에서 처음 제시한 개념이다. 1990년대 후반 영국 심리학자 마이클 아이센크Michael Eysenck, 1944-가 이 개념을 '쾌락의 쳇바퀴 이론hedonic treadmill theory'으로 발전시켰다. 대니얼 카너먼Daniel Kahneman, 1934-은 1999년 한 걸음 더 나아가 '만족의 쳇바퀴satisfaction treadmill'라는 개념을 제시했다.[21]

하버드대학 심리학 교수 대니얼 길버트Daniel Gilbert, 1957-는 로또에 당첨된 사람들을 연구했는데, 로또가 주는 행복의 효과가 평균 3개월이 지나면 사그라진다는 것을 확인했다. 출세의 꿈을 이룬 사람도 평균 3개월이 지나면 예전과 똑같은 크기만큼 행복하거나 불행해지며, 불행하다고 느끼는 사람도 마찬가지로 평균 3개월이 지나면 다시 웃을 수 있다는 것도 확인했다. 이게 바로 '쾌락의 쳇바퀴'다.[22]

쾌락의 쳇바퀴

이스털린은 1978년 성인을 대상으로 한 설문조사에서 상품이 적혀 있는 목록에서 '갖고 싶은 것'과 '현재 가진 것'을 선택하라고 했다. 16년 후 같은 참가자에게 같은 목록을 주며 다시 선택하게 했다. 그러자 참가자 거의 전원이 과거에 갖고 싶은 것으로 선택했던 물건을 현재 보유했으며, 첫 설문에서 '갖고 있는 것'으로 선택한 물건을 현재 갖고 싶은 것으로 표시했다. 현대인의 일상이 '쾌락의 쳇바퀴'에 갇혀 있다는 걸 말해주는 연구 결과라 할 수 있겠다.[23]

미국 저널리스트 그레그 이스터브룩Gregg Easterbrook, 1953-은 『진보의 역설The Progress Paradox: How Life Gets Better While People Feel Worse』(2004)에서 "우리는 왜 더 잘살게 되었는데도 행복하지 않은가?"라는 질문을 던지면서, 이를 '진보의 역설progress paradox'이라고 했다.[24]

과연 그런가? 그렇지 않다는 반론도 있다. 2008년 미국 미시간대학 경제학과 교수 저스틴 울퍼스Justin Wolfers, 1972-와 베시 스티븐슨Betsey Stevenson, 1971-은 "소득이 늘어나는 만큼 행복감은 커진다"고 반론을 폈다. 세계 150여 개 나라 데이터를 계량경제학 기법을 동원해 엄격하게 조사한 결과, 한 나라 안에서 소득이 많은 사람이 적은 사람들보다 행복한 것으로 나타났으며 삶에 대한 만족감이 소득에 비례해 늘어나는 것으로 확인되었다는 것이다. 미국에서는 한 해 가구 소득이 25만 달러를 넘는 사람은 90퍼센트가 매우 행복하다고 응답한 반면 연소득 3만 달러 미만인 사람은 42퍼센트만이 만족한다고 답한 것으로 나타났다.[25]

울퍼스는 "레이어드 교수가 제시한 1만 5,000달러나 2만 달러 이상의 소득에서도 삶의 만족감이 소득에 비례해서 늘어났다"며 '만족

점'은 없다고 주장했는데, 이와 관련된 『중앙일보』(2013년 10월 5일) 인터뷰 내용을 살펴보자.

— '돈이 더 많아져야 행복해진다'는 말인가.

"조금은 말장난으로 들릴 수 있지만, 우리는 소득과 행복의 상관관계를 주장하고 있다. 인과관계가 아니란 말이다."

—그 말이 그 말 아닌가.

"돈이 행복을 가져다주는 게 아니라는 얘기다. 행복의 원인은 여러 가지일 수 있다. 다만 소득이 늘어나는 만큼 주관적인 만족감이 커지는 패턴을 확인했다는 얘기다."

—좀더 쉽게 설명해줬으면 한다.

"예를 들면 소득이 늘어나면 선택의 기회가 많아진다. 낮은 소득에선 돈 많은 직업을 최우선시해야 한다. 반면 소득 수준이 높아지면 가족과 같이 낼 수 있는 시간이 많은 직업을 선택할 수 있다."

—돈이 여러 기회를 가질 수 있도록 한다는 말인가.

"비슷한 얘기다. 가족과 많은 시간을 보내는 게 행복의 원인이다. 이를 가능하게 한 것은 높은 소득이다. 소득이 많아지면 일을 줄여 더 건강해질 수 있고 스트레스에서 좀더 자유로워질 수 있다. 좀더 건강해지고 스트레스에서 자유로워진 게 행복의 요인이다. 돈은 그 요인들을 얼마나 갖출 수 있는지를 가늠할 수 있는 지표일 뿐이다."[26]

이 논쟁을 계속한다고 해서 무슨 뾰족한 답이 나올 것 같지는 않다. 미국의 재테크 상담 전문가인 수지 오먼Suze Orman, 1951-의 다음과 같은 말에 답이 있는 건 아닐까? "저는 결코 돈으로 행복을 살 수 있다고는 말하지 않습니다. 실제로 그럴 수도 없구요. 그렇지만 저는 돈이 없으면 삶이 비참해진다고는 자신 있게 말하고 싶어요."[27]

'쾌락의 쳇바퀴'는 허망하지만, 아예 그 쳇바퀴에 들어갈 수도 없는 사람들에겐 그나마 그림의 떡은 아닐까? 그럼에도 '쾌락의 쳇바퀴' 개념이 경제적으로 풍요롭지 못한 사람들에게 마음의 위안이나마 줄 수 있다면 그걸로 족하리라.

23

왜 어떤 사람들은 돈도 못 버는 일에 미치는가?

리누스의 법칙

세상엔 이상한 사람이 많다. 큰돈을 벌 수 있는 재능을 갖고 있으면서도 돈엔 별 관심이 없는 사람들 말이다. 돈 때문에 고통 받는 사람들의 처지에선 도무지 이해할 수 없는 사람들이다. 개인컴퓨터용 공개 운영체제인 리눅스Linux 개발의 주인공인 리누스 토르발스Linus Torvalds, 1969-도 그런 사람이다. 그는 왜 그러는 걸까?

왜 힘들여 만든 걸 공짜로 주느냐는 질문을 받을 때마다 그가 내놓는 답은 늘 '인정'과 '재미'다. 남들에게서 인정을 받는 게 좋고 그렇게 일하는 게 재미가 있다는 것이었다. 토르발스는 사람들의 동기부여 요인으로 3가지를 드는데 생존survival, 사회적 관계social life, '오락entertainment'이 바로 그것이다. 그는 이걸 가리켜 '리누스의 법칙Linus's

Law'이라고 했다. '좀 부끄럽기는 하지만'이라는 단서를 달면서 자기 스스로 작명한 법칙이다.[28]

토르발스는 시종일관 '재미'를 강조한다. "어쨌든 나는 이상주의 자는 아니었다. 나는 오픈 소스를 보다 나은 세상을 만들기 위한 방편 으로 생각했다. 하지만 내게 더 중요한 것은 '재미'였다. 재미를 즐기 는 방편으로서 오픈 소스를 생각했으니, 분명 이상주의적인 견해는 아니었던 셈이다. 나는 항상 이상주의자들을 재미있지만 다소 따분하 고, 가끔씩은 무서운 사람들로 생각했다."[29]

토르발스는 자신이 2001년에 출간한 책의 제목을 『그냥 재미로: 우연한 혁명에 대한 이야기Just for Fun: The Story of an Accidental Revolutionary』 라고 붙인 이유를 이렇게 설명한다. "매일 사람들이 재미를 위해 하는 일—예컨대, 그저 짜릿함을 맛보기 위해 멀쩡한 비행기에서 낙하산 타 고 뛰어내리는 경우—때문에 죽는다.……생존하라. 사회화하라. 즐겨 라. 그것이 진보다.……적어도 우리가 충분히 진보할 가능성이 있다 고 한다면 우리가 하는 모든 일들은 결국 우리의 즐거움을 위한 게 된 다."[30]

토르발스의 뒤를 이어, 미국의 게임 디자이너인 라프 코스터Raph Koster, 1971-는 2004년에 출간한 『라프 코스터의 재미 이론A Theory of Fun for Game Design』에서 아예 '재미 이론fun theory'을 내놓았는데, 그 핵심은 "사람들이 재미를 느끼면 어떠한 활동이든 기꺼이 한다"는 것이다.[31]

1998년 5월 토르발스는 미국 노스캐롤라이나주 롤리에서 열린 리눅스 엑스포에서 약 2,000명이 수용되는 강당에 빽빽이 들어선 청 중들 앞에서 기조 연설을 했다. 강당은 유명 록스타의 공연 분위기를 방불케 했다. "내 이름은 리누스 토르발스입니다. 나는 여러분들의 신입니다." 토르발스의 농담에 강당이 떠나갈 듯 박수갈채가 쏟아졌다. 나중에 토르발스는 일부 사람들에게서 "오만하다"는 비난을 받았을 때, 이 발언이 오랫동안 농담으로 받아들여지지 않았다는 사실에 놀라움을 감추지 못했다.[32]

무신론자인 토르발스에게 '신神'은 가벼운 말이겠지만, 미국엔 '신'을 가볍게 생각하지 않는 사람이 많다. 핀란드 출신인 토르발스가 미국으로 이주한 것은 1996년이었으니, 아직 미국 문화에 적응하지 못하고 있던 시절의 에피소드로 이해할 수 있겠다. 2010년에 미국 시민권을 얻은 토르발스는 핀란드 가라데 챔피언을 6번이나 지낸 아내 토브, 세 딸과 캘리포니아에서 행복하게 살고 있다. 아침엔 자신이 아내를 위해 카푸치노를 준비한다고 한다. "그녀는 카푸치노가 준비되기 전에는 절대로 일어나는 법이 없어요."[33]

아시아 제1의 리눅스 기업인 터브리눅스의 CEO 클리프 밀러Cliff Miller가 초대를 받아 캘리포니아에 있는 토르발스의 집을 방문한 적이 있다. 평범한 집이었다. 집에 아무도 없어 이웃집 사람에게 "혹시 이 집이 리누스 씨가 사는 집 맞습니까?"라고 물었더니 "잘 모르겠는데요"라는 대답이 돌아왔다고 한다.

"『포브스』의 표지를 장식할 정도로 유명한 사람이 이웃에 살고 있는데도 이웃 사람들은 아무도 그 사실을 모른다. 그는 스스로 돈을 싫어하는 사람은 아니라고 말하지만, 이렇게 유명해져서도 자기 위치를 이용해서 돈을 벌려고 하지 않는다. 고작해야 DECDigital Equipment Corporation에서 컴퓨터를 기증받거나 전시회 같은 행사에 연사로 초청

받았을 때 사례를 받거나 하는 정도일 것이다. 그것도 그리 많은 돈은 아닐 것이다. 참으로 존경하지 않을 수 없는 태도이다."[34]

그렇다고 해서 토르발스가 가난하게 사는 건 아니다. 여기저기 IT 업체들의 자문료로 받는 돈이 짭짤하다. 게다가 그는 1999년 미국의 리눅스 관련 소프트웨어 회사에서 감사의 뜻으로 스톡옵션을 받았는데, 기업공개 후 2,000만 달러 가치에 상당하는 것이었다.[35] 200억 원이 넘는 돈이니 평생 풍요롭게 살 만하지 않은가. 그러나 그가 돈을 벌기로 마음만 먹었다면 2조 원도 벌 수 있었을 테니, 그에게 돈이 우선적인 목적이 아닌 건 분명하다.

2003년 1월 전 세계를 놀라게 한 인터넷 마비 사태가 마이크로소프트 서버가 갖고 있는 보안상의 문제점 때문이라는 지적이 나오면서 그 대안으로 리눅스가 떠올라 "리눅스가 마이크로소프트를 넘본다"라는 말까지 나오기도 했다.[36] 오늘날 스마트폰 OS 세계시장 점유율 1위를 차지하고 있는 안드로이드도 리눅스 기반으로 만들어졌을 정도로 리눅스의 위세는 곳곳에 미치고 있다.

2012년 10월 11일 토르발스는 서울 JW메리어트호텔에서 열린 제1회 한국 리눅스 포럼에 기조 연설자로 참석해 "리눅스 시스템 개발에 관여하는 기업이 많아지고 있지만 리눅스는 태생부터 무상으로 공개한 '오픈소스' 소프트웨어였다"며 "앞으로도 이것은 불변의 법칙"이라고 말했다.[37]

컴퓨터 프로그래머이자 소스공개운동의 비공식 대변인인 에릭 레이먼드Eric Raymond, 1957-는 1997년 5월 27일 리눅스 총회에서 발표한 「성당과 장터The Cathedral and the Bazaar」라는 글에서 "보고 있는 눈이 충분히 많으면 찾지 못할 버그는 없다Given enough eyeballs, all bugs are shallow"
고 했는데, 이를 리누스 토르발스의 이름을 따서 '리누스의 법칙Linus's
Law'이라고 불렀다.[38]

리누스 자신이 말한 '리누스의 법칙'과 더불어 2개의 '리누스의
법칙'이 존재하는 셈이지만, 둘 다 '돈'보다는 '재미'와 '인정'을 강조
한다는 점에선 같다. 돈보다는 재미와 인정에 이끌려 일을 한다는 '리
누스의 법칙'이 앞으로 더 큰 성공을 거둘 수 있을지 주목하지 않을 수
없다.

24

왜 신뢰가
'새로운 유행'이 되었는가?

크레이그의 법칙

리눅스Linux 개발은 리누스 토르발스Linus Torvalds, 1969-가 자신만의 운영 체제를 인터넷에 띄우면서부터 이루어지기 시작했다. 이러쿵저러쿵 훈수를 두는 사람들이 생겨난 것이다. 그들은 토르발스에겐 필요가 없었던 기능까지 지적하며 다양한 제안을 했고 그런 사람들의 수는 점점 늘어났다.

이러한 참여가 시사하듯이, 마이크로소프트와는 달리 리눅스 운영체제 코드는 비밀이 아니다. 무료로 배포하는 개방 체계다. 다른 전문가들도 자유롭게 참여할 수 있을 뿐만 아니라 10대 컴퓨터 마니아도 리눅스에 들어가 코드를 이모저모 살펴본 다음 토르발스에게 제안을 할 수 있었다. 물론 해커들도 리눅스를 개선하는 데에 크게 기여했다.

자발적인 참여자들의 쇄도 이후 토르발스는 리눅스를 유지하고 업그레이드하는 역할을 했다. 그는 참여자들의 각종 제안을 읽는 데만도 하루 평균 2시간을 소비하며 그걸 나름 검증하는 데엔 하루 평균 2~3시간을 소비했다. 그의 석사학위 논문도 리눅스에 관한 것이었다. 토르발스는 그런 식으로 그간 리눅스 제국의 중추 신경절 역할을 맡아온 것이다.[39]

이런 자발적 참여 방식을 프로그래머를 넘어 모든 이용자에게 허용함으로써 성공을 거둔 대표적 사례로 세계적인 온라인 생활정보 사이트 크레이그리스트Craigslist를 들 수 있다. 크레이그 뉴마크Craig Newmark, 1952-가 1995년에 시작한 크레이그리스트는 무엇이든 구할 수 있는 커뮤니티 시장으로 미국에서만 6,000만 명이 이용하며, 전 세계 70개국에서 크레이그리스트 홈페이지를 열어본 페이지뷰만 매월 약 200억 회로 이것은 인터넷 페이지뷰 순위 7위에 해당한다. 조용호는 크레이그리스트에 대해 다음과 같이 말한다.

"기존의 지역신문들이 게재하던 지역 광고란의 상당 부분은 이미 웹으로 흡수된 상태다. 세계적으로는 크레이그리스트Craiglist가 이 분야의 선두다. 거의 모든 지역 광고에 대해서 별도의 수수료나 광고비를 받지 않고 전 세계를 대상으로 서비스하기 때문에 수많은 이용자들이 몰리고 있다. 이베이가 모든 주요 상거래와 관련한 메이저리그 경매시장의 왕이라면 크레이그리스트는 지역 기반 상거래라는 마이너리그의 왕이라고 볼 수 있다."[40]

크레이그리스트는 "상대적으로 비상업적인 성격과 공공서비스적인 임무, 비기업적 문화"를 표방하는데, 그래서 도메인도 닷컴.com

이 아니라 닷오알지.org를 쓴다.[41] 크레이그리스트가 구인 광고와 일부 지역의 부동산 광고에만 돈을 받을 뿐 주로 무료 서비스로 운영되는 것도 그런 취지에 부합하기 위해서다. 그러나 이는 신문에겐 오히려 재앙이 되었다.

크레이그리스트가 신문사 수입의 40퍼센트, 수익의 50퍼센트를 차지할 정도로 신문들의 노른자위 수입원이었던 생활광고를 대거 가져가는 바람에 신문들이 잃은 광고 시장 규모는 180억 달러로 추산되며, 덴버·시애틀·투손 등 여러 지역의 일간 신문은 1개로 줄어들었다. 그래서 크레이그리스트는 '지역신문 사업을 파괴한 주범' 중의 하나로 지목되지만, 이용자들의 신뢰와 지지도는 매우 높다.[42]

크레이그리스트의 성공 법칙은 "방해하지 마라" 또는 "간섭하지 말고 믿어라"였다. 무언가 잘못된 일이 일어나도 개입하지 않고 이용자들 스스로 해결하게끔 했다. 창업자인 크레이그 뉴마크는 "신뢰야말로 새로운 유행이다"고 주장했다. "제가 전혀 관여하지 않은 상태에서 일어난 일입니다. 제가 한 거라곤 멀찌감치 떨어져서 무슨 일이 벌어지는지 지켜본 게 전부입니다." 그는 성공을 거둔 후에도 자신을 '고객지원 담당자'라고 부른다.[43]

미국 뉴욕대학 저널리즘 교수 제프 자비스Jeff Jarvis, 1954-는 『구글노믹스What Would Google Do?』(2009)에서 '방해가 안 되게 비키는' 이런 전략을 가리켜 '크레이그의 법칙Craig's Law'이라고 부른다. 대중의 지혜를 믿고 선물 경제gift economy에 의지한 크레이그리스트는 ①유용한 것들을 만들고, ②사람들이 그것을 사용할 수 있게 도와라, ③그리고 그 사람들을 방해하지 말라는 원칙 덕분에 성공할 수 있었다는 것이다.

크레이그의 법칙

"뉴마크는 사람들에게 유용한 뭔가를 창조해냈다. 그는 뒤로 물러나 사람들이 그것을 마음대로 사용하게 했다. 사람들의 말을 경청하고, 그들이 원하는 기능을 더했다. 그는 경청하는 태도를 유지하면서 기술과 커뮤니티의 사용 결과를 통해 문제들을 해결했다. 그리고 어쨌든 그가 만든 크레이그리스트의 디자인은 가장 볼품이 없지만 구글의 첫 페이지와 마찬가지로 가장 유용한 디자인이다." [44]

실제로 2005년 허리케인 카트리나가 닥쳤을 때 뉴올리언스를 떠난 피난민들은 크레이그리스트를 사용해서 서로 연락하고, 일자리와 집을 찾았다. 디자인을 복잡하게 했더라면 일어날 수 없는 일이었다. 이와 관련, 레이철 보츠먼Rachel Botsman과 루 로저스Roo Rogers는『위 제너레이션What's Mine Is Yours: The Rise of Collaborative Consumption』(2011)에서 다음과 같이 말한다.

"사람들이 크레이그리스트처럼 고객 서비스가 전혀 없는 브랜드를 좋아하는 이유 가운데 하나는 아무것도 하지 않고 사용자들에게 맡겨두기 때문이다. 그럴 듯한 의견과 쓸데없는 장식과 의제가 넘쳐나는 세상에서 사용자들은 기능성만 갖춘 이 사이트를 신선하게 받아들인다." [45]

미국 경영 전문가인 오리 브래프먼Ori Brafman과 로드 벡스트롬Rod A. Beckstrom은『불가사리와 거미The Starfish and the Spider』(2006)에서 '리더 없는 조직의 제지할 수 없는 힘'에 대해 이렇게 말한다. "크레이그리스트 회원들은 이 사이트를 하나의 커뮤니티로 간주하고 길에서 만나는 사람보다 사이트 회원을 더 많이 신뢰한다. 회원들은 서로 최상의 모습을 상정하고 대개는 거기에 상응하는 모습을 보인다." [46]

사실 사용자들이 이 커뮤니티에 갖는 신뢰와 애착은 놀라울 정도다. '사람들이 우리에게 하는 말' 코너에 실린 글을 하나 살펴보자. "샌프란시스코 베이 에리어에 이사 온 뒤로는 크레이그리스트를 통해 내 모든 삶을 쌓아올렸다. 내가 가진 집(4채)과 현재 직업(변호사)을 포함해서……이사도 회원들의 도움을 받았다. 가구와 여러 가지 물품을 기증받았고 그들을 통해 구입한 물건도 몇 개 있다. 사람들은 내게 많은 걸 추천해주었고 무수한 질문에 응답해주었다. 요즘엔 하루에도 몇 번씩 크레이그리스트를 확인한다. 마약에 중독되듯 이곳에 중독된 게 분명하다. 한 번쯤 크레이그의 얼굴을 직접 보고 싶기도 했다!"[47]

크레이그 뉴마크는 그런 업적을 발판으로 국회의원들과 오바마 행정부에 개방성과 네트워킹, '정부 2.0'이라고 불리는 것에 대해 조언을 하고 있다. 그는 소셜 미디어 도구들을 국민의 삶에 적용할 수 있다고 확신하며, 이를 통해 그가 '민주주의의 면역체계'라고 부르는 것을 재구축할 수 있다고 믿는다.[48]

일부 사이트 이용자들 사이에 신뢰가 새로운 유행이 되다 보니 그로 인한 부작용도 없지 않다. 이젠 중단했지만 성인 광고 서비스는 크레이그리스트를 세계 최대의 성매매 사이트로 만들기도 했다. 크레이그리스트는 2009년 성인 광고를 통해서만 4,500만 달러의 수익을 냈는데, 이는 전체 수익의 3분의 1이었다. 2009년 보스턴 의대 재학생이 크레이그리스트에 구인 광고를 내고 찾아온 여성을 살해한 사건이 발생한 이후 비슷한 유형의 살인 사건에 대해 '크레이그리스트 살인'이란 이름이 붙었다.

2010년 8월 『워싱턴포스트』에 '성매매의 늪에 빠진 10대 소녀

들'이라고 밝힌 이들은 이런 내용의 작은 광고를 실었다. "크레이그 뉴마크 씨, 이제 저는 17세입니다. 당신이 운영하는 사이트의 성인 광고란을 통해 11세 때부터 강제로 성매매의 늪에 빠지게 됐습니다. 28세 남성이 첫 손님이었습니다." 이 광고로 인해 미국인들의 분노가 극에 달하자, 한 달 후 크레이그리스트는 '에로틱 서비스erotic services' 섹션에 검열되었다는 의미의 검은 띠 처리를 하면서 성인 광고를 중단했다.[49]

그런 문제가 있지만 '새로운 유행'이 되고 있는 현상은 긍정적으로 평가할 만하다. 날이 갈수록 살벌해지는 세상에서 신뢰의 가치는 더욱 치솟을 게 분명하다. 에리히 프롬Erich Fromm, 1900-1980은 "자신을 신뢰하는 사람만이 다른 사람들에게 성실할 수 있다Only the person who has faith in himself is able to be faithful to others"고 했는데, 신뢰의 확산을 위해 필요한 건 자기 신뢰인지도 모르겠다.

25

왜 재미있게 하던 일도
돈을 주면 하기 싫어질까?

과잉정당화 효과

1970년대에 미국 심리학자들은 3~5세나 초등학교 아이들을 상대로 여러 가지 실험을 했다. 아이들에게 그림을 그리거나 수학 문제를 풀게 하면서 아주 잘했다는 걸 알리는 리본 등과 같은 보상을 주는 경우와 그렇지 않은 경우를 비교했다. 그랬더니 놀랍게도 보상을 받은 아이들은 처음엔 재미있게 하던 일에 급격히 흥미를 잃는 일이 벌어졌다. 왜 그랬을까?

우리 인간이 하는 일은 스스로 내켜서 하는 경우와 외부의 보상이나 처벌 때문에 하는 경우로 나눌 수 있다. 스스로 내켜서 하는 것은 '내적 동기intrinsic motivation', 외부의 보상이나 처벌 때문에 하는 것은 '외적 동기extrinsic motivation'라고 한다. '내재적 동기'나 '외재적 동기'

로 부르기도 한다.

　내적 동기로 인해 하던 일에 보상이 주어지면 내적 동기가 약화되면서 흥미를 잃게 된다. 자기 행동의 원인을 보상으로 정당화시키는 것인데, 이를 그 정당화가 지나치다는 의미에서 '과잉정당화 효과 overjustification effect'라고 한다. '과다합리화 효과'라고도 한다. 즉, 자신이 어떤 행위를 한 이유를 내적인 욕구나 성격 등에서 찾는 것이 아니라, 눈에 확 띄는 보상 등 외적인 동기에서 찾는 현상이다.[50] 보상이 오히려 역효과를 낸다는 점에서 보상의 '구축 효과crowding-out effect', 보상이 내적 동기를 약화 또는 손상시킨다는 점에서 '언더마이닝 효과 undermining effect'라고도 한다.[51]

　코넬대학 심리학자 존 콘드리John Condry는 "보상은 호기심의 적이다"라고까지 말한다.[52] 즉, 보상은 아이들이 어떤 활동에 대한 호기심이나 활동 자체의 재미 때문이 아니라 보상을 위해 그걸 하고 있을 뿐이라는 확신을 심어줌으로써 그 활동에 대한 내재적인 흥미를 반감시킬 수 있다. 그러나 아예 흥미가 전무한 상황에서는 아이들의 내재적 흥미를 반감시킬 위험이 크지 않으므로 무조건 보상을 금기시할 필요는 없다.

　이와 관련, 사회심리학자 마크 레퍼Mark Lepper는 '최소 충분 원리 minimal sufficiency principle'를 제시한다. 아이들이 바람직한 태도와 가치를 내면화하는 것이 목표라면 부모들은 아이들이 바람직한 행동을 하게 만들 최소한의 위협과 보상을 사용해야지, 아이들이 그 위협이나 보상을 그렇게 행동하는 '이유'로 여길 만큼 강력해서는 안 된다는 것이다.[53]

과잉정당화 효과

1970년대 초까지 미국의 대다수 헌혈자들은 비영리단체와 영리단체가 연합해 제공하는 현금 보상을 받았다. 반면 영국의 헌혈자들은 전적으로 자발적이었고 국민보건서비스National Health Service에 의해 체계적으로 관리되었다. 두 시스템을 비교한 영국 사회학자 리처드 티트머스Richard Titmuss, 1907-1973는 1970년 영국 시스템의 혈액이 더욱 우수하고 혈액 낭비도 적고 병원의 혈액 부족 현상도 더 적음을 알아냈다.

티트머스는 미국 시스템은 부유한 사람들이 가난하고 절망적인 사람들의 혈액을 돈으로 삼으로써 그들을 사실상 착취하는 불공평한 시스템이라고 지적했는데, 여기서 중요한 것은 자발적인 시스템이 시장 기반 시스템보다 안전하고 효율적이라는 점이다. 티트머스는 1970년에 출간한 『선물 관계The Gift Relationship: From Human Blood to Social Policy』에서 매혈자들은 그저 돈에만 관심이 있을 뿐 자신의 피가 건강한지 아닌지에 대해선 거의 신경 쓰지 않는 반면, 헌혈자는 오염된 피를 줄 가능성이 적다는 점도 지적했다.

티트머스의 주장은 경제학자들의 공격을 받았다. 노벨경제학상 수상자 케네스 애로Kenneth Arrow, 1921-는 미국 시스템에 결함이 있다는 점은 인정하면서도 돈을 지불하는 방식이 자발적인 기증을 줄인다는 점은 인정하지 않았다. 그는 도덕적 자극이나 본질적인 동기에 반응하는 헌혈자들이 있을 수 있지만 대가와 시장의 인센티브에 반응하는 완전히 다른 사람들도 있다고 주장했다.

이런 비판이 있지만 1970년대에 미국은 자발적인 시스템으로 전환했고, 그 결과 질적으로나 양적으로 헌혈이 증가했다. 이는 '과잉정당화 효과'를 말해주는 좋은 사례인데, 그 밖에도 물질적인 보상이 협력을 축소시킬 수 있다는 증거가 많이 있다.[54]

그렇다고 해서 모든 보상이 언제나 나쁜 건 아니다. 예컨대, 이탈리아에서는 정부가 헌혈자들에게 유급휴가를 주겠다고 발표하자 기증자의 수가 늘어났다. 유급휴가에 탐을 낸 사람들도 적지 않았겠지만, 이타주의를 가로막는 장애물이 법으로 제거되었기 때문이다.[55]

경쟁과 성과에 관해 오랫동안 연구한 미국 교육심리학자 알피 콘Alfie Kohn, 1957-은 『경쟁에 반대한다No Contest』(1986)와 『보상에 의한 처벌Punished by Rewards』(1993) 등을 통해 인센티브는 동기 부여의 수단으로 작용하기보다는 개개인의 이익을 앞세우기 때문에 의도하지 않게 동료 관계를 해치는 부작용을 낳는다고 비판한다. 또 그는 인센티브가 실적에 연계되면서 사람들이 평가 기준에 부합하는 '안전하고 만만한' 일만 하게 될 가능성이 높아져 결과적으로는 조직 내 상상력을 갉아먹고 새로운 시도나 혁신을 회피하게 만들어 결과적으로 집단 생산성을 떨어뜨린다고 주장한다.[56]

'과잉정당화 효과' 문제는 기업에서도 자주 나타난다. 신기술과 새로운 업무 프로세스를 이용해 디자인 작업을 한 이들에게 현금 보너스를 지급할 것인가? 경영진으로선 고민하지 않을 수 없는 문제다. 수전 와인셍크Susan M. Weinschenk는 『마음을 움직이는 심리학How to Get People to Do Stuff: Master the Art and Science of Persuasion and Motivation』(2013)에서 현금을 지급하는 것보다는 기술을 습득하려는 욕구를 자극하는 편이 낫다고 말한다.

"숙달에 관한 연구 결과를 보면 조건이 붙은 현금 보너스를 지급하는 경우 처음에는 신기술을 사용하려는 이들이 많아지지만 곧 그 기세가 약해진다. 따라서 디자이너들이 새로운 기술을 받아들여 지속적으로 이용하게 하려면 숙달 욕구를 활용해야 한다. 디자이너들이 새로운 방식으로 일을 처리할 때마다 현금 보너스를 주기보다는 신기술에 대한 호기심을 이용하는 편이 낫다는 얘기다. 이것이 앞으로 일하는 내내 도움이 될 새롭고 중요한 기술이라는 사실을 주지시키는 것이다."[57]

이런 원리는 우리의 삶의 자세에도 적용될 수 있다. 선안남은 "진정으로 의욕 넘치는 생생한 삶을 살기 위해서는 우리 안의 내재적 동기를 키우고 이것이 훼손되지 않도록 해야 한다"고 말한다.[58] 물론 오늘날과 같은 물질만능주의 사회에서 쉽지 않은 일이긴 하다. 앞서 레퍼가 말한 '최소 충분 원리'를 이 경우에도 적용할 수 있지 않을까? 동기부여에서 내외內外의 균형을 취하는 것이 좋지 않겠느냐는 것이다.

제 6 장

가면 과
정체성

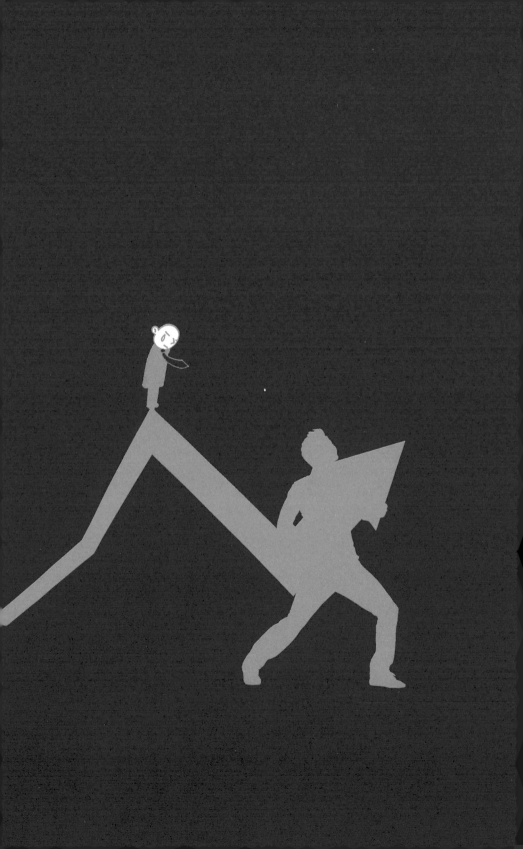

26

왜 연료 부족을 알리는
경고등이 켜졌는데도 계속 달리는가?

번아웃 신드롬

2014년 6월 30일 방송된 MBC 다큐스페셜 〈오늘도 피로한 당신, 번아웃〉이 번아웃에 대한 적잖은 관심을 불러일으켰다. 번아웃burnout은 "(신체적 또는 정신적인) 극도의 피로, (로켓의) 연료 소진"이란 뜻인데, 심리학적 유행어가 되면서 이른바 '번아웃 신드롬burnout syndrome'이 이처럼 언론 매체의 주목을 받고 있다.

번아웃 신드롬은 한 가지 일에 몰두하던 사람이 신체적·정신적으로 모든 에너지가 소진된 상태에 빠진 사람이 피로를 호소하며 무기력증, 자기혐오, 직무거부 등에 빠지는 현상을 말한다. '탈진 증후군', '소진 증후군', '연소 증후군'이라고도 한다. 2013년 12월 『매경이코노미』가 마크로밀엠브레인과 함께 직장인 1,000명을 대상으로

한 설문조사 결과, 직장인 862명이 번아웃을 느낀다고 응답했다.[1]

심리학적 개념으로서 '번아웃'은 1974년 독일 출신의 미국 심리학자 허버트 프로이덴버거Herbert Freudenberger, 1926-1999가 만든 말인데, 그레이엄 그린Graham Greene, 1904-1991의 1960년 소설인 『번아웃 케이스A Burnt-Out Case』에서 유래된 것으로 추정된다.[2] 번아웃은 독일에서 국민 질병이 되었을 정도로 독일적 현상이며, 그래서 이 분야의 전문 연구도 독일에서 많이 이루어졌다.[3]

동양에선 독일과 가장 닮은 나라인 일본에서도 번아웃이 사회적 문제로 대두된 건 당연한 일이라 하겠다. 일본 심리학자 사이토 이사무齋藤勇는 "이것은 근면하고 성실한 성격으로 무슨 일이든 열심히 하는 사람이 빠지기 쉬운 현상의 하나"라며 다음과 같이 말한다.

"눈앞에 높은 목표가 있어 그것을 정복하기 위해 끝없이 전진해가는 것은 바람직하지만, 마음에 여유가 없어 계속 달리기만 하면 몸도 마음도 전부 연소되고 만다. 비즈니스 사회에서는 장시간 잔업을 하거나 휴일에 쉬지 못하고 계속 출근을 해 '완전연소 증후군'에 빠져버린 사람이 많이 나타나고 있다.⋯⋯때론 자신을 너무 옭아매지 말고 '될 대로 되겠지'라며 여유를 가지는 것이 인생을 편하게 보내는 비결이다."[4]

물론 한국도 예외는 아니다. 정신과 전문의 문요한은 『스스로 살아가는 힘』에서 '번아웃 증후군' 환자가 모든 직업군에서 크게 늘었다며 그 이유를 이렇게 분석한다. "자신의 상태는 아랑곳하지 않고 계속 자신을 몰아붙였기 때문이다. 마치 계기판에 연료 부족을 알리는 경고등이 켜져 있는데도 계속 달리다가 멈춰 선 자동차와 같다."[5]

회사에선 A급 인재들이 번아웃 신드롬에 빠지는 경우가 많다. 상사는 과도하게 업무를 주고, 우수 인재는 마다하지 않고 이를 받아들이는 경향이 합쳐지니 일은 해도 해도 줄지 않고, 집에선 부인과 자녀의 불만이 늘어나 결국 체력적·정신적인 한계에 부딪혀 나동그라진다는 것이다. 이와 관련, IGM 교수 김용성은 A급 인재를 관리할 때 놓치기 쉬운 사실들을 기반으로 다음 3가지를 기억하라고 말한다.

첫째, 리더는 A급 인재에게 업무를 맡길 때 그가 이미 한계를 넘어서지는 않았는지 항상 확인해야 한다. 둘째, A급 인재에게는 학습시간이 더 많이 필요하다는 것을 기억해야 한다. 셋째, A급 인재도 휴식이 필요하다는 것을 기억하고, 휴식을 계획하도록 권해야 한다.[6]

번아웃이 과도한 업무 때문만에 발생하는 건 아니다. 여성으로 야후의 CEO에 오른 머리사 메이어Marissa Mayer는 번아웃이 과로 때문이 아니라 실제로 중요한 일을 포기해야 할 때 느끼는 분노에서 발생한다고 말한다. 즉, 자신의 일에 대한 통제력 부족도 주요 원인이라는 것이다. 그 밖의 다른 원인으로는 불충분한 보상, 공동체 내의 부조화, 불공정, 가치관의 대립 등을 들 수 있다.[7]

김진국은 번아웃 신드롬을 예방하기 위해 '슈퍼맨(슈퍼우먼) 콤플렉스'를 벗어던져야 한다고 조언한다. "사람들은 '불꽃같은 삶'을 우상시하는 경향이 있다. 그러나 우리는 구국의 소녀 잔다르크나 유관순이 아니다. 이순신과 안중근도 아니다. 불꽃이 화려할수록 그림자도 짙다. 사그라지고 나면 재만 남는다. 우리는 영웅이 아니다. 하루하루의 구체적인 삶을 살아내야만 하는 실존적인 존재다."[8]

공부와 연구도 그런 관점에서 볼 수 있지 않을까? 서울대 물리학과 교수 김대식은 영재교육은 번아웃을 초래할 가능성이 높다고 말한다. "미국에서 영재교육을 받은 애들 대부분 실패합니다. 30대가 되면 다들 무대에서 사라져요. 두뇌를 너무 일찍 태워먹은 거예요. 그게 바로 번아웃입니다. 20대에 공부를 열심히 해서 30대에 본격적으로 연구를 시작한 사람들은 그렇게 번아웃되는 경우가 없어요.······10대 청소년들을 쥐어짜는 게 아니라 30대 학자들을 쥐어짜야 과학이 발전합니다.······과학고 학생들이야말로 대표적으로 번아웃된 상태입니다. 그래서 저는 과학고 학생들보다는 일반고 학생들이 순수과학을 하는 게 옳다고 생각해요."[9]

그런 '두뇌 번아웃'도 있지만, 감정노동자들이 겪는 '감정 번아웃'도 있다. 미국 캘리포니아대학 교수 크리스티나 마슬라흐Christina Maslach는 아예 번아웃을 "사람에 관련된 업무를 하는 사람들, 즉 친밀한 접촉에 상당한 시간을 보내는 사람들 사이에서 자주 일어나는 정서적 고갈 상태와 냉소주의의 증후"라고 정의한다.[10]

사회복지사들은 감정노동과 사회적 약자를 상대한다는 윤리적 책무까지 더해져 번아웃 신드롬이 심각한 것으로 나타났다. 2013년 11월 사회복지 공무원의 잇따른 자살을 계기로 국가인권위원회가 국내 사회복지사 2,605명을 대상으로 진행해 발표한 '사회복지사 인권 상황 실태 조사'에서 이들의 인권 보장 수준은 10점 만점에 평균 5.6점으로 나타났다. 자신의 건강을 지킬 건강권, 폭력에 맞서거나 회피할 방어권 등이 특히 취약한 것으로 드러났다.

국가인권위원회는 보고서에서 "복지 대상자들의 인권이 강조되면서 문제가 생길 경우 사회복지사에게 더 많은 책임을 물음으로써 이들을 정서적으로 소진시키고 있다"고 분석했다.[11] 상지대 사회복지학과 교수 박지영은 "소진(번아웃)은 자살만큼 매우 심각한 현상이다. 소진을 단순히 자살의 원인으로 보는 관점에서 벗어나 소진 자체가 갖는 위험성을 인식해야 한다"고 말했다.[12]

독일 베를린 예술대 교수 한병철은 『피로사회』에서 "우울증에 자주 선행하여 나타나는 소진Burnout은 자기 자신의 주인이 될 힘이 빠져가는 주권적 개인의 증상이라기보다는 자발적인 자기 착취의 병리학적 결과이다"며 다음과 같이 말한다.

"개성을 확장하고 변형하고 새로 발명해야 한다는 명령이 그 이면에서 우울증을 초래하는데, 그러한 명령의 원천은 정체성과 관련된 상품이다. 사람들이 정체성을 자주 바꾸면 바꿀수록 생산은 더욱 큰 활력을 얻게 되는 것이다. 산업적 규율사회가 변함없는 정체성에 의존했다면, 성과주의적 후산업사회는 생산의 증대를 위해 유연한 개인을 필요로 한다."[13]

자발적인 자기착취일지라도 그 자발성은 결국 외부의 압력에서 비롯되는 것이기 때문에 우리는 자의 반 타의 반 연료 부족을 알리는 경고등이 켜졌는데도 계속 달림으로써 번아웃에 빠지는 건지도 모르겠다. 한병철의 주장은 이른바 '사회적 가면'의 문제를 제기한 셈인데, 이는 나중에 「왜 페이스북의 투명성은 위험한가?: 단일 정체성」에서 살펴보기로 하자.

27

왜 내숭을 떠는 사람의
'내숭 까발리기'는 위험한가?

사회적 가면

"이 세상은 무대이며 모든 남자와 여자는 배우이다. 그들은 각자의 배역에 쫓아서 등장했다가는 퇴장하지만 사람은 한평생 동안 여러 가지 역을 담당한다."

영국 작가 윌리엄 셰익스피어William Shakespeare, 1564-1616의 말이다. 이 말을 사회학적 관점에서 이해하고 현실에 적용하려고 애썼던 학자가 있다. 어빙 고프먼Erving Goffman, 1922-1982이다. 그래서 그의 이론을 가리켜 흔히 '연극학적 이론'이라고 한다.[14]

캐나다에서 태어나 미국에서 활동한 고프먼은 "20세기가 끝나기 전 마지막 60년 동안 미시적 차원의 최고 이론가"라는 평가를 받기도 했지만,[15] '미시적 분석'을 폄하하는 경향이 있는 한국에선 별로 알려져 있지 않은 인물이다. 고프먼이 역설했던 '인상 관리impression management' 개념은 오늘날 현대인의 삶을 이해하는 데에 매우 날카로운 안목을 제공해준다. 그 어느 나라보다 대인관계對人關係가 중요한 한국 사회에서 고프먼은 뒤늦게라도 각광을 받을 만한 가치가 있는 사회학자임이 틀림없다.

우리의 실제 삶에서 우리, 특히 사회적 공인公人들이 펼치는 연극은 진짜 연극보다 훨씬 계산적이거니와 음흉하기까지 하다. 어디까지가 인정할 수 있는 수준의 연기演技고 어디서부터는 인정할 수 없는 연기(위선과 기만)인지, 이에 대한 탐구를 위해서도 고프먼은 다시 불러내야 할 사회학자가 아닐까?

고프먼의 대표작은 1959년에 출간된 『일상생활에서의 자아 표현 The Presentation of Self in Everyday Life』이다.[16] 고프먼은 이 책의 첫 부분에서 사회학자 로버트 파크Robert E. Park, 1864-1944의 말을 다음과 같이 인용하고 있다.

"아마도 사람person이라는 단어가 그 첫 번째의 의미로서 가면mask 이라는 뜻을 지녔음은 결코 단순한 역사적 우연만은 아닐 것이다. 오히려 모든 사람이 언제 어디서나, 그리고 다소 의식적으로 어떤 역할을 수행하고 있다는 사실에 대한 하나의 인식일 것이다.……이러한 역할들 속에서 우리는 서로를 아는 것이며, 우리가 우리 자신을 아는 것도 바로 이러한 역할들 속에서이다."[17]

고프먼은 바로 그러한 '사회적 가면social mask' 연구에 몰두한 인물이었다. 그에게 "커뮤니케이션이란 곧 상황 조작에 의한 인상 관리 impression management 행위"를 의미하는 것이었다.[18] 프로이트의 『꿈의 해석』을 제외한다면, 고프먼만큼 자아에 대해 그렇게 깊이 탐구한 사람이 또 있겠는가라고 평하는 사람도 있다.[19]

그런데 그 '가면'이란 게 뭔가? 우선 아주 쉽게 접근해보자. 야구 심판을 유심히 관찰해보자. 야구 심판은 투수가 던진 공, 특히 스트라이크에 대한 판정을 아주 큰 소리로 그것도 극적인 제스처를 섞어가면서 내려주기 때문에 야구 보는 재미를 더하게 해준다. 그런데 그게 단지 재미를 위해서만 그렇게 하는 걸까?

이 물음에 답하기 전에 투수가 던진 공에 대해 매번 순간적으로 정확한 판단을 내리는 게 쉬운 일이겠는가 하는 걸 생각해볼 필요가 있다. 결코 쉽지 않다. 투수가 시속 150킬로미터의 공을 던지는 경우 투수 플레이트에서 홈 플레이트까지 오는 데 걸리는 시간은 불과 0.35초에 불과하다. 이는 심장이 한 번 박동하는 평균 시간에 해당한다. 타자가 근육을 움직여 방망이를 휘두르는 데 걸리는 시간은 약 0.25초다. 결국 타자의 두뇌는 약 0.1초 사이에 방망이를 휘둘러야 할지 말아야 할지를 결정해야 한다.[20]

사정이 그와 같은바, 심판으로선 어떤 결정을 내려야 할지 주저할 때가 많다. 그러나 그렇게 주저하면 큰일 난다. 판정의 권위가 훼손되기 때문이다. 그런 경우일수록 더욱 큰 소리로 더욱 극적인 제스처를 섞어가면서 판정을 내릴 필요가 있다. 즉, '인상 관리'를 해야 한다는 게 바로 고프먼의 관찰 결과다.[21]

고프먼의 이론을 가장 적극적으로 받아들인 사람들은 바로 마케팅 전문가들이다. 그들은 고프먼의 이론을 서비스 업무는 물론 인간 체험의 상품화 분야에까지 적용시키고 있다. 일부 마케팅 교수들은 서비스와 체험의 마케팅은 근본적으로 연극이라면서 이런 주장을 내놓았다.

"무대 위의 배우가 신빙성 있는 공연을 하기 위해 수없이 많은 요인을 고려해야 하는 것처럼 서비스 분야의 '배우'도 관객에게 감동을 불어넣기 위해서는 세심한 연출을 하지 않으면 안 된다."[22]

노스웨스턴대학, 컬럼비아대학 등과 같은 미국 명문 대학들의 경영대학원 최고경영자 과정에선 연기 원리를 가르치고 있다. 전문 배우와 감독으로 짜인 강사진은 최고경영자들에게 집중적인 역할극 훈련을 시킨다. 그런가 하면 일부 영국 의학자들은 의사들도 환자들을 대할 때마다 의식적으로건 무의식적으로건 연기하는 자세로 임해야 하며, 의과대학 수업에 연기 과목을 포함시켜야 한다고 주장했다.[23]

고프먼이 말한 '인상 관리'는 개인 정체성의 문제와 직결된다. 교수가 학생들에게 보이고 싶어 하는 인상과 자신의 아내에게 보이고 싶어 하는 인상은 전혀 다를 것이다. 상황에 따라 각기 다른 인상을 보여야 할 필요성은 누구에게나 다 해당되는 것이다. 조종혁은 사회인들은 한 상황에서 연기演技를 다른 상황의 청중들에게는 보이려 하지 않으며 사회인들의 연기는 청중 관리의 필요성을 느낀다면서 다음과 같이 말한다.

"그것은 역할 수행의 일관성 유지에 관한 문제이다. 상이한 상황, 상이한 청중들에게 각각 이상적인 연기를 제공하는 것은 자칫 여러 명의 '나', 인상 관리의 비일관성이라는 문제를 야기할 수 있다. 따라서 사회인들은 한 상황에서의 연기를 다른 상황에서의 청중들에게는 보이려 하지 않는다. 행위자가 만약 이러한 인상 관리의 원칙에 실패한다면 그의 사회적 정체성은 혼란을 면치 못할 것이다. 직장과 가정은 동일한 무대 연기의 장이 될 수 없다. 술친구와의 연기가 직장의 상관에 대한 연기와는 같지 않다."[24]

그렇게 하기 위해선 자신의 표현을 통제하는 것이 필요하다. 이런 경우를 생각해보면 쉽게 이해할 수 있을 것이다. "코미디언이 자신의 프로그램이 아닌 상황에서 기자의 인터뷰에 응했을 때 별안간 진지하고 근엄한 표정으로 돌아가는 것은 그 역시 새로운 상황에 직면하여 표현 통제의 원칙을 이탈할 수 없기 때문이다. 부모의 상을 당한 절친한 친구의 집을 방문한 사람이 평소와 마찬가지의 농담이나 음담패설을 시도하는 경우는 드물다."[25]

권위의 유지엔 '인상 관리'가 절대적으로 중요하다. 행여 우습게 보일 일을 해서는 절대로 안 된다. 자신의 권위를 행사해야 할 대상과 먼 거리를 두고 가급적 신비하게 보이는 것이 필요하다. 이는 특히 전문직 종사자에게 필수적이다.

"판사의 권위는 그의 역할 수행(무대 연기) 못지않게 신비화에 기초한다.……법률 용어의 어려움은 일반인들의 의미 공유를 차단함으로써 법정의 신비화(권위)를 강화한다. 환자들이 도저히 알아볼 수 없는 의사들의 글씨는 그들만의 상징 세계, 그들의 권위를 보호한다."[26]

남녀 관계에서 이 가면은 매우 중요한 역할을 한다. 고프먼은 자신의 논지를 전개하기 위해 여대생들의 예를 자주 드는데, 아마도 자신의 이론에서 매우 중요한 위치를 차지하고 있는 이른바 '내숭'이 남자보다는 여자에게 발달되어 있다고 생각한 것 같다.

고프먼은 한 대학 기숙사에서 여학생들의 행태를 관찰했다. 남학생에게서 전화가 오면 사무실에서 복도의 스피커를 통해 학생의 이름을 부른다. 이름이 자주 불리는 게 여학생이 누리는 인기의 척도가 된다. 그래서 여학생들은 자신의 이름이 여러 차례 호명될 때까지 일부러 기다리더라는 것이다.[27]

또 고프먼은 "종종 미국의 대학교 여학생들은 데이트할 만한 남학생 앞에 있을 때, 자신들의 지성과 재능, 결단력 등을 낮추어 보이고자 한다. 그리하여 그들은 모든 사람들한테서 경솔하다는 평을 받는데도 불구하고, 정신수양이 깊은 듯이 자기들을 보여주고자 한다"며 다음과 같이 말한다.

"그들은 자기들이 이미 알고 있는 것들을 남자 친구들이 지겹게 설명할 때 참고 들어주는 공연자들이라는 것이다. 또한 그들은 수학이 서투른 애인들 앞에서는 수학을 더 잘할 수 있음을 숨기기도 하고, 탁구 경기에서는 끝나기 직전에 져주기도 한다. 때때로 긴 단어의 철자를 틀리게 쓰는 것은 가장 멋진 기교 중의 하나이다. 그러면 내 남자 친구는 굉장한 쾌감을 느끼고서 답장을 보내주게 된다. '애, 넌 정말로 철자도 잘 모르는구나!' 이런 모든 것을 통해 남자의 자연스러운 우월성이 과시되어지고 여성의 약한 역할이 확인된다."[28]

텔레비전 예능 프로그램에선 여자들의 이런 내숭이 종종 이야깃거리가 되면서 그걸 까발리는 걸 재미의 포인트로 삼고 있지만, 실제 세계에선 '내숭 까발리기'는 위험한 일일 수 있다. 프라이버시 보호 차원에서 말이다. 사실 고프먼의 이론은 프라이버시 보호의 필요성을 강하게 주장하는 사람들의 논거로 이용되기도 한다. 사생활의 공개를 주장하는 사람들은 사람들이 사회적 활동을 위해 쓰고 있는 가면이 우리의 진정한 자아를 가리고 있다고 주장한다. 이런 주장에 대해 미국 조지워싱턴대학 법학과 교수 제프리 로즌Jeffrey Rosen은 『뉴욕타임스』에 기고한 글에서 고프먼을 인용하며 다음과 같이 말한다.

"교수인 나는 학생들을 대할 때, 농네 세탁소 수인을 대할 때 각각 다른 사회적 가면을 이용한다. 만약 이 가면들을 모두 강제로 벗겨버린다면 남는 것은 진정한 자아가 아니라 방어 능력을 잃어버린 상처 입은 인간일 것이다. 고프먼은 또한 사람들이 무대에 서는 배우들처럼 무대 뒤의 공간을 필요로 한다고 주장했다. 이 공간에서 사람들은 남들 앞에서 쓰고 있던 가면을 벗어버리고 추잡한 농담을 지껄이기도 하면서 사회생활의 불가피한 일부인 긴장을 털어낸다. 그러나 끊임없이 정보가 교환되는 인터넷 경제 속에서 사무직 노동자들은 계속되는 감시 속에서 일을 해야 하는 환경 속으로 점점 더 깊숙이 끌려들어가고 있다."[29]

요컨대, 고프먼은 모든 상황에서 일관되게 나타나는 '인성' 혹은 '정체성'은 존재하지 않으며, 인간에게 '자아'라는 게 있다면, 그것은 사람들이 다양한 사회 상황에서 역할 연기를 하는 다양한 모습의 조합된 성격ensemble character에 지나지 않는다고 주장하는 것이다.[30] 이처럼 자아를 각 상황에서 단지 투사된 이미지로서 그리고 신기루와 같은 것으로서 파악하는 고프먼의 견해는 극단적이고 상황적인 것으로서 지나치게 과장된 것이라는 비판을 받기도 하지만,[31] 우리가 프라이버시를 보호해야 할 또 다른 이유라고 하는 점에서 주목할 만한 것임엔 틀림없다 하겠다.

28

왜
페이스북의 투명성은 위험한가?

단일 정체성

SNS는 사회적 가면을 벗기는 기회를 제공함으로써 '상처 입은 인간'을 만들어내기도 한다. 그럼에도 세계 최대의 SNS인 페이스북Facebook을 만든 마크 저커버그Mark Zuckerberg, 1984- 는 아예 '투명성transparency'을 외쳐대고 있다. 이번엔 앞서 논의한 '사회적 가면'을 저커버그의 관점이라는 다른 방향에서 살펴보기로 하자.

저커버그는 2009년 『포천』 기자 데이비드 커크패트릭David Kirkpatrick과의 인터뷰에서 "여러분은 단 하나의 정체성을 가집니다You have one identity"라면서 이렇게 말했다. "여러분이 직장 동료들과 지인들에게 각기 다른 이미지로 기억되는 시대는 아마도 빠른 시간 내에 종료될 것입니다.……여러분 자신에 대해 이중적인 정체성을 지니는

것은 온전한 자기 자신을 보여주지 못한다는 것을 뜻합니다."[32]

저커버그는 커크패트릭과의 인터뷰에서 "사람들은 단 하나의 정체성을 가집니다"는 말을 3분 동안 3번이나 강조하며 반복했다고 한다. 페이스북 초기에 성인 가입자에게 2가지 프로필, 즉 업무용과 여가용 프로필 생성을 허용해야 한다는 목소리가 높았지만, 저커버그는 바로 이와 같은 논리로 반대했다.[33]

이와 관련, 사생활 정보를 입력하지 않게 되어 있는 비즈니스형 SNS인 링크드인LinkedIn의 창업자 리드 호프먼Reid Hoffman, 1967-은 이렇게 말한다. "주커버그는 사회생활과 직업생활이 구분된다고 믿지 않습니다. 그건 고전적인 대학생의 시각이죠. 나이가 들면서 배우는 것들 중 하나가 이런 다양한 관계들을 갖게 되는 건데 말이죠."[34]

단지 어린 나이 때문일까? 페이스북엔 저커버그와 그 일행들의 풍요롭고 안락한 계급적 배경이 전제되어 있다는 시각도 있다. 그 어떤 면에서건 자신의 정체성을 공개적으로 드러내는 것으로 인한 불이익이나 취약성을 느껴 보지 못한 젊은 세대의 자신감이 페이스북에 그대로 반영되어 있다는 것이다.[35]

서울과학기술대 교수 백욱인은 "누가 네게 우리를 하나로 만들어 달라고 했는가?"라고 물으면서 저커버그의 단일 정체성론에 대해 이렇게 말한다. "페이스북이 제공하는 개별화된 정체성은 당신이 아니다. 그렇게 밖으로 드러나는 투명한 당신은 이미 당신이 아닌 것이다. 자기 관리와 연기로 만들어진 자아는 페이스북의 프로파일링에나 적합한 것이다. 그것은 'I'와 'me'를 구분하지 못하고 아침의 나와 저녁의 나를 알아보지 못하며 아버지인 나와 자식인 나를 통합하지 못한다. 우리가 이러한 개별화에 매몰될 때, 그때가 인간의 얼굴이 세상에서 사라지는 종말의 시대일 것이다."[36]

저커버그의 단일 정체성론이 널리 받아들여진다면, 여자의 내숭도 종언을 고하게 될까? 그러나 그런 일은 결코 일어나지 않을 가능성이 높다. 내숭 없는 여성을 좋아할 남성이 얼마나 되겠는가? 그러나 공적 분야에서 페이스북이 외치는 투명성은 여전히 예찬 받는 덕목으로 통용되고 있기에 이에 대해서도 생각해볼 필요가 있다.

독일 베를린 예술대학 교수 한병철은 『투명사회』(2014)에서 "우리는 '투명사회'라는 감옥에 산다. 모든 게 투명하게 보여야 한다는 강요 밑에 서로 감시하면서 사회는 획일화된다. 다른 생각을 하기 어려워지는 것이다"며 '투명성'은 순응을 강압하는 이데올로기라고 주장한다.[37] 3가지 주장을 음미해보자.

(1) "모든 것이 즉각 공개된다면, 정치는 불가피하게 호흡이 짧아지고 즉흥적 성격을 띠게 된다. 정치는 잡담처럼 얄팍해진다. 전면적인 투명성은 정치적 커뮤니케이션에 일정한 시간의 굴레를 씌우는데, 그 속에서 천천히 장기적으로 계획을 세우는 것은 불가능하다. 미래 지향적 비전은 점점 더 희소해진다. 천천히 무르익어야 하는 것들에 대한 배려는 점점 더 줄어든다."[38]

(2) "투명성은 속이 들여다보이는 유리 인간을 만들어낸다. 여기에 투명성의 폭력이 있다. 무제한의 자유와 무제한의 커뮤니케이션은 전면적 통제와 감시로 돌변한다. 소셜 미디어 또한 점점 더 사회적인 삶을 감시하고 착취하는 디지털 파놉티콘에 가까워진다."[39]

(3) "신뢰 위에 세워진 사회에서는 투명성에 대한 집요한 요구가

생겨나지 않는다. 투명사회는 불신과 의심의 사회, 신뢰가 줄어들기에 통제에 기대려는 사회다. 투명성을 요구하는 목소리가 높아진 것은 사회의 도덕적 기반이 취약해졌다는 것, 진실성이나 정직성과 같은 도덕적 가치가 점점 더 의미를 잃어가고 있다는 것을 증명한다. 도덕적 심금이 허물어지면서 그 자리를 투명성이라는 새로운 사회적 명령이 대신한다."[40]

한병철의 주장은 공적 분야의 투명성이 비교적 이루어진 독일에선 어느 정도 설득력을 갖겠지만, 불투명성이 투명성을 압도하는 한국에선 너무 성급한 감이 없지 않다. 그럼에도 투명성을 절대적 가치로 예찬하는 건 다시 생각해볼 점이 있다는 점에서 그의 경고는 소중한 의미를 갖는다고 볼 수 있겠다.

특히 사회적 가면에 대해 투명성을 요구하는 건 앞서 살펴본 바와 같이 위험할 수도 있다. 정작 중요한 것은 단일 정체성을 갖느냐가 아니라, 상황에 따라 바꿔 쓰는 사회적 가면의 존재에 대한 의식이 아닐까? 이와 관련, 카를 융Carl Gustav Jung, 1875-1961은 "정신적으로 건강한 사람은 자기가 가면을 쓴 채 연기를 하고 있다는 사실을 잘 알고 있지만, 정신적으로 건강하지 못한 사람은 자기가 연기하고 있는 사람이 곧 자기 자신이라고 생각한다"고 말한다.[41]

사실 우리 주변에 그런 사람들이 의외로 많다. 자신이 맡은 직책에 의해 갖게 된 권력을 행사하면서 인상 관리의 수준을 넘어 내면의 세계까지 권력화되어 오만방자해지는 사람들이 바로 그런 경우다. 이와 관련, 이명수는 "인간이 사회적 동물이라는 말은 여러 가지 가면(페르소나)을 바꿔 쓰며 살아간다는 의미다. 회사에선 부사장이지만 아버지·동생이기도 하고 누구와의 관계에선 친구다. 상황에 따라 적절하게 사회적 가면을 바꿔 써야 마땅하다"며 다음과 같이 말한다.

"자신의 여러 가면 중 어느 한 가면과 지나치게 자기를 동일시하다 보면 반드시 문제가 생긴다. 그런데 우리 사회에선 일과 관련된 역할 가면이 압도적 우위를 점하는 경우가 많다. 검사가 부부관계에서도 검사 행세를 하고 회장이 친구 모임에서도 회장 대접을 받으려 하고 사단장이 집에서도 사단장으로 군림하려 하면 삼류 코미디가 되는데 현실세계에선 그런 일들이 다반사다. 비극적 코미디다."[42]

같은 맥락에서 인상 관리와 관련해 자주 거론되는 것이 바로 공사公私의 구분이다. 소설가 밀란 쿤데라Milan Kundera가 "공적 생활과 개인 생활이 같은 사람은 괴물이다. 사적인 생활에서는 자발성이 결여되고, 공적인 생활에서는 책임감이 결여된 사람이다"고 했듯이,[43] 우리는 공적 생활과 개인 생활을 구분하는 인상 관리를 하면서 살아가고 있다.

많은 사람이 공적 자아는 사적 자아와 달리 위선적이라고 생각하지만, 이에 대한 반론도 만만치 않다. 정신의학자 아널드 루트비히Arnold Ludwig는 "각기 다른 자아는 경험하는 당사자에겐 진실이며 타인에게는 본성의 발현과 같다. 거짓된 자아와 진정한 자아의 구분은 가치 판단에 불과하다"고 일축한다. 고대 그리스인은 사생활보다 공적인 생활에서 진정한 자아를 드러냈다고 하는데, 이게 단지 옛날이야기일 뿐이라고 볼 수는 없다는 주장도 있다.[44]

열악한 조건에서 극심한 '감정노동'으로 인해 발생하는 여러 사회적 가면들 사이의 불일치나 충돌도 심각한 문제다. 심리 치유 전문

기업 마인드프리즘에서 실시하는 '직장인 마음건강 캠페인'은 '사회적 가면 속 내 마음 들여다보기'를 시도하는데, 마인드프리즘 쪽은 "학부모, 학교 관리자, 학생 사이에서 다양한 역할을 요구받으면서 상처를 받는 교사들이 많다"며 "지금 시대 교사들은 감정노동자 가운데 한 사람이다"라고 했다.

2013년 12월 이 캠페인에 참여한 어느 교사는 "학교나 사회가 요구하는 교사의 역할이 너무 많다. 부모·상담전문가·학원 유명강사·경찰·진학전문가 등 모든 영역을 다 요구한다"고 했다. "어느 한 가면 역할에만 충실하게 되는 순간, 균형이 깨집니다. 운용의 묘를 살려야 하는데 저는 그럴 만한 능력도 없고, 그렇게 살 수도 없다는 생각이 드네요." 또 다른 교사는 "학교 안에서 일종의 감정노동을 하고, 각종 잡무를 처리한 뒤 집에 와서는 다른 얼굴을 하는 자신을 보게 될 때 무섭다"고 했다.[45]

정반대의 경우도 있다. 직장에서 권위를 행사하는 역할만 맡던 사람이 집에 돌아와서 전혀 다른 가면을 쓸 수 있을까? 미국의 스트레스 전문 의학자인 존 카밧진Jon Kabat-Zinn은 이를 '성공 스트레스'로 부르면서 다음과 같이 말한다.

"명령하고 지시하고 사람들과 기관의 정책에 영향을 미치는 권위의 역할로부터, 권위와 관계가 없는 보통 사람들의 자리인 아버지나 어머니 혹은 남편과 아내의 위치로 옮겨가기는 쉽지 않다. 당신의 가족은 당신이 했었던 백만 불짜리 결정이나 당신의 사회적 중요성이나 영향력에 크게 감명 받지 않을 것이다."[46]

독일의 상담 치료사인 야야 헤릅스트Jaya Herbst는 『피해의식의 심리학』(2002)에서 "사회적 가면을 통해, 즉 이상적인 자아를 통해 자신의 감정을 표현할수록 우리는 더욱더 감정의 지배를 받는다. 왜냐하면 방어기제를 이용해 우리의 감정들을 일그러뜨림으로써 본래의 모습을 알아볼 수 없게 만들었기 때문이다"고 말한다.[47]

사회적 가면과 투명성 사이의 갈등에 그 어떤 명확한 답이 있을 것 같진 않다. 그 어느 쪽이건 지나치면 문제가 된다는 점에서 과유불급過猶不及이 답이면 답이라고 할 수 있겠다. 단일 정체성을 내세우는 페이스북의 투명성은 위험하긴 하지만, 시장 논리에 따라 조정과 변화를 거듭할 가능성이 높다고 보아야 할 것이다.

29

왜 '기억'을
둘러싼 논란이 뜨거운가?

가짜 기억 증후군

노인에 대한 자식들의 불만 중의 하나는 부모님이 모든 걸 기억에만 의존하려 한다는 것이다. 아닌 게 아니라 글을 모르는 양반도 아닌데 중요한 건 조금만 메모해두어도 좋으련만 메모를 한사코 거부하고 자주 자신의 '기억과의 씨름'에 매달리곤 하는 노인들이 있다. 그 씨름을 하면서 자식에게 자신의 기억에 대한 검증 자문을 자주 요청하니 자식은 그때마다 짜증을 내는 것이다.

일부 노인들의 '기억력 숭배'의 기원은 소크라테스Socrates, B.C.469-B.C.399의 시대로 거슬러 올라간다. 소크라테스는 '기억력 저하'를 이유로 문자 사용에 반대했다. 플라톤Platon, B.C.427-B.C.347도 그 뒤를 따랐다. 플라톤은 문자가 대화 문화를 위태롭게 만들고 사람들의 기억력을 감퇴시킬 것이라며 "일단 글로 적은 말은 무작위로 곳곳을 떠돌아다닌다. 그 말을 이해하는 사람이든 전혀 관계가 없는 사람이든 구별 않고 아무렇게나 떠돌아다닌다"고 우려했다. 이에 대해 독일 철학자 위르겐 아우구스트 알트Jürgen August Alt는 다음과 같이 말한다.

"대철학자답게 정곡을 찌르는 말이다. 문자로 기록된 사상들은 비교적 자율적인 삶을 영위한다. 이리저리 옮겨 다니면서 글을 읽는 사람에 따라 다르게 수용되고 해석된다. 글을 배운 사람이면 누구나 갖가지 사상을 접하고 거부하고 개선하고 왜곡시킬 수 있게 되었다. 문자에 대한 플라톤의 비판을 다소 완화시키려는 선의의 플라톤 연구자들이 있기는 하지만, 나는 플라톤이 통제력을 상실하는 것을 염려해서 그런 비판을 한 것이 아닌가 생각한다. 검열 이론가이기도 했던 이 위대한 철학자에게는 글로 쓴 사상들이 비교적 자유롭게 퍼지는 것이 눈엣가시였을 것이다."[48]

현대에 들어와선 사상가들은 통제력의 오·남용을 저지하기 위해 망각의 위험을 경고하고 나섰다. 조지 산타야나George Santayana, 1863-1952는 과거를 망각하는 자는 그걸 반복하도록 심판받을 것이라고 했다. 허버트 마르쿠제Herbert Marcuse, 1898-1979는 망각이란 복종과 포기를 지속시키는 정신 능력이라고 했다. 그는 "망각은 또한 정의와 자유가 보편화될 경우에 용서해서는 안 되는 것을 용서하는 것이다"며 "시간에 굴복하지 않고 맞서 싸워 진상 그대로 기억을 복원시키는 것은, 해방의 수단으로서 사상의 가장 고귀한 임무 중의 하나다"고 주장했다.[49] 그런 의미에서 독일 신학자 얀 아스만Jan Assmann, 1938-은 "전체주의는 망각과 결탁한다"고 했다.[50]

가짜 기억 증후군

기억은 권력과 통제의 문제와 직결되었으며, 이는 개인 차원에서도 '기억 되살리기'라는 형식의 투쟁으로 나타났다. 이 일엔 지그문트 프로이트Sigmund Freud, 1856-1939가 일조했다. 그는 "무의식적인 인상은 처음 각인된 상태 그대로 보존되기도 하고, 더 발전된 형태로 변형되어 보존되기도 한다. 이론적으로 기억의 초기 상태는 모두 복원될 수 있다"고 주장했다. [51]

프로이트의 이런 주장은 과학소설가와 의학자들에 의해 채택되어 이른바 '억압된 기억repressed memories' 찾기 열풍으로 이어졌다. [52] 미국에선 '억압된 성적 기억'을 되찾아주는 것이 돈이 되는 산업이 되면서 성폭행 상담사와 심리 치료사는 매우 유망한 직업이 되었다. 특히 1990년대 초반 베스트셀러가 된 『치유를 위한 용기』라는 책은 여성 독자들이 어렸을 때 성폭행(근친상간)을 당했다고 믿도록 공공연하게 부추겼고, 그 결과 고소의 홍수 사태가 벌어지는 등 엄청난 부작용을 낳았다. [53]

이런 '기억 전쟁memory war'의 현실에 강한 문제의식을 느낀 미국 심리학자 엘리자베스 로프터스Elizabeth F. Loftus, 1944-는 '기억'에 도전하는 실험을 했다. 1993년에 이루어진 '쇼핑몰에서 길을 잃다' 실험이 바로 그것이다.

피실험자 24명이 모집되었다. 로프터스는 그들의 가족에게서 들은, 실제 있었던 그들의 어린 시절에 관한 추억 3개와 그들이 쇼핑몰에서 길을 잃었다는 가짜 기억 1개를 적은 소책자를 준비해 읽힌 후 피실험자들로 하여금 기억하는 내용을 상세히 적게 했다. 실험 결과 일부 사람들은 가짜 기억을 만들어내더라는 것이 밝혀졌다. 25퍼센트가 쇼핑몰에서 길을 잃었었다며 가짜 기억을 만들어냈다는 것이다.

로프터스는 1996년에 출간한 『우리 기억은 진짜 기억일까?: 거짓 기억과 성추행 의혹의 진실The Myth of Repressed Memory: False Memories and Allegations of Sexual Abuse』에서 다양한 '가짜 기억 증후군false memory syndrome' 사례를 소개했다. '가짜 기억'은 '오 기억', '틀린 기억', '잘못된 기억' 등 다양하게 번역해 쓰이고 있다. 로프터스는 어떤 것을 상상하면 할수록, 세부 내용들을 덧붙여가며 그것을 실제 기억으로 부풀리는 과정을 '상상 팽창imagination inflation'이라고 했다.[54]

로프터스는 수백 회에 걸쳐 목격자의 기억에 도전하는 법정 증언을 했다. "무고한 피고를 손가락으로 가리키는 목격자들은 거짓말쟁이가 아닙니다. 왜냐하면 그들은 그들의 증언이 진실이라고 정말 믿기 때문이죠. 그게 바로 무서운 점이죠. 우리가 안다고 생각하는 것, 우리가 온마음으로 믿는 것이 꼭 진실은 아니라니, 이 얼마나 끔찍한 일인가요."

그러나 피해자들은 로프터스의 증언이 끔찍하다고 주장한다. "나는 '가짜 기억 증후군'이 저 같은 피해자에게 어떤 짓을 하고 있는지 말씀드리고 싶습니다. 그것은 우리를 거짓말쟁이로 만듭니다. 가짜 기억 증후군은 아동 학대보다 훨씬 고상하게 들립니다. 하지만 오늘 밤 여러분이 잠든 사이에도 강간을 당하고 매를 맞는 아이들이 있습니다. 하지만 그 아이들은 아무도 믿어주지 않는다는 이유에서 그런 이야기를 결코 하지 않습니다." 이런 비판에 대해 로프터스는 "'많은' 사람들이 그런 이야기를 믿습니다"라고 반박한다.[55]

로프터스의 법정 증언에 힘입어 많은 범죄 혐의자가 무죄로 풀려났다. 그로 인한 그녀의 시련이 만만치 않았다. 그녀는 법정 증언 한 회당 실비인 수백 달러를 받을 뿐인데도 그녀가 지식을 팔아먹는다는 비난이 끊이질 않았다. 심지어 일부 검사들은 그녀를 '갈보whore'라고 욕하기도 했으며, 온라인에선 사탄의 사주를 받고 있다는 비난 공세에 시달려야 했다. 그녀는 왜 그렇게 심한 욕까지 먹으면서 그런 일을 하는 걸까? 그녀는 자신이 독가스실로 끌려들어갈 유대인의 생명을 돈을 주고 구한 쉰들러의 심정으로 하는 일이라고 밝혔다.[56]

로프터스의 '쇼핑몰에서 길을 잃다' 실험에 대해선 실험 결과를 해석하기 나름이라는 반론이 제기되었다. 정신의학자 주디스 허먼Judith Herman은 "'쇼핑몰에서 길을 잃다'는 깜찍한 실험이었어요. 그것은 로프터스 교수가 우리에게 전달했다고 생각하는 것과 정반대의 것을 이야기해주는 실험이었죠. 로프터스 교수는 사람들의 기억이 신뢰할 만한 것이 아니라고 이야기했다고 스스로 생각하지만 데이터를 보세요. 실험자의 75퍼센트가 이야기를 지어내지 않았어요. 기억은 신뢰할 수 있습니다"라고 말했다.[57]

이에 대해 로프터스는 "저는 그 25퍼센트가 '대단히' 중요한 소수라고 생각합니다. 특히 '쇼핑몰에서 길을 잃다' 실험은 기억 조작률이 50퍼센트 이상으로 나타난 또 다른 가짜 기억 실험의 도약대가 되었어요"라고 말했다.[58]

반면 정신의학자 베셀 반 데르 콜크Bessel van der Kolk는 무슨 기억이냐가 중요하다고 했다. "실험에 참가한 아이가 쇼핑몰에서 길을 잃은 적이 있다고 생각할 수 있음을 그녀가 우리에게 증명해주었는지는 모르지만, 그것이 정신적 충격이 큰 기억에 적용될 수는 없습니다. 그런 기억은 두뇌에서 완전히 다르게 부호화되기 때문입니다."[59]

로프터스의 주장은 더 검증되어야 하겠지만, 우리 인간의 기억이 믿을 만한 게 아니며, "현실과 상상을 구분하는 것은 아주 얇은 막 하나이다"라는 그녀의 진술은 유념할 필요가 있겠다.[60] 인도 사상가 지두 크리슈나무르티Jiddu Krishnamurti, 1895-1986는 새로운 경험을 몰아내고 낡은 기억만을 갖게 되는 걸 막기 위해선 '사실적 기억'과는 다른 '심리적 기억'을 포기해야 한다고 말한다.[61] 백번 옳은 말이지만 쉽지 않은 일이다. '사실'과 '심리'의 분리가 매우 어렵기 때문이다. 바로 그 어려움 때문에 '기억'을 둘러싼 논란이 뜨거운 건지도 모르겠다.

30

왜 '진정성'은
위험할 수 있는가?

진정성

authenticity는 "진정성, 진실성, 진본성"이란 뜻이다. 'authentikos
(진짜)'라는 그리스어에서 유래된 단어로, 가짜들이 많은 곳에서 '진
짜'는 '원본' 혹은 '독창성'을 의미했다. 독창성이 담긴 원본을 만들어
내는 이들이 '작가author'라고 불린 것은 이 때문이며, 따라서 이들의
작품은 '권위를 가진authoritative' 것이 된다.[62]

영어의 authenticity를 번역한 '진정성'이란 말이 많이 쓰이고 있
지만, 국립국어원에서 발간한 『국어대사전』에 올라 있지 않다. 이와
관련, 고려대 명예교수 황현산은 "이 낱말은 처음 외국어 사전 편찬자
들이 서양말 'authenticity'를 대응할 한국어를 찾다가 만들어낸 말이
다. 서구어는 어떤 말이나 행위 절차가 공식적 권위를 지녔다거나 말

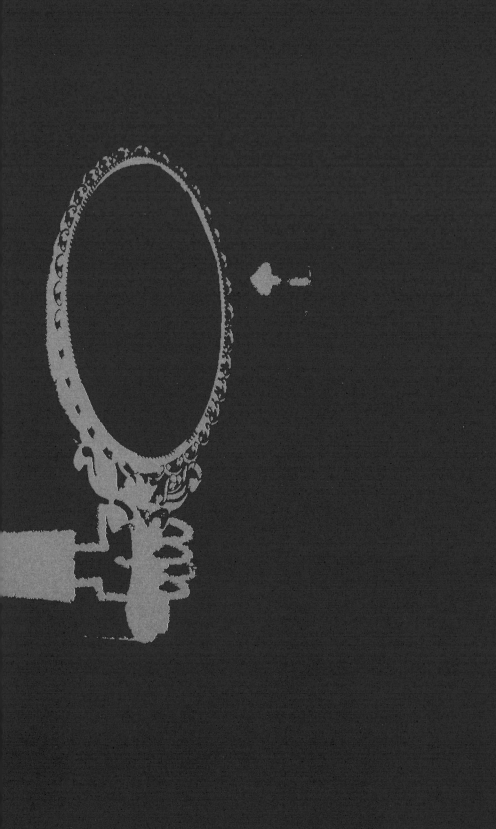

이 사실과 어긋나지 않는다는 뜻을 지니지만, 문서가 위조된 것이 아니라거나 골동품이 진품이라고 말할 때도 사용된다"며 다음과 같이 말한다.

"'진정성'을 외국어사전에서 해방한 것은 1980년대의 운동권으로, 그때 이 말은 담론의 진실성과 효력을 뜻했다. 한자로는 물론 '眞正性'이다. 그러나 이 말을 유행시킨 것은 1990년대의 문학비평이다. 문학에서 말은, 특히 시의 말은 그 한마디 한마디가 감정의 크고 작은 굴곡과 일치하는 것으로 여겨질 때 특별한 효과를 거둔다는 것이 이 '진정성'의 이데올로기이다. 아마도 이 낱말을 표제어로 올려놓은 유일한 사전일 '고려대 한국어사전'이 그 한자를 '眞情性'이라고 쓴 것도 이 맥락과 무관하지 않을 것이다."[63]

진정성은 리더십의 필수 덕목으로 자주 거론되고 있지만, 문제는 그것이 늘 다른 사람들에 의해 평가된다는 점이다. 따라서 중요한 건 말이 아니라 태도나 행동이다. 이와 관련, 『진정성Authenticity』의 저자인 조지프 파인Joseph Pine은 2004년 TED 강연에서 진정성을 위한 3가지 원칙에 대해 다음과 같이 말했다.

"첫째, 진짜 진정하지 않다면 당신이 진정성 있다고 말하지 마라. 둘째, 당신이 진정하다고 말하지 않는다면, 진정하게 되는 것은 쉽다. 셋째, 당신이 진정하다고 말했다면, 당신은 정말로 진정성이 있어야 한다Don't say you're authentic, unless you really authentic. It is easier to be authentic, if you don't say you're authentic. If you say you're authentic, you better be authentic."[64]

같은 맥락에서, 2005년 『하버드 비즈니스 리뷰Harvard Business Review』에 실린 「경영의 진정성: 위대한 리더십의 패러독스Managing

Authenticity: The Paradox of Great Leadership」라는 글은 다음과 같이 말한다.

"진정성은 다른 사람들이 당신에게 부여하는 특성이다. 어떤 리더도 거울을 보며 '나는 진정성이 있다'고 말하지 않는다. 사람은 자기 자신이 진정성을 확보할 수 없다. 진정성이라는 것은 대부분 다른 사람들이 당신을 보면서 정의한다. 그렇지만 당신이 이것을 상당 부분 제어할 수 있다는 것이 중요하다."[65]

문제는 제어의 정도나 수준이다. 필 로젠츠바이크Phil Rosenzweig는 "만약 리더가 다른 사람들에게 객관적으로 보장된 것보다 지나친 수준의 자신감을 불어넣는다면, 그것은 진정한 행동일까 조작된 행동일까? 진정성은 언제 조작성inauthenticity에게 자리를 양보해야 할까?"라는 질문을 던진다.

"이런 난국에서 벗어나려면, 진정성과 성실성sincerity의 차이를 구별하는 게 도움이 될 것이다. 대개 진정성은 우리 내면의 자아에 따라 행동하는 것을 의미한다. 자신이 진정으로 느끼는 대로 표현할 경우 우리는 진정한 것이다. 성실성은 우리 역할의 요구에 따라 행동하는 것과 관련이 있다. 다시 말해 자신의 의무를 다하고 책임을 완수한다면 우리는 성실한 것이다."

이어 로젠츠바이크는 "우리는 투명성·정직성·진정성 같은 낱말을 좋아하지만, 리더의 궁극적인 책임은 사람들을 결속해 목표를 성취하는 것이라는 점을 기억하자"며 다음과 같이 말한다.

"리더는 자기 내면의 믿음에 솔직하고, 언제나 개방적이며, 정직함을 유지하는 것보다 훨씬 더 많은 자질을 요구한다. 더 높은 목적을 달성하는 데 성실해야 한다는 의미이며, 필요하다면 완전한 투명성을 유보해야 할 것이다. 이는 진정성에 어울리는 관점은 아니다. 조직이라는 환경 속에서 이런 관점은 대부분의 의사결정 연구에 등장하지도 않는다. 기존의 연구는 개인의 선택과 판단 방식에 초점을 맞추는 경향이 있다. 그러나 리더의 결정에 대해 고찰할 경우 복잡한 상황은 항상 벌어지게 마련이다."[66]

다른 분야에서도 진정성은 예찬의 대상이 되고 있지만, 하버드대학 사회학자 올랜도 패터슨Orlando Patterson은 그 위험성을 이렇게 지적한다. "진정성이 자기 자신을 보는 방식과 자신의 관계를 보는 방식을 지배하고 있는데, 해로운 결과를 초래하고 있습니다. 민감한 사람들 안에서는 이미 의심이 싹트고 있고 이로 인해 불신이 조장되고 있습니다. 조직 내부에서는 조직과 진정으로 하나가 되고 싶은 마음을 전하고자 끊임없이 탐색하는 과정 속에서 이로 인해 집단사고groupthink가 강화됩니다. 그리고 조직 내부에서 동질감을 바탕으로 하는 경영의 은밀한 원천이 되고 있습니다."

패터슨은 사람들이 무슨 생각을 갖고 있느냐의 문제는 사람들이 어떻게 행동하느냐의 문제보다 덜 중요하다고 말한다. "나는 이웃과 직장 동료들이 진정한 성차별주의자인지, 노인차별주의자인지 신경 쓰지 않습니다. 중요한 것은 그들이 정중하고 사회성 있으며 성실한가 하는 점입니다. 성실성의 기준은 명확합니다. 그들이 약속을 지킬 것인가? 우리가 암묵적으로 타결한 합의를 그들이 존중할 것인가? 그들의 따뜻한 표현이 의도적인 선의에서 나오는 것인가?"[67]

영국 저널리스트 올리버 버크먼Oliver Burkeman은 진정성을 강조하는 자기 계발서들이 있는 그대로의 모습을 보여주라고 조언하는 것에 대해 이의를 제기한다. 그는 "우리는 나다운 것, 즉 우리의 모습에 대해 '실제로' 알지 못한다"며 다음과 같이 말한다.

"혹시 자신이 어떤 사람인지 안다 하더라도, 그 내면의 상태를 그대로 행동에 옮기는 것은 불가능하다. 내면 상태를 행동으로 보여주려는 노력 자체가 인위적일 수 있으므로 그것이 자신의 모습을 있는 그대로 보여주는 것이라고는 말할 수 없다.……자신의 모습을 있는 그대로 보여주라는 조언의 가장 큰 문제는 '우리 자신의 모습'이 고정되어 있다는 가정을 따르고 있다는 것이다. 다시 말해서 인격은 고정되어 전혀 변함이 없고, 바로 그 모습을 있는 그대로 솔직하게 드러내면 친구, 연인, 직장 상사가 크게 감탄할 것이라고 믿는다는 것이다. 물론 인격 중 일부는 아무리 단련한다 하더라도 바뀌지 않는다는 사실이 심리학 연구 결과 밝혀진 바 있다."[68]

오늘날엔 '진정성'의 인기가 너무 높다보니 오·남용이 매우 심하다. 경제 분야에선 '진정성 마케팅'이 유행하고 있는데, 이는 소비자들에게 진정성을 인정받아야 한다는 것이다.[69] 데이비드 보일David Boyle은 『진정성: 브랜드, 가짜, 정보조작과 실제 삶에 대한 욕망Authenticity: Brands, Fakes, Spin and the Lust for Real Life』(2006)에서 가짜와 정보조작으로 인해 실재에 대한 갈망이 생겨났다고 주장하지만,[70] 그 갈망은 주로 소비 영역에서 발생하는 것 같다. 제임스 길모어James H. Gilmore는 『진정성: 소비자가 진정 원하는 것Authenticity: What Consumers Really Want』(2007)이라는 책에서 "오늘날의 소비자들은 브랜드를 보면 곧 그것이 가짜인지 진짜인지 구별할 수 있다"고 주장한다.[71]

소비의 영역에서야 그게 별 문제가 안 될 수도 있겠지만, 정치 영역에서 그런 진정성 타령을 하면 문제가 있을 것 같다. 2011년 이집트 혁명 이후 이집트에 들어선 신생 정당의 이름이 '진정성 당'이라는 게 흥미롭다. 영어로 표기하면, Authenticity Party다. 이 정당은 극보수 이슬람 정당(의석은 498석 가운데 3석)인지라 이들이 말하는 진정성이 영 심상치 않게 들린다.[72]

한국 정치에서도 '진정성'이라는 단어가 위선과 기만의 도구로 전락했다는 주장도 있다. 『오늘의 교육』 편집위원 이계삼은 대체로 '진정성'이라는 단어는 뜻대로 하고 싶은데 잘 안 될 때, 실제로는 강자이지만 겸손하고 약한 척을 해야 할 때 등장한다"고 말한다.[73] 아닌 게 아니라 '진정성'은 자기들만의 자폐적인 세계에 들어가는 문은 닫아놓은 채 왜 자기들의 선의와 진심을 몰라주느냐고 호통을 치는 도구로 전락했다고 해도 과언이 아니다. 그렇게 진정성을 오·남용하는 것보다는 차라리 큰 욕심 부리지 말고 '성실성'의 원칙에 충실한 게 낫지 않을까?

제 7 장

자기계발
과
조직

왜 '노드스트롬'과 '자포스' 직원에겐 매뉴얼이 없을까?

임파워먼트

어느 커피 전문점에서 실제로 일어났던 이야기다. 손님의 수는 다섯 명. 한 사람은 커피를 이미 마셨다며 안 마시겠다고 했다. 그런데 주문을 받는 직원이 인원수에 맞게 시켜야 한다고 주장하는 게 아닌가. 손님이 "커피 네 잔을 시키면 안 되냐? 나가야 하느냐?"고 물었더니 담담하되 단호한 목소리로 '그렇다'는 답이 돌아왔다. 그들의 단골 가게인데다 매장은 텅텅 비어 있었는데도, 그녀의 태도는 까칠했고 눈빛은 완강했다.

"어, 커피 값 아끼려고 그러는 게 아닌데……." 손님들은 모두 그녀의 쌀쌀맞은 태도에 불쾌감을 느끼는 게 역력했다. 커피를 사기로 한 사람이 주변의 반대를 뿌리치고 그냥 다섯 잔을 주문했다. 그렇게 함으로써 알바인 게 분명한 젊은 그녀와 벌어질 수도 있었던 갈등을 평화롭게 마무리 지은 셈이다. 그러나 이후 그들은 다신 그 가게를 찾지 않았을 뿐만 아니라 그 가게에 대해 부정적인 입소문마저 내고 다녔다. 그 가게는 커피 한 잔 더 팔려다가 미래의 수백, 수천 잔 판매 기회를 놓친 셈이다.

무엇이 문제였을까? 그녀는 주인에게서 받은 알바 교육을 그대로 실천하려고 한 모범생이다. 다만 고지식한 게 문제였다. 물론 고지식한 직원이 있을 수 있다는 생각을 미처 하지 못한 채 근무 매뉴얼을 너무 단순하게 제시한 주인도 문제다. 일부 선진적인 기업들은 상사의 지시에만 잘 따르는 고지식한 직원이 영업에 도움이 되지 않는다는 걸 알고, 직원에게 상황 판단을 할 수 있는 재량권을 주려고 애를 쓴다. 업무에 대한 적극성과 창의성도 그런 재량권이 있을 때에 발휘된다는 게 기업들의 생각이다.

예컨대, 노드스트롬Nordstrom 백화점 직원들에겐 복잡한 매뉴얼이 없으며 자신의 판단으로 무엇이든 교환하거나 환불해줄 수 있고, 한 달에 200달러 한도 내에서 고객에게 친절을 베풀기 위한 것이라면 뭐든지 할 수 있는 권한도 있다.[1] 리츠칼튼Ritz Carlton 호텔 직원들도 고객의 불편을 감지하는 즉시 문제해결을 위해 아무 과정도 거치지 않고 바로 그 자리에서 스스로 판단해 최고 2,000달러를 지출할 권한을 갖고 있다.[2]

또 미국의 인터넷 신발 판매업체인 자포스Zappos에는 콜센터나 고객센터라는 명칭 대신 '콘택트센터Contact Center'라 부르는 부서가 있는데, 이 부서에서 일하는 직원들에게도 매뉴얼이 없다. 고객을 대하는 직원이 인간 대 인간으로 고객과 마주하며, 사람과 상황에 따라 서비스의 내용이 달라지기 때문이라는 이유에서다. 그래서 자포스는 어느 고객의 전화를 무려 8시간 동안 받아준 기록을 세우기도 했으며, 이는 널리 알려져 자포스의 인기를 높이는 데에 크게 기여했다.[3]

이렇듯 직원들에게 재량권을 주는 걸 가리켜 '임파워먼트 empowerment'라고 한다. 우리말로 번역하자면, "힘 실어주기, 권리 강화, 권한 위임, 권한 위양"이라고 할 수 있겠다. 자기 자신의 판단에 의해 행동을 취하거나 통제를 할 수 있게 만들어주는 것으로, 정치·경제·사회·문화·교육·기업경영 등 다양한 분야에서 쓰이는 개념이다. 최근 열풍이라고 해도 좋을 정도로 널리 쓰이는 단어다. 특히 경영 혁신을 다룬 웬만한 책엔 빠지지 않고 등장한다.

미국 노스웨스턴대학 마케팅 교수 필립 코틀러Philip Kotler, 1931-는 『마켓 3.0: 모든 것을 바꾸어놓을 새로운 시장의 도래』(2010)에서 다음과 같은 중국 속담이야말로 임파워먼트의 핵심을 잘 설명해준다고 말한다. "내게 말해보라. 그러면 잊어버릴 것이다. 내게 보여주라. 그러면 기억할지도 모른다. 나를 참여시켜라. 그러면 이해할 것이다."[4]

하버드 경영대학 교수 존 코터 John P. Kotter, 1947-는 "변화 속도가 점점 더 빨라지고 있는 세상에서 사람들의 권한을 넓혀줌으로써 그들을 더욱 강하게 만드는 것은 매우 중요한 과업"이라며 "용기를 잃고 모든 권한을 빼앗긴 직원들은 무한경쟁의 경제 환경 속에서 자기 회사를 절대로 승리자로 만들 수 없다"고 말한다.[5] 리더십 전문가 워런 베니스Warren G. Bennis, 1925-는 임파워먼트가 있는 곳에서 작업이 훨씬 더 자극적이고 흥미롭고 재미있다며 임파워먼트를 리더십의 필수 요소로 간주한다.[6] 자기계발 전문가 스티븐 코비Stephen R. Covey, 1932-2012는 임파워먼트는 외부에서 가져와 설치할 수 있는 게 아니라 내부에서 싹터 자라나는 것이라며, 경영자들에게 "임파워먼트의 조건들을 배양하라"고 권한다.[7]

그러나 임파워먼트의 위선적·사기적 용도에 분통을 터뜨리는 사람도 많다. 유행 따라 시늉만 내는 것일 뿐 실제로 일어나는 건 진정한 의미의 임파워먼트와는 거리가 멀다는 것이다. 또 임파워먼트가 직원들에게 실제로 의미 있는 권한을 주는 대신 더 많은 일을 하게 만들기 위한 속임수라는 비판도 있다.[8] 이와 관련, 상사나 부하 개념이 없는 수평적인 조직으로 유명한 미국의 혁신기업 '고어W. L. Gore & Associates'의 CEO 테리 켈리Terri Kelly는 다음과 같이 말한다.

"정말 조직 구성원들에게 권한을 넘겨줄 용의가 있는지 묻고 싶어요. 말로는 직원들을 믿는다고 하면서 어깨너머로 그들을 계속 감시하고, 그들이 해야 할 결정을 대신 해준다면 직원들의 반응은 회의적일 수밖에 없겠죠. 많은 리더에게 고어 같은 새로운 리더십 모델은 심지어 두렵기까지 할 겁니다. 통제권을 상실한다는 느낌이 들 수 있어요. 만약 새 핵심 가치를 리더와 조직 전체가 공유하지 못한다면 고어의 시스템만 접목해봤자 소용이 없을 겁니다."[9]

정치와 행정도 다를 게 없다. 대통령이 혁신과 창조경제를 진정 원한다면 관련 부처에 확실한 권한 위양을 해야 함에도, 현실은 정반대로 가고 있다는 비판의 목소리가 높다. 부처의 국장·실장은 물론 핵심 과장까지 청와대가 인사를 직접 하기 때문에 문제가 많다는 것이다. 2014년 7월 초 21개 중앙 부처의 국장급 이상 자리 51곳이 비

임파워먼트

어 있었으며, 이 중 43곳은 한 달 넘게 공석空席이었다. 이와 관련, 『조선일보』는 「인사권 청와대에 뺏긴 장관들이 무슨 일 할 수 있겠나」라는 사설에서 다음과 같이 말했다.

"공무원 인사 공백·적체의 근본적인 원인은 청와대가 장관들을 제치고 부처 국·과장 인사에서 사실상의 결정권을 행사하고 있기 때문이다.……장관이 올린 인사안이 청와대에서 퇴짜 맞는 일도 심심치 않게 벌어진다고 한다. 청와대가 각 부처 간부 인사를 틀어쥐게 되면서 정치권의 끗발 있다는 사람들이 자기와 연줄 있는 공무원들을 요직에 앉히는 일도 생겨나고 있다. 이런 일이 되풀이되다 보면 장관들이 신명나게 일할 기분이 나지 않을 것이다. 공무원들도 인사권 없는 껍데기 장관의 지시를 귀담아들으려 하지도 않을 것이다."[10]

임파워먼트를 위선적·사기적 용도로 써먹는 것 못지않게 임파워먼트를 겁내거나 두려워하는 것도 문제다. 그건 일을 실제로 수행하는 사람들의 판단력과 역량에 대한 불신에서 비롯되는 것이기 때문이다. 임파워먼트를 하기는커녕 오히려 정반대로 '디스임파워먼트 disempowerment(무력화, 권한 박탈)'를 일삼으면서 무슨 혁신과 진보를 기대할 수 있을까?

32

왜 "준비를 갖추지 말고
일단 시작하라"고 하는가?

미루는 버릇

"미루는 습관은 지구상에 인류가 등장한 이래로 계속 있었다. 원시사회에서 수확을 미루는 것은 굶어죽음을 의미했기 때문에 일을 미룬다는 것은 상상조차 할 수 없었다. 기원전 8세기경 그리스의 시인 헤시오도스는 미루는 습관을 죄악이나 나태와 동일시했다. 하지만 산업화 시대로 접어들면서 기계 덕분에 일손을 덜게 되자 사람들은 본격적으로 일을 미루기 시작했다. 테크놀로지 시대인 오늘날 미루는 습관은 최고의 전성기를 누리고 있다."[11]

제프리 콤Jeffrey Combs이 『굿바이 미루기The Procrastination Cure』(2011)에서 한 말이다. 영어 procrastination은 '앞으로'를 뜻하는 라틴어 접두사 'pro'와, '내일'을 뜻하는 'crastinus'가 결합된 단어로 "지연,

지체, 미루는 버릇"을 뜻한다. "Never put off till tomorrow what can be done today(오늘 할 수 있는 일을 내일로 미루지 마라)"는 속담이 있는데, 이 말을 압축해 표현한 고대 로마어 procrastinatio에서 비롯된 말이다.[12]

"나는 일을 미루는 습관을 버리기로 했다. 하지만 계속 미루느라 그 결심을 실천에 옮기지 못하고 있다."[13] 농담이지만, 누구나 한 번쯤은 겪어본 일이 아닐까. 그래서 미루는 버릇은 자기계발과 관련된 심리학의 주요 이슈다. 『사이언티픽 아메리칸 마인드Scientific American Mind』 2008년 12월호는 미루는 버릇을 커버스토리로 다루면서 심리적 요인을 3가지로 분석했다.

"첫째, 회피 심리다. 어떤 일을 처리할 때 마음이 편안하지 못하기 때문에 이를 회피하고 싶어 질질 끌게 된다는 것이다. 둘째, 우유부단한 성격이다. 가령 아내의 생일에 어떤 선물을 해야 할지 궁리만 하다가 때를 놓치고 마는 경우이다. 셋째, 도발적인 심리이다. 일부러 최종기한에 임박하여 시간에 쫓기면서 일을 처리하는 사람들은 몰입하는 경험을 즐길 수 있다고 주장하지만 결국 제때 일을 처리하지 못하기 십상이다."[14]

그렇다면 어떻게 해야 미루는 버릇에서 벗어날 수 있을까? 미국 심리학자 윌리엄 너스William Knaus는 『심리학, 미루는 습관을 바꾸다 End Procrastination Now!』(2010)에서 미루려는 감정적 충동을 통제하려면 연습과 훈련이 필요하다고 말한다. 그는 "당신이 무엇을 원하는지 질문하라"며 다음과 같이 말한다.

"미루는 습관을 극복하려면 바로 자신부터 파악해야 한다는 점을 기억하라. 직장에서든 일상생활에서든 당신의 미루는 습관이 어떤 이유 때문에 생기는 것인지 생각해보라. 그 미루기는 더 큰 문제의 징후에 불과한 것은 아닐까? 당신이 만족하지 못하는 뭔가에 진짜 이유가 있는 것은 아닐까? 지금, 인생에서 당신이 있는 곳은 어디인지, 당신이 바라는 지향점은 어디인지, 그 지향점에 도달하기 위해 필요한 일은 무엇인지 스스로에게 질문하라. 그것은 다른 무엇보다 중요한 일이다."[15]

미루기 습관에서 벗어날 수 있는 좀더 구체적인 방법은 없을까? 너스는 "지금 당장 눈앞에 놓인 일들을 수행하는 것이 유쾌하고 즐겁지는 않아도, 일단 그것을 미루지 않고 실행했을 때의 혜택이 얼마나 큰지, 그 혜택의 편안함과 즐거움이 오히려 얼마나 큰지를 자꾸 기억하는 것"이라고 말한다. 정신과 전문의인 M. 스콧 펙M. Scott Peck도 "즐겁지 않은 일 먼저 하기가 인생에서 자신이 원하는 최고의 것을 성취할 수 있는 가장 확실한 방법"이라고 말한다.[16]

미국의 자기계발 트레이너 닐 피오레Neil Fiore는 『나우: 지금 바로 실행하라The Now Habit: A Strategic Program for Overcoming Procrastination and Enjoying Guilt-Free Play』(2007)에서 미루지 않고 일을 해내는 사람이 잘 쓰는 5가지 표현을 소개한다.

첫째, "하지 않으면 안 된다" 대신 "내가 선택한다"라고 말하라. 둘째, "반드시 끝내야 한다" 대신 "언제 시작할까?"라고 말하라. 셋째, "이 일은 너무 크고 중요한 일이다" 대신 "하나씩 차근차근 하면 된다"라고 말하라. 넷째, "나는 반드시 완벽해야 한다" 대신 "나는 실수도 할 수 있는 평범한 인간이다"라고 말하라. 다섯째, "나는 쉴 시간이

없다" 대신 "나는 반드시 쉴 것이다"라고 말하라.[17]

미국 경영전문가 페리 클레반Perry Klebahn의 미루기 극복 방식은 전투적이다. "준비를 갖추지 마라! 일단 시작하라!" 그가 기업의 임원 교육 프로그램에서 전문 경영인들에게 늘 하는 말이라고 한다. 작가 스티븐 프레스필드Steven Pressfield는 '지연' 대신 '저항'이란 말을 사용함으로써 지연을 극복했다고 한다. 이에 대해 미국의 혁신 전문가 톰 켈리Tom Kelley와 데이비드 켈리David Kelley는 『유쾌한 크리에이티브: 어떻게 창조적 자신감을 이끌어낼 것인가Creative Confidence: Unleashing the Creative Potential Within Us All』(2013)에서 다음과 같이 말한다.

"'지연'을 '저항'으로 대체한 프레스필드의 묘수는 단순한 의미론적 속임수 이상의 것이다. 현상에 다른 이름을 부여함으로써 프레스필드는 적을 재정의했다. 지연은 개인적 취약성의 한 형태로 보인다. 그러나 저항은 우리가 맞서 싸울 수 있는 하나의 세력이 된다. 지연을 언급하면 우리의 약점이 떠오르지만, 저항이란 말을 불러내면 무장 명령이 떨어진 것처럼 느껴진다. 그것은 우리가 극복하지 않으면 안 될 장애물인 것이다."[18]

미국 스탠퍼드대학 철학과 교수 존 페리John R. Perry, 1943-는 『미루기의 기술The Art of Procrastination: A Guide to Effective Dawdling, Lollygagging and Postponing』(2012)에서 '체계적인 미루기structured procrastination'라는 해법을 제시한다. 그 누구건 어떤 일을 미루는 대신 다른 일을 하기 마련인바, "누구든 그 순간 원래 하기로 되어 있는 일만 아니라면 무슨 일이든 할 수 있다"는 것이다. '체계적인 미루기'는 이런 부정적인 특성을 자신에게 유리한 쪽으로 활용하는 것으로 일종의 자기기만self-deception

을 역이용하는 기술이다.[19]

한국 출판계에도 '미루기 극복 신드롬'이 불어닥쳤다. 『한겨레』 (2013년 11월 14일)는 이렇게 말한다. "최근 몇 년 새 '미루기'에 대한 다양한 이야기들이 쏟아져 나오고 있다. '미루기 극복 신드롬'이라고 할 만하다. 이 담론을 이끄는 선두에는 심리학의 유행과 다양하게 출간되고 있는 자기계발책들이 있다. 지난해 한 취업포털과 출판사가 직장인 259명을 대상으로 미루기에 대해 조사한 결과, '헬스나 요가, 수영 등 등록해놓고 안 가기'가 46.3퍼센트로 1위를 차지했다. 그 밖에는 '아침에 5분 더 자려다 택시 타고 출근하기', '기안서 작성 미루다 마감일 놓치기' 등이 있었다."[20]

인간관계에서 미루기도 있다. 이 경우엔 '꾸물대기'란 말이 더 적합하겠다. 영국과 미국은 비슷할 것 같지만, 두 나라의 비즈니스 상담 방식은 전혀 다르다. 영국인들에겐 이른바 '공손한 꾸물대기polite procrastination'라는 게 있기 때문이다. 영국인보다는 미국인에 더 가까운 어느 캐나다 기업인은 영국인들의 '공손한 꾸물대기'에 대해 이렇게 말한다. "최근 상담에서 그들은 온통 날씨와 런던 외곽 순환 고속도로에 관한 농담을 어색하고 부자연스럽게 하느라 30분을 허비했다. 그래서 이제 계약에 관한 상담을 시작하자고 말하자 모두들 내가 방귀나 뀐 것처럼 쳐다보는 게 아닌가? 내가 어찌 그렇게 눈치가 없었는지?"[21]

자신의 존재감을 만끽하기 위해 일부러 하는 미루기도 있다. '갑'의 위치에 속한 사람들이 저지르는 갑질이 바로 그런 경우다. 예컨대, 그들은 '을'에게 마땅히 지급해야 할 돈도 질질 끌면서 자신의 권력을 과시하거나 확인받고 싶어 한다. 미루기와 관련된 책들은 대부분 선의의 심리만을 다루고 있지만, 권력관계가 개입되면 어느 곳에서건 미루기는 인정투쟁의 주요 수단이 된다. 그런 미루기를 하는 사람들에겐 "준비를 갖추지 말고 일단 시작하라"는 말은 그야말로 헛소리에 불과할 것이다.

33

왜 '시크릿'은 열성 추종자들을 거느릴 수 있었는가?

끌어당김의 법칙

미국 출판계에서 스티븐 코비Stephen R. Covey, 1932-2012의 『성공하는 사람들의 7가지 습관The 7 Habits of Highly Effective People』(1989), 론다 번Rhonda Byrne, 1951-의 『시크릿The Secret』(2007)과 같은 부류의 자기계발서들은 날개 돋친 듯 팔려나가 2005년엔 7억 달러를 넘는 거액의 판매고를 올렸다. 인포머셜informercial, 세미나, 개인 코칭 등 다른 형태의 자기계발을 추가하면 2006년 미국에서 자기 계발비로 지출된 총비용은 무려 96억 달러에 달했다.[22]

특히 『시크릿』은 2006년 영화와 책 형태로 동시에 발표되었는데, 두 가지 모두 경이적인 성공을 거두어, DVD는 200만 장 이상, 책은 400만 권 이상 판매되었다. 『시크릿』은 46개국 언어로 번역되어

1,900만 부 이상 팔려나감으로써 전 세계에 걸쳐 '시크릿 열풍'을 불러일으켰다. (2007년 기준)[23] 『시크릿』은 한국에서도 2007년과 2008년 종합 베스트셀러 순위 1위를 기록하는 등 엄청난 선풍을 불러일으켰다. 교보문고가 2010년 지난 11년간의 누적 도서 판매량을 집계했더니, 『시크릿』이 1위였고, 2, 3위도 같은 자기계발 계열의 『연금술사』, 『마시멜로 이야기』였다.[24]

도대체 어떤 책이길래 그랬던 걸까? 『시크릿』의 핵심 메시지는 '끌어당김의 법칙Law of Attraction'이다. '끌림의 법칙', '인력의 법칙'이라고도 한다. 끌어당김의 법칙은 "Like attracts like", 즉 유유상종類類相從의 원리에 기반하고 있다. 즉, 뭔가에 대해 생각하면 그 일이 실제로 일어날 가능성이 높아진다는 것이다. 이른바 '플라세보 효과'는 끌어당김의 법칙을 드러내는 한 가지 사례로 간주된다. 이 기본적인 '우주의 법칙'을 이해하고 나면 다음 세 단계를 거쳐 원하는 건 뭐든지 손에 넣을 수 있다고 한다.

첫째, 원하는 것에 대해 생각하되, 부정적인 부분이 아닌 긍정적인 부분에 초점을 맞춘다. 예컨대, 체중을 몇 킬로그램 줄이고자 한다면 자신이 너무 뚱뚱하다는 사실에 대해서는 생각하지 않는다. 그런 부정적인 생각이 체중을 더 늘게 하기 때문이다. 대신 좋아하는 청바지를 걸리는 곳 없이 입고 쏙 들어간 배 위에서 단추를 잠그는 장면을 떠올려라. 그런 긍정적인 생각이 당신을 더 날씬하게 만들어줄 것이다. 둘째, 원하는 바를 믿고 그게 곧 자신의 것이 될 수 있다는 신념을 갖는 것이다. 이번에도 부정적인 생각은 하면 안 된다. 그 청바지는 아주 빠른 시일 내에 완벽하게 내 몸에 맞을 것이다. 셋째, 원하는 바를 얻은 상태와 그때의 느낌을 받아들이는 것이다. 그 청바지를 입으면 어떨지 상상해보고 그때의 느낌을 지금 갖도록 한다.[25]

'끌어당김의 법칙'은 개인의 자기계발은 물론 기업 세일즈에서도 적극 활용되었다. 예컨대, 브라이언 트레이시Brian Tracy는 『전략적 세일즈』(2012)에서 우리는 살아 있는 자석이기 때문에 자신의 지배적인 생각과 어울리는 사람과 상황을 자기 삶에 끌어들인다면서 다음과 같이 말한다.

"우리가 가진 생각은 주위에 정신 에너지로 이루어진 힘의 장을 만든다. 그래서 자신, 자신의 상품이나 서비스에 대해 긍정적이고 낙관적으로 생각하면 주변엔 긍정적인 정신 에너지를 방출하게 되고, 그 에너지는 다시 수많은 판매 실마리, 가망 고객, 추천, 판매 기회로 이루어진 고리를 끌어들인다. 고객들에게 더 좋은 서비스를 제공하면 할수록 더 나은 고객들이 나타난다. 성공이 더 큰 성공을 불러오고 더 많이 가지면 가질수록 더욱더 많은 것을 얻게 된다."[26]

일반 대중은 왜 『시크릿』에 열광한 걸까? 비키 쿤켈Vicki Kunkel은 『본능의 경제학: 본능 속에 숨겨진 인간행동과 경제학의 비밀Instant Appeal: The 8 Primal Factors That Create Blockbuster Success』(2008)에서 이 책이 우리의 원초적 본능을 자극했기 때문에 성공할 수 있었다고 말한다.

"이 이론은 성공으로 가는 쉽고 빠른 길을 추구하는 사람들의 본능적 욕망에 직접 맞닿았을 뿐 아니라 명성과 지위를 바라는 본능적 욕구도 건드렸다. 시크릿 이론이 겨냥한 욕구들은 모두 감정적 위안을 가져다주는 요소들이다. 우리는 모두 인정과 성공, 경제적 보상까지 받을 수 있다. 그것을 생각하고 얻게 되리라 믿기만 하면 말이다.

정말 멋진 발상 아닌가. 게다가 멋진 인생을 그토록 쉽게 이룰 수 있다니, 감정적으로도 그 이상 위안이 될 수 없다. 우리의 원시적 뇌에겐 그야말로 지상낙원이다."[27]

영국의 임상심리학자 스티븐 브라이어스Stephen Briers는 『엉터리심리학Psychobabble: Exploding the Myths of the Self-help Generation』(2012)에서 『시크릿』엔 '통제에 대한 판타지'가 등장한다며 이렇게 말한다. "저자는 개인이 마음만 먹으면 현실을 재구성할 수 있다고 확언한다. 이렇듯 극단적으로 긍정 마인드를 추구하면 어떠한 부정적인 의견도 허용하지 않게 되고 심지어 물리학의 법칙 같은 과학적 견해조차 부정적이라고 배격하게 되는 경우까지 생긴다."

브라이어스는 긍정 마인드 운동은 범죄자들이 갖고 있는 '극단적 낙관주의'와 비슷한 측면이 있다고 주장한다. "다만 양상이 다를 뿐이다. 예를 들어 범죄자들의 경우에는 보통 죄를 짓고도 영원히 잡히지 않을 수 있다는 근거 없는 자신감을 갖는데 긍정 마인드 운동 역시 어떠한 장애물이 닥치더라도 원하는 결과를 얻을 수 있다는 근거 없는 자신감을 강조한다. 이러한 '극단적인 낙관주의'는 범죄자의 사고목록 중 하나인 '인지적 나태'와 밀접한 관련이 있다. 이것은 어떤 문제가 생겼을 때, 그것을 해결하기 위한 생각이나 계획, 아이디어에 대한 무비판적 태도를 말한다."

비판이 너무 심했다고 생각한 건지, 그는 "나는 긍정적 사고가 범죄를 양성한다고 주장하는 것이 아니다"며 이렇게 말한다. "긍정적인 사고가 지나칠 경우에는 큰 부작용을 낳을 수 있다는 사실 또한 명심해야 된다는 말이다.……나는 우리 사회가 긍정론을 광범위하게 받아들이면서 오히려 후퇴하게 될까 두렵다. 긍정을 선호하는 분위기가 심화되어 현실을 있는 그대로 직시하는 사람이 주류 사회에서 밀려나거나 심지어는 박해받는 사회가 될까 두렵다." [28]

『시크릿』은 세대 차원에서 보자면, 미국은 물론 한국 사회도 휩쓸었던 '아이 자존감 키워주기 운동'으로 인해 생겨난 젊은 세대의 자기도취narcissism와도 관련이 있다. 미국 샌디에이고주립대학 심리학과 교수 진 트웬지Jean M. Twenge의 『자기중심주의 세대Generation Me』(2006)에 따르면, 미국에서 "나는 잘났다"는 말에 걸맞은 사람이라고 여긴 10대는 1950년대엔 12퍼센트에 불과했지만, 1980년대엔 무려 80퍼센트로 늘었다. 이런 흐름을 타고, 많은 자기계발서가 자기 자신을 사랑하고 자기 자신을 믿는 것이야말로 만병통치약이라고 주장하는데, 『시크릿』도 바로 그런 책에 속한다고 볼 수 있다. [29]

이처럼 『시크릿』엔 많은 문제가 있지만, "『시크릿』에 모든 걸 뒤집어씌우기 전에 그 책을 적극적으로 받아들이게 만든 사회 자체에도 책임을 물어야 한다"는 주장도 있다. 이원석은 미쳐 돌아가는 부동산 시장에서 뼈 빠지게 일해도 집 한 칸 마련할 수 없는 사람들의 처지를 예로 들면서 다음과 같이 말한다.

"이 상황에서 끌어당김의 법칙을 이용해서라도 내 집 마련을 하고 싶지 않겠는가? 이 사회가 1퍼센트를 위해 99퍼센트의 희생을 요구하는 시스템을 작동하고 있으니 뭐라도 도피 수단을 강구하고 싶어 하게 마련이다. 신비적 자기계발의 가장 퇴락한 양태는 곧 우리 사회의 퇴락한 얼굴에 다름 아니다." [30]

그런 관점에서 보자면, 『시크릿』은 역설적으로 사회고발서인지도 모르겠다. 최소한의 안전과 복지를 누리는 게 '시크릿'이 된 세상이 되었다는 점에서 말이다. 그런 시크릿을 활용해 원하는 목표를 이룬다면 더할 나위 없이 좋겠지만, 그렇지 못한 사람들은 그마저 자기 탓을 하는 불행의 수렁으로 빠지지 않을까 걱정된다.

그런 점에서 보자면 『시크릿』을 '엉터리'라거나 '사기'라고 몰아붙이는 건 옳지도 않을뿐더러 현명하지도 않은 것 같다. 『시크릿』을 통해 소기의 성과를 거둔 사람들도 분명히 존재하기 때문이다. 문제는 "성공한 사람들은 말이 많고 실패한 사람들은 말이 없다"는 데에 있다. 즉, 『시크릿』에서 큰 도움을 받은 사람들은 열성적으로 간증에 나서는 반면, 아무런 도움을 받지 못한 사람들은 말이 없을 뿐만 아니라 자신의 실패를 자기 탓으로 돌려 더 깊은 좌절에 빠질 수 있다는 것이다. 그들에게 결코 그래선 안 되며 그럴 필요가 전혀 없다고 말하는 선에서 『시크릿』의 문제점을 지적하는 게 더 설득력이 있지 않을까?

34

왜 조직에서 승진할수록
무능해지는가?

피터의 법칙

공무원의 수와 업무량은 아무 관계가 없으며, 업무의 많고 적음과는 관계없이 공무원의 수는 늘어난다는 법칙, 즉 '파킨슨의 법칙Parkinson's Law'은 널리 알려진 상식이 되었다.[31] 『파킨슨의 법칙Parkinson's Law: The Pursuit of Progress』(1958)이 출간된 지 10여 년 후인 1969년에 출간된 『피터의 법칙The Peter Principle』은 '파킨슨의 법칙'을 '실패'로 단정지으면서 정면으로 부정했다. 과연 '피터의 법칙'은 '파킨슨의 법칙'을 대체할 수 있는 이론인가?

피터의 법칙은 캐나다 출신의 미국 교육학자 로렌스 피터Laurence J. Peter, 1919-1990가 제시한 것으로, "위계 조직에서 모든 직원은 자신의 무능력 수준에 도달할 때까지 승진하려는 경향이 있다In a hierarchy, every employee tends to rise to the level of his incompetence"는 것이다. 피터는 또한 이 법칙의 귀결로 시간이 지남에 따라 모든 조직은 임무를 제대로 수행할 수 없는 무능한 직원들로 채워질 것이며, 하위직 직원들의 신조는 "나 살 길만 찾는 것taking care of the molehill and let the mountain take care of themselves"이 될 것이라고 했다.[32]

피터가 이 법칙을 처음 공개적으로 발표한 것은 1960년 9월 연방 정부의 지원을 받는 교육연구 사업체의 이사들을 상대로 한 연설에서였다. 그는 그들이 시간과 세금을 축내고 있다는 것을 알게 된 뒤 그들이 느끼고 있을 자괴감을 덜어주고자 피터의 법칙을 소개했다지만, 반응은 싸늘하다 못해 적대적이었다. 어떤 젊은 통계학자는 너무 웃다가 의자에서 떨어질 정도였다는데, 그는 나중에 자신의 행동이 충격적인 발표 내용 때문이기도 했지만, 다른 참석자들의 얼굴이 벌겋게 상기되었다가 나중에는 새파랗게 질려버리는 것을 보고 의도적으로 취한 것이었다고 고백했다.

피터는 그 일을 겪은 후 책을 써야겠다고 결심했다. 수년간의 작업 끝에 원고를 완성했지만, 2년간 수십 군데의 출판사에서 거절을 당했다. "이런 코미디를 쓰려고 그렇게 많은 비극적 사례를 수집하셨나요?", "만약 당신이 마음을 바꿔 이 책을 우스운 것이나 혹은 아주 심각한 책으로 만든다면 한번 출간을 고려해보겠습니다" 등과 같은 반응 일색이었다. 그래서 피터는 원고의 일부를 몇몇 유명 잡지에 게재해 뜨거운 반응을 얻은 뒤에서야 책을 출간할 수 있었다. 1969년 2월에 출간된 책은 1년 반 동안 비소설 부문의 베스트셀러를 기록했다.[33]

피터가 파킨슨의 법칙을 비판한 논거는 3가지다. 첫째, 파킨슨은 관리자의 위치에 있는 일부 사람들이 어떤 의도나 계획을 가지고 있을 것이라고 가정하지만 결코 그렇지 않다. 둘째, 파킨슨이 설명한 직원 과잉 현상과 생산 저하 현상은 감독·관리 직원의 이익에 정면으로 배치된다. "효율성이 아주 낮아지면 비즈니스는 망하고, 그러면 고위 관리자들은 사태를 책임지고 물러나야 한다. 정부의 위계 조직이라면 정부 활동을 감시하고 평가하는 관계 기관들로부터 추궁과 모욕을 당하게 될지도 모른다. 그들이 일부러 자신을 고통스럽게 한다는 것은 상상할 수도 없는 일이다." 셋째, 다른 조건이 동일하다면 부하들의 연봉으로 쓰이는 돈이 적을수록 사업 이익은 커지고, 고위직의 연봉과 보너스, 이익 배당금과 특별 급여로 사용될 돈이 더 많아질 텐데, 즉 1,000명의 사원을 데리고 효율적으로 움직일 수 있는데 1,200명이나 고용할 이유가 없다. 피터는 이런 이유를 들어 "직원 누적은 위계 조직의 상층부에 있는 사람들의 소용없는 시도이긴 하지만 효율성을 높이기 위해 진심으로 노력한 결과일 뿐이다"고 단언한다.[34]

피터가 너무 욕심을 부린 것 같다. '파킨슨의 법칙'이 맞는 경우도 있고 '피터의 법칙'이 맞는 경우도 있다고 보아야지, 양자택일할 문제는 아니라는 뜻이다. 피터의 반론은 관리자의 업적에 대한 평가가 잘 되어 있고 그 평가에 따라 보상과 처벌이 분명하다는 걸 전제로 할 때에만 타당할 뿐, 현실은 전혀 그렇지 않은 경우가 많다.

그런 문제가 있지만 피터의 법칙에 귀담아 들을 만한 것이 많다는 건 분명하다. 개인적인 성향이 업무 능력보다 높이 평가되는 '피터의 도치Peter's Inversion'는 주목할 만하다. 그는 "믿을 만한 사람이다", "사무실 분위기를 부드럽게 만드는 데 한몫한다", "일 처리를 꼼꼼하게 한다", "꾸준하고 착실한 사원이다", "동료와 협조를 잘한다" 등과 같은 평가를 '피터의 도치'의 사례로 들면서 다음과 같이 말한다.

"능력 있는 상관은 '성과output'로 평가한다. 하지만 무능의 단계에 이른 상관들은 조직 내 부수적인 가치를 기준으로 부하들의 등급을 매긴다. 그는 부하들이 회사 규칙이나 관례를 잘 따르는지, 별 말썽없이 현재의 체제를 잘 유지하는지를 두고 능력을 평가할 것이다. 그런 상관들은 부하직원의 민첩성과 단정함, 상관을 대하는 태도, 내부업무처리 능력 등을 가장 먼저 고려한다. 간단히 말해 그 상관은 '투입물input'로 평가한다."[35]

공감할 수 있는 주장이긴 하나, 일이나 직장의 성격에 따라선 "꾸준하고 착실한 사원이다"거나 "동료와 협조를 잘한다" 등과 같은 '투입물'이 더 중요할 수도 있다고 보아야 하지 않을까? 또 '피터의 도치'가 관리자 평가에도 적용될 수 있는 것이라면, 이것이야말로 '파킨슨의 법칙'을 뒷받침해주는 논거로 사용될 수 있는 게 아닐까?

우리는 왜 더 올라가려고 발버둥치는가? 이런 질문을 던진 피터는 승진의 유혹을 이겨내라고 권한다. "이 책의 궁극적 목표는 당신이 보다 값진 인생을 설계할 수 있도록 돕는 것이다. 당신 삶에서 가장 중요한 것은 무엇인가? 인생의 우선순위를 정하라. 불필요한 일에 집착하느라 삶의 방향을 잃고 휘청거리다가는 앞으로 나아갈 수 없다."[36] 그가 던진 마지막 메시지는 다음과 같다.

"인간은 누구나 자신의 능력 이상으로 올라가려는 경향이 있다. 우리는 무엇이든 많을수록 좋다는 식으로 행동한다. 그러나 이처럼 어리석은 행동 때문에 큰 희생을 치르는 사람들이 얼마나 많은가.

……우리는 삶의 의미를 재평가하고 자신의 지능과 기술을 인류의 보존과 인간다운 특성을 개발하는 데 사용할 것인가 아니면 자신의 창조적 능력을 거대한 죽음의 덫을 만드는 데 사용할 것인가를 결정해야 한다."[37]

창조적 작업 능력에는 융통성 있는 지적 능력이 요구되며, 천재적 수준의 지능은 오히려 창의성에 장애가 될 수도 있다. 아이큐 180 이상의 아이들은 자신들의 영민함 때문에 새롭거나 색다른 것에 내재된 불확실성을 찾지 못하고 좌절을 겪는다는 연구 결과도 있다. 창조성을 연구하는 심리학자 로버트 스턴버그Robert Sternberg는 이것이 '피터의 법칙'과 같다며, 다음과 같이 말한다.

"아마 주변에서 똑똑하지만 창의성은 없는 사람을 본 적이 있을 것이다. 그들은 누군가가 시키는 일을 잘 수행하고, 분석에 뛰어난 자질을 지니고 있다. 입사 첫해에 그들은 업무 처리 능력을 인정받지만, 승진을 하면 더이상 그렇지 않게 된다."[38]

올리버 버크먼Oliver Burkeman은 자신이 무능하다는 사실을 알면서도 더 많은 봉급과 명예 때문에 높은 자리를 받아들인 사람은 그래도 괜찮은 편이며, 더 끔찍한 일은 자신이 얼마나 무능한지 모른 채 그런 직책에 오르는 사람이라고 말한다. 이는 「무능하면서 그것을 잘 인식하지 못하는 것Unskilled and Unaware of It」이란 논문으로도 발표되었다.

코넬대학 심리학자들은 '지식, 지혜, 재치' 등을 평가하는 테스트에서 가장 낮은 점수를 받은 사람들이 자신의 능력을 과대평가한 반면, 최고 점수를 받은 사람들은 자신을 과소평가하는 경향이 있다는 연구 결과를 발표했다. 영국 철학자 버트런드 러셀Bertrand Russell,

1872-1970은 오래전 그 사실을 알고 있었던 것 같다. "이 세상의 모든 문제는 멍청한 사람들은 자신의 능력에 확신을 갖는 반면, 똑똑한 사람들은 자신의 능력에 큰 의혹을 품는다는 것이다."[39]

『피터의 법칙』을 번역한 나은영은 이 책이 30여 년 전에 나온 것임을 감안해 이 법칙을 너무 일찍 적용하지 말라고 조언한다. "즉, 최선을 다한 연후에야 비로소 자신의 가장 적절한 능력의 단계를 파악할 수 있는 것이지, 최선을 다해 보지도 않고 바로 '이 정도가 내 능력의 한계다. 더이상 승진하면 나는 무능의 수준에 도달할 것이다. 그래서 나는 더이상 올라가지 않겠다'라고 너무 일찍 포기해 버리면 안 된다는 것이다. 그것은 무능한 사람이 높은 위치에서 많은 사람들에게 해를 끼치는 것만큼이나 많은 사람들에게 도움을 줄 수 있는 기회를 놓치는 것이고, 또 개인적으로도 최상의 플로flow(몰입감 속의 행복감 또는 성취감)를 경험할 기회를 놓치는 것이기 때문이다."[40]

한국PD교육원 전문위원 이채훈은 「'피터의 원리' vs PD의 원리」라는 글에서 "KBS와 MBC가 이 상황에서 그럭저럭 굴러가는 건 유능한 평사원들이 많기 때문이다. PD도 월급쟁이기 때문에 대부분 승진을 원한다. 그러나 매 단계마다 자기 무능이 입증될 위험을 감수해야 한다"며 다음과 같이 말한다.

"프로그램을 멀쩡히 하던 PD가 중간 간부가 되면 윗사람과 아랫사람의 의견을 기계처럼 전하는 '배달부'로 돌변하고, 임원이 되면 외압이 오기 전에 알아서 기는 원격조종 로봇으로 진화하기 십상이다. 위로 올라갈수록 연기력이 늘어서 제법 무게를 잡기도 한다. 최근 방송사의 승진 기준은 위계 조직에 대한 충성도일 뿐, 프로그램을 잘 하느냐는 별 고려사항이 아니다. 관행이나 사규가 중요할 뿐, 후배들의 요구나 시청자의 항의는 부차적 요소에 지나지 않는다. 이러한 풍토는 조직 안에 무능과 무책임을 확산시켜 방송의 퇴행으로 이어질 위험이 있다."[41]

　피터의 법칙은 부분적으론 기업의 합당하지 않은 격려 구조와 직원 승진 구조가 낳은 것이다. 즉, 승진이 격려의 수단으로 이용된다는 것이다. 따라서 승진하지 않더라도 임금 체계를 바꿔 낮은 직위에서도 더 많이 받을 수 있도록 한다든가 하는 등급제도의 다원화가 해결책으로 제시되기도 한다.[42]

　피터의 법칙은 연고가 큰 힘을 발휘하는 한국의 조직 문화에선 '법칙'이라고 할 것조차 없는 상식이 된 건 아닐까? 연고의 힘에 대한 보은報恩을 위해 승진할수록 무능해질 뿐만 아니라 평소 인맥 관리에 신경을 쓰느라 업무에선 무능해질수록 승진할 가능성도 높아지는 게 아닐까? 군과 검찰은 말할 것도 없고 일반 회사에서조차 후배가 자신보다 높은 자리에 오르면 사표를 쓰는 것이 관행처럼 되어 있는 한국의 조직 문화에선 등급제도의 다원화도 쉽지 않은 일이니, 피터의 법칙은 불멸의 법칙으로 군림할 수밖에 없는 건가?

35

왜 무능한 사람이
조직에서 승진하는가?

딜버트의 법칙

1990년대 초반 미국의 직장인들이 즐겨 읽는 신문 연재만화가 있었다. 샐러리맨 출신의 만화가 스콧 애덤스Scott Adams, 1957-가 그린 '딜버트Dilbert'라는 만화다. 이 만화는 자기 업무용 칸막이 안에 틀어박혀 강요된 일을 해야 하는 무감각하고 권위적인 계층구조 내의 톱니바퀴에 불과한 직장인들의 모습을 그렸다. 그러나 이 만화의 초점은 경영진과 상사의 무능과 횡포, '권한 위임empowerment'에서부터 '리엔지니어링reengineering'에 이르기까지 경영 분야의 다양한 유행어와 모호한 표현들의 허구성이나 기만성에 초점을 맞추었기 때문에 직장인들의 폭발적인 인기를 누렸다.⁴³

만화의 주인공인 딜버트는 아이큐 170 이상의 천재 엔지니어지만 회사에선 '얼간이'라고 불린다. 애덤스는 '딜버트' 만화에 '나쁜 상사'를 주제로 등장시키는 경우가 많았는데, 소재가 없어서 곤란한 경우는 없었다. 대책 없는 관리자들에 대해 불만인 사람들이 보내는 컴퓨터 이메일을 하루에 적어도 200통씩 받았으니 말이다. 그는 그런 이메일을 읽으면서 느낀 바 있어, 독자들을 상대로 설문조사를 실시했다. "경영 관행 중 어떤 것이 사원들이 보기에 가장 화가 나는가?" 선택 문항 중 가장 많은 득표를 한 문항은 '경영진으로 승진이 된 멍청이'였다.

애덤스는 『월스트리트저널』(1995년 5월 22일자)에 기고한 글에서 "이 결과를 보면 '피터 원리'로 대변되는 관념, 즉 능력 있는 사람들이 그 능력의 최고 단계까지 승진을 하게 된다는 개념에서 약간 벗어나 있는 것처럼 보인다. 이제 무능력한 사람들이 일시적인 자격시험 단계도 거치지 않고 경영진으로 바로 승진을 한다는 사실이 명백해진 것이다"며 다음과 같이 말했다.

"내가 입사를 했던 1979년도에는 '피터의 법칙'이 경영을 매우 적절히 대변해주었다. 지금 우리들은 모두 무엇인가 능력이 있는 상사를 모시고 있던 그런 황금시대로 돌아가길 소망하고 있는 게 아닐까.……비평가들은 '피터의 법칙'에 많은 문제점이 있다고 했으나, 전반적으로 그 원리는 몇 년 동안 먹혀들어갔다. 하지만 최근 들어 그 피터 원리는 '딜버트의 법칙'에 자리를 내주었다. '딜버트의 법칙'의 기본 개념은 가장 무능력한 사원들이 회사에 가장 적은 타격을 입히게 되는 부문, 즉 경영 부문으로 옮겨진다는 것이다." [44]

이 글이 엄청난 반응을 얻자, 애덤스는 1996년 『딜버트의 법칙

Dilbert Principle』이라는 책을 출간했다. 이 책이 『뉴욕타임스』 베스트셀러 목록에 43주나 머무르면서 100만 부 넘게 나간 걸 계기로 '딜버트의 법칙'이 널리 알려지게 되었다. '피터의 법칙'을 발전시킨 '딜버트의 법칙'은 무능한 사람이 조직에서 승진할 수 있는 이유를 설명해주는 법칙인 셈이다. 그 이유에 대한 답은 간단하다. 조직 자체가 변화를 두려워하고 현실에 안주하는 특성을 갖고 있기 때문이다.

도전과 혁신, 창의적 시도를 도외시하고 혁신을 두려워하는 조직 내에서는 그런 분위기와 풍토에 어울리게 무능력하고 비효율적인 직원일수록 중간의 경쟁 단계를 거치지 않고 곧바로 간부로 승진한다. 일에 대한 열정을 가진 직원은 오히려 성가신 존재로 취급받기 십상이다. '딜버트의 법칙'은 똑똑하고 열정적인 직원보다는 무능력하고 회사에 별다른 이익을 가져다주지 못하는 직원이 조직에서 성공할 가능성이 높다는 점을 빗댄 것이다.[45]

2011년 한국에서 모 대기업의 연구원이 이직을 하며 최고경영자에게 보낸 '쓴소리' 이메일이 세간의 화제가 되었다. 그는 조직 문화의 문제점으로 토론 문화 부재와 함께 실패를 용인하지 않는 것에 대해 지적했다. 그 내용은 "이노베이션을 하기보다 이노베이션을 하겠다고 '주장'만 하는 것이 문제점"이란 직언이었다. 이노베이션은 위험 감수risk-taking가 가능한 문화 속에서 가능한 것인데도 이 같은 연구 환경이 갖춰지지 않았다는 것이다. 이에 대해 김성회는 다음과 같이 말한다.

"실패를 기피하고 감추려 하는 현실에선 실패는 비용으로 기피되고, 딜버트의 법칙이 통용되기 쉽다. 딜버트의 법칙이란 가장 무능력한 직원이 회사에 가장 작은 타격을 입하고 결국 가장 먼저 승진함을 말한다. 실패를 하라고 말만 내세울 것이 아니라 진정성 있게 보일 수 있는 방법은 무엇인가? 실패 장려가 구호가 아닌 시스템으로 정착하기 위한 현실적 대책은 무엇인가?"[46]

직장인들의 애환을 담은 '딜버트' 만화는 오늘날에도 전 세계 200개 국가의 주요 신문에 매일 실리고 있다. 그 유명세를 바탕으로 애덤스는 2014년 1월 미국 올랜도에서 열린 'IBM 2014 커넥트 행사'에 연사로 나서 "사람들은 내가 어떻게 세계적인 작가가 됐는지 관심을 갖지만, 그전에 36개의 사업에서 실패를 했는지에 대해서는 관심이 없다"며 "성공을 하기 위해서는 목표를 세우고 시스템을 만든 뒤 꾸준히 반복을 해야 한다"고 말했다.[47]

'딜버트의 법칙' 이전에 나온 유사 법칙으로 '푸트의 법칙Putt's Law'이란 것도 있다. 아치볼드 푸트Archibald Putt라는 가명의 저자가 1981년에 출간한 『푸트의 법칙과 성공적인 테크노크라트Putt's Law and the Successful Technocrat』란 책에서 제시한 법칙으로, 그 내용은 이렇다. "기술은 두 가지 유형의 사람들에 의해 지배된다. 하나는 자신이 관리하지 않는 것을 이해하는 사람들과 자신이 이해하지 못하는 것을 관리하는 사람들Technology is dominated by two types of people: those who understand what they do not manage and those who manage what they do not understand."[48]

딜버트의 법칙을 의도적으로 구사하는 조직도 있다. 최고 권력자가 자신의 권력을 공고히 하면서 영구화하고자 할 때엔 경쟁자의 성장을 원천 차단하기 위해 일부러 무능한 사람들을 골라 고위직에 승진시키는 경향이 있다. 이를 정치학에선 '부정적 선발negative selection'

이라고 한다.[49]

    사실 우리가 가장 관심을 기울여야 할 점은 바로 이게 아닌가 싶다. '부정적 선발'이라지만, 그런 목적으로 선발된 사람이 모든 면에서 무능한 건 아니다. 자신의 충성을 윗사람이 믿게끔 한다든가 하는 면에선 엄청나게 유능하다. 부정적 선발의 의도가 없는 경우라도, 인간관계 또는 감성지능 중심의 선발이 과연 기업 성과와 관련된 유능인가 하는 의문도 제기할 수 있다. 물론 그건 기업의 업종이나 업무의 성격에 따라 다르겠지만, 늘 문제가 되는 것은 '유능'과 '무능'의 판별 기준이라는 점은 분명하다.

제 8 장

경쟁
과
혁신

36

왜 다윗이 골리앗을
이길 수 있었는가?

파괴적 혁신

왜 위대한 기업들조차 실패하는가? 이 질문을 물고 늘어진 미국 하버드대학 경영대학원 교수 클레이턴 크리스텐슨Clayton M. Christensen, 1952-은 '파괴적 혁신disruptive innovation'이란 답을 내놓았다. 선두기업 자리에 오르게 해준 경영 관행이 바로 그들로 하여금 궁극적으로 그들의 시장을 빼앗아갈 진보된 신기술, 즉 '파괴적 기술disruptive technology'을 개발하는 것을 극도로 어렵게 만들었기 때문이라는 게 크리스텐슨이 내놓은 답이다.

파괴적 기술은 처음에 등장할 때는 거의 언제나 주류 소비자들이 관심을 갖는 특징 면에서 더 낮은 성능을 제공하지만, 몇몇 새로운 고객들이 중시하는 다른 특성들을 갖고 있다. 그런 기술은 일반적으로 더 저렴하고, 작고, 단순하고, 사용하기가 편리하다. 따라서 그들은 신규 시장을 창조한다. 아울러 파괴적 기술의 개발 업체들은 풍부한 경험과 충분한 투자금을 바탕으로 항상 제품 성능을 개선한 끝에 궁극적으로 기존 시장을 지배할 수 있다는 것이다.[1] 크리스텐슨은 "세 가지 혁신이 조화를 이뤄야 경제가 균형을 이룬다"며 다음과 같이 주장한다.

"첫째는 기존 제품의 품질을 업그레이드하는 '존속적 혁신 sustainable innovation'이고, 둘째는 과거 도요타처럼 생산·인건비 등을 절감하는 '효율적 혁신efficient innovation'이며, 마지막은 파괴적 혁신이다. 과거 소니의 트랜지스터 라디오는 주류이던 진공관 라디오를 대체한 파괴적 혁신이다. 이런 파괴적 혁신이 성장을 장려하고 일자리를 창출한다. 그런데 한국 기업은 존속적 혁신과 효율적 혁신에만 목을 맸다. 매년 줄어든 인력으로 생산성을 짜내고 있으니 번뜩이는 파괴적 혁신이 없다. 파괴적 혁신은 '고객이 하고 싶지만 못한 일을 가능하게 해주는 것'을 의미한다."[2]

실제로 미국에선 똑똑한 경영진과 막대한 자원을 갖춘 대기업들이 더 단순하고 저렴하며 열등한 제품을 생산하는 기업에 계속해서 밀리는 사례가 많이 나타났다. 이런 신생 기업이 바로 파괴적 혁신 기업인데, 이들은 기존 기업들과는 판이하게 다른 사업 모델로 시장에 접근해 성공을 거두었다. 그들은 하위 시장에서 판매되는 제품을 채택하는 경향이 있는데, 이런 제품은 대기업이 취급해서는 수익을 낼 수 없으며, 대기업 고객들의 수요도 없다.

그러다가 이런 파괴적 혁신 기업들이 나중에 상위 시장으로 진입하면 대기업들은 기습을 당하는 셈이다. 도요타나 혼다 같은 일본 자동차 회사들이 1970년대에 소형 승용차로 시장 공략을 한 게 대표적 사례다. 파괴적 혁신 기업은 고객들이 결코 구매할 수 없었던 신제품을 소개하기도 한다. 기존 기업들은 자신들의 기존 사업 모델과는 너무 다르다는 이유로 무시했던 것들이다. PC의 역사도 바로 그런 사례로 볼 수 있다.[3]

크리스텐슨은 이렇게 말한다. "뭔가 점점 파괴적으로 변해가는 곳에 그대로 있다는 건 마치 물이 빠진 썰물 때 해변에 우뚝 서서 팔을 벌리고 '파도야, 오지 마라' 하고 명령하는 것과 같습니다. 그러나 물결은 그걸 신경 쓰지 않죠. 그냥 거기 가만히 앉아 있으면 내 상품은 일상재화commodification가 되고 말아요."(일상재화는 특정 상품이 어디서나 구입 가능한 범용성을 띠고 있다는 걸 의미하며, 이는 다른 상품과의 차별성을 전제로 한 혁신재innovative product와 비교된다.)[4]

크리스텐슨은 다양한 시장에서 모두 좋은 성과를 올리는 대기업들이 획기적인 기술이 등장할 때마다 실패를 겪는 걸 가리켜 '혁신가의 딜레마innovator's dilemma'라고 했다. 획기적인 기술들을 시장에 내놓기 위해서는 기존과는 다른 협력업체와 고객업체들로 구성된 새로운 네트워크를 구축해야만 하는데, 이러한 작업은 가볍고 민첩한 차세대 기업들에 유리하며, 또한 대기업들은 새로운 기술을 재빨리 낚아채서 상업화할 만큼 충분히 빠르지 못하다는 것이다.[5]

스탠퍼드 경영대학원 교수 제프리 페퍼Jeffrey Pfeffer, 1946-는 『권력의 기술Power: Why Some People Have It and Others Don't』(2010)에서 '혁신가의 딜레마'를 "'잘 보여야 한다'는 부담감에 리스크를 피하고 안전한 쪽으로 택하는 등 혁신을 외면하게 된다는 점"으로 재정의하면서 다음과 같이 말한다.

"크리스텐슨은 기업이 성장하여 완전히 궤도에 오르면 다음 세대를 대비한 개혁을 좀처럼 시도하지 않게 된다고 지적한다. 특히 개혁이 기존 사업 모델에 파괴적이거나 지장을 줄 경우에는 더욱더 그렇다. 지적·재정적 수단을 동원하여 새로운 기술을 도입하고, 실제로 새로운 아이디어를 많이 찾아내고 개발하는 데 선두 주자 격인 대기업들도 이런 개혁 기피증을 피하지는 못했다."[6]

IT·미디어 전문가인 하버드 케네디스쿨 교수 니코 멜레Nicco Mele는 2014년 5월 "최근 보도된 『뉴욕타임스』의 디지털 혁신 보고서는 굉장히 뛰어나고 '스마트'한 리포트라고 생각한다. 하지만 『뉴욕타임스』가 자신들이 제안한 대로는 하지는 못할 것이다. 그대로 하려면 자기들이 가지고 있는 것을 다 죽여야 한다. 그게 바로 '혁신가의 딜레마'다"며 다음과 같이 말한다.

"뉴스의 미래가 되려면 종이신문을 죽여야 한다. 그런데 『뉴욕타임스』가 종이신문을 죽이겠는가? 대부분 임원들은 나이가 들었고, 신문 시대에 살았던 사람들이다. 그리고 『뉴욕타임스』 수익의 80퍼센트 이상이 종이신문에서 나온다. 그래서 오갈 데가 없다. 그들은 어떻게 해야 하는지는 알고 있지만 그렇게 할 수가 없다. 그 리포트를 쓴 애덤 B. 엘릭Adam B. Ellick은 내 제자 중의 한 명이다. 나는 그에게 뭔가 흥미로운 일을 하려면 『뉴욕타임스』를 떠나라고 조언했다. 『뉴욕타임스』의 장점은 딱 하나, 브랜드다. 브랜드 빼고는 모두 다 단점이다. 당신이 『뉴욕타임스』 시니어 기자라면 위로 상사가 10명은 될 것이다. 당신이 하고 싶은 것에 대해 '안 돼'라고 말할 사람이 10명이나 된다. 이런 굉장히 큰 조직 안에서 혁신을 하는 건 힘들다."[7]

크리스텐슨의 연구 파트너인 마이클 레이너Michael E. Raynor는 "파괴적 혁신은 기존 기업들이 기꺼이 무시하거나 멀리하는 시장에 초점을 맞춘다"며 이렇게 말한다. "그 이유는 파괴적 혁신은 기존 기업이 보유한 우량 고객이 대부분의 수익을 창출해주는 영역에서는 성과가 더 나쁘기 때문이다. 오히려 별로 매력이 없거나 혹은 작은 영역에서만 그 위력을 발휘한다. 하지만 이런 보잘것없는 성과는 '파괴적 혁신'을 지향하는 신상품이나 서비스에 값으로 따질 수 없을 만큼 귀중한 교두보를 제공해준다. 이를 발판 삼아 점점 더 넓은 영역으로 세력을 넓혀갈 수 있기 때문이다. 종국엔 파괴적 혁신자들이 기존 기업을 따라 잡지만 기존 기업들이 반응하기엔 이미 타이밍이 한참 늦었다. 다시 말해, 그들은 파괴당한 것이다."[8]

따라서 많은 기업에 더 큰 위험은 현존하는 경쟁사가 아니라 파괴적 기술이다. 기계식 계산기는 주판을, 자동차는 마차를, 어떤 알약은 수술을 대체했듯이 말이다. 필립 코틀러Philip Kotler, 1931-는 "모든 신기술을 계속 예의 주시하라"며 다음과 같이 말한다.

"기업은 기본적인 제품이나 생산 과정을 대체하게 될지 모르는 모든 기술들을 예의 주시해야 한다. 더 나아가서 이러한 위협적인 기술을 투자옵션으로 보아야 한다. 이러한 신기술에 투자하는 것이 기업의 미래를 보호할지도 모른다. '다른 기업이 우리 기업을 정리하기 전에 기업 스스로 정비해야 한다'는 격언을 명심해야 할 것이다."[9]

파괴적 혁신 이론을 전쟁에 도입한 연구도 있다. 보스턴대학 국제관계학 교수 이반 아레귄-토프트Ivan Arreguin-Toft는 『약자가 전쟁에서 승리하는 법How the Weak Win Wars: A Theory of Asymmetric Conflict』(2005)에서 1800년부터 2003년까지 강대국과 약소국 간에 일어난 200개 이상의 전쟁을 분석했는데, 놀랍게도 강대국이 승리할 확률은 72퍼센트에 불과했다. 그는 병력과 인구 규모 등의 자원이 10배 이상 차이나는 강대국과 약소국 간의 전쟁을 '비대칭전asymmetric conflicts'으로 명명했는데, 자원의 비대칭성이 큰 전쟁만 분석 대상으로 삼은 것이라 모든 전쟁을 포함하면 약소국이 승전한 비율은 훨씬 높을 것이다.

아레귄-토프트의 연구에선 지난 2세기에 걸쳐 약소국이 승전하는 비율이 점차 증가 추세를 보이는 것으로 나타났다. 1800년부터 1849년까지 약소국이 승전한 전쟁은 12퍼센트에 불과했으나, 1950년부터 1999년 사이에는 50퍼센트를 넘어서는 수준으로 급증했다는 것이다. 약소국의 승전율이 오랜 시간에 걸쳐 증가하는 추세인 것은 그동안 다른 나라가 성공을 거둔 전략을 파악하고 모방한데다 강대국과 똑같은 조건으로 교전하지 않아야 승리할 가능성이 커진다는 사실을 깨달았기 때문이다. 그는 강대국과 약소국이 '접전'을 벌이면 약소국이 패할 확률이 80퍼센트지만, 약소국이 전장의 숫자를 늘리는 등 전략에 변화를 주면 패전 확률이 40퍼센트 미만으로 줄어든다고 말한다. 이에 대해 마이클 모부신Michael J. Mauboussin은 다음과 같이 말한다.

"정면승부에서 운을 바꿀 길이 없을 때는 여러분이 강자인지 약자인지에 따라 기량의 상대적 중요성을 늘리거나 줄이는 데 역점을 둬야 한다. 다윗이 골리앗과의 대결에서 조약돌과 새총 대신 긴 칼과 갑옷으로 무장했더라면 어떤 결과를 얻었을까?"[10]

파괴적 혁신 이론은 『손자병법孫子兵法』「모공謀攻」편에 나오는 다음 전법과 무관치 않다. "적과 아군의 실정을 잘 비교 검토한 후 승산이 있을 때 싸운다면 백번을 싸워도 결코 위태危殆롭지 아니하다知彼知己 百戰不殆. 적의 실정을 모른 채 아군의 전력만 알고 싸운다면 승패의 확률은 반반이다不知彼而知己 一勝一負. 적의 실정은 물론 아군의 전력까지 모르고 싸운다면 싸울 때마다 반드시 패한다不知彼不知己 每戰必敗."[11]

한국에서 파괴적 혁신이 가장 필요한 곳은 정치가 아닐까? 그럼에도 정치 분야에서 파괴적 혁신이 일어나지 않는 이유는 무엇일까? 답은 의외로 간단하다. 파괴적 혁신을 시도하는 사람들이 아예 없기 때문이다. 다른 분야에서 적잖은 '신뢰 자본'을 형성한 명망가들은 앞다퉈 거대 정당 앞에 줄을 선다. 아예 혁신의 의지가 없는 것이다. 그들은 이구동성으로 호랑이 굴 안에 들어가서 호랑이를 잡겠다고 말은 하지만, 지금까지 그런 사람이 단 한 명도 나오지 않았다는 건 무얼 말하는가? 우리 풍토에서 "왜 다윗이 골리앗을 이길 수 있었는가?"라는 질문은 "왜 다윗이 골리앗에 도전해야 한단 말인가?"라는 반문으로 변질되고 만다.

37

왜 용의 꼬리보다
뱀의 머리가 나은가?

큰 물고기-작은 연못 효과

이반 아레귄-토프트Ivan Arreguin-Toft의 『약자가 전쟁에서 승리하는 법 How the Weak Win Wars』에 자극을 받은 맬컴 글래드웰Malcolm Gladwell은 아예 『다윗과 골리앗: 강자를 이기는 약자의 기술David and Goliath: Underdogs, Misfits, and the Art of Battling Giants』(2013)이란 책을 출간했다. 그는 자신의 책에 대해 다음과 같이 말한다.

"골리앗(강대국)의 룰을 따르지 않은 싸움에선 다윗(약소국)이 63.6퍼센트 이겼다. 조지 워싱턴이 영국을 상대로 벌인 미국 독립전쟁처럼 말이다. 놀랍지 않은가. 전쟁 외에도 현실에서 약자가 강자를 이긴 다양한 사례들을 조사했더니 10번 중 3~4번은 다윗이 이기더라. '계란으로 바위 치기'가 어떻게 가능한지, 왜 언더도그Underdog(약자)가 승리하는지 비결을 파헤쳤다."[12]

'언더도그를 위한 힐링'이라고 할까? 글래드웰은 이렇게 말한다. "자신이 약자라는 사실은 때때로 우리가 인식하지 못하는 방식으로 사람들을 바꾸어놓을 수도 있다. 약자로 존재한다는 것은 문을 열어 기회를 만들어내고, 자신을 가르치고 일깨우며, 그런 처지가 아니었다면 생각할 수 없었던 것을 가능하게 만들 수 있다."[13]

글래드웰은 "세상은 거대한 골리앗이 아니라 상처 받은 다윗에 의해 발전한다"며 "'약점의 긍정 효과Consequences of Disadvantage'"라고 결론지었다. "그래서 한 직장에서 10년 이상 있는 건 바람직하지 않다. 한곳에 오래 머물면 기득권층이 돼 창의력을 잃어버리니까. 골리앗이 되기 전에 직장을 옮겨서 스스로 다윗이 돼야 한다."[14]

그런 이치의 연장선상에서 발생하는 것이 바로 '큰 물고기-작은 연못 효과Big-fish-little-pond effect'다. 우리 식으로 바꾸자면, '용의 꼬리보다 뱀의 머리가 되기'라고 할 수 있겠다. 물론 이 말은 주로 위로 차원에서 건네는 말일 뿐 사람들은 여전히 '큰 연못'을 선호한다. 이를 가리켜 '첫 단추 이론'이라고 할 수 있겠다. 취업 희망자들이 "무조건 대기업에 가야 한다"는 속설을 신앙처럼 간직하고 있는 것도 바로 이 이론 때문이다. 이와 관련, 취업준비생 나해리는 다음과 같이 말한다.

"'첫 단추가 중요해요.' 수업에서 교수가 늘 강조하던 말이다. 기업인 출신인 교수는 첫 직장이 어디냐에 따라 인생 전체가 바뀐다고 했다. 아무 데나 들어가선 안 된다. 대기업이어야만 많은 걸 배울 수 있다고 했다. 또 나중에 직장을 옮길 때도 어디 출신인지에 따라 많은 게 달라진다고도 했다. 아무리 전도유망한 벤처기업에서 일했거나 중소기업에서 빼어난 실력을 증명했다고 해도, 이직 땐 대기업 출신보다 불리하다고 말했다. '대기업이 괜히 대기업인 게 아니야.' 외국계 기업인 디즈니에서 인턴을 하다가 결국엔 대기업을 선택한 선배가 말했다. 이런 말을 자주 듣다 보니 '작은 곳은 별 볼 일 없겠지. 인생을 망칠 수도 있겠다'는 생각이 들었다."[15]

과연 그럴까? 대기업과 여타 기업들을 놓고 선택할 수 있는 처지, 즉 마음먹기에 따라서 대기업에도 얼마든지 들어갈 수 있는 사람에게 이와 같은 조언은 타당할 수도 있겠지만, 그렇지 못하거나 상황이 절박한 사람에게 대기업 예찬론을 편 교수와 선배는 매우 무책임한 사람이라고 볼 수도 있다. 대기업에 유리한 점이 훨씬 많더라도 여타 기업에 취업해서 누릴 수 있는 장점도 동시에 이야기하면서 "당신의 조건과 상황에 따라 택하시오"라고 말하는 게 옳지 않을까?

대기업 예찬론은 명문대 예찬론과 상통한다. 이왕이면 좋은 직장, 좋은 대학에 가는 게 좋다는 걸 누가 모르겠는가. 그러나 다른 선택이 있는데도 명문대나 대기업에 가기 위해 재수나 삼수까지 해야 하는가? 그런 시도를 하다가 실패했을 때의 위험에 대해서도 말해야 하는 게 아닌가? 우리에겐 명문대에 진학할수록 좋다는 속설이 거의 진리처럼 통용되지만 과연 꼭 그렇기만 한가? 글래드웰은 꼭 그렇진 않다고 주장한다.

"어떤 교육기관이 엘리트 기관일수록 학생들은 자신의 학업 능력에 대해서 더 나쁘게 느낀다. 괜찮은 학교의 반에서라면 최상위에 있을 수 있는 학생들이 정말 좋은 학교에서는 쉽사리 바닥으로 떨어질 수 있다. 괜찮은 학교에서라면 어떤 과목을 마스터했다고 느낄 학생들이 정말 좋은 학교에서는 점점 더 멀리 뒤처지고 있다고 느낄 수 있다. 그리고 아무리 주관적이면서 어리석고, 비이성적이라고 할지라도 그런 느낌은 중요하다. 강의실이라는 맥락 안에서 자신의 능력을 느끼는 방식, 즉 학문적 '자아관념self-concept'이 도전에 대처하고 어려운 문제를 끝까지 해결하려는 의미를 형성한다. 이는 동기부여와 자신감을 위한 매우 중요한 요소다."[16]

즉, 큰 연못은 정말로 뛰어난 학생들을 데려가서는 이들의 기를 꺾어버리는 반면, 작은 연못은 원하는 무엇이든 할 수 있는 기회를 극대화할 수 있는 곳이라는 것이다.[17] 원래 교육심리학자 허버트 마시Herbert W. Marsh가 만든 말인 '큰 물고기-작은 연못 효과'는 학생의 '자아관념self-concept'이 동료 학생들의 능력과 부정적인 상관관계를 맺고 있다는 가설에서 출발한 것으로, 특히 자신감self-confidence이 약한 학생들에게 큰 효과를 발휘하는 것으로 알려져 있다.[18]

원래 "a big fish in a small(little) pond"라는 표현은 '우물 안 개구리'로 폄하되는 표현으로 쓰이기도 했지만,[19] '큰 물고기-작은 연못 효과'로 인해 제법 긍정적인 의미를 갖게 되었다.

'큰 물고기-작은 연못 효과'는 학생이나 직장인의 성취뿐만 아니라 일반적인 행복론 차원에서도 논의되는 개념이다. 물론 아직도 "사람은 큰물에서 놀아야 한다"는 속설을 믿는 이가 많지만, 그게 혹 미신은 아닌지 다시 생각해볼 필요가 있겠다.

미국 코넬대학 경제학자 로버트 프랭크Robert Frank는 『옳은 연못 고르기: 인간 행동과 지위 추구Choosing the Right Pond: Human Behavior and the Quest for Status』(1985)에서 "자신이 사는 집을 마땅치 않게 여기는 것에 지친 사람은 덜 부유한 그룹의 친구들과 어울림으로써 자신의 집에 대해 좋게 생각할 수 있다"고 했는데, 이는 행복 역시 자신의 '연못'을 선택함으로써 얼마든지 달라질 수 있다는 뜻이다.[20]

이와 관련, 미국 스워스모대학Swathmore College의 심리학자 배리 슈워츠Barry Schwartz, 1946- 는 『선택의 역설The Paradox of Choice』에서 이렇게 말한다. "경제학자 로버트 프랭크는 그의 저서 『옳은 연못 고르기』에서 사회생활이 우리가 사는 연못에서 큰 고기가 되고 싶어 하는 우리의 열망에 의해 얼마나 크게 결정되는지를 보여준다. 지위 경쟁에서 성공해 행복해지는 법은 옳은 연못을 골라 그곳에 머무르는 것이다."[21]

하긴 그렇다. 멀쩡하게 잘 지내다가도 부자 친구와 전화 통화를 하고 나면 "나는 왜 사나?"라는 생각을 하면서 자책自責하는 사람이 의외로 많다. 그런데 늘상 같이 어울려 지내는 사람들이 그런 부자급이라면, 그런 사람은 스스로 불행해지기 위해 애쓰는 것과 다를 바 없는 셈이다. 재미있지 않은가. 행복이 어떤 연못을 고르느냐에 따라 달라질 수 있다는 것이 말이다. 늘 '최고'나 '최상'만을 추구하는 사람은 무조건 가장 큰 연못을 택할 것이다. 다른 큰 고기들과 경쟁하며 몸집을 키워나가려고 애쓰는 것도 좋은 일이겠지만, 행복에서는 멀어질 가능성이 높다고 보아야 하지 않을까?

38

왜 한국에선 '히든 챔피언'이
나오기 어려운가?

히든 챔피언

"해외로 성장하는 네이버의 모바일 메신저 '라인'이 한국의 콘텐츠들이 글로벌로 진출하는 데 도움이 되고 싶고, 온라인 플랫폼을 통해 수많은 '히든 챔피언'이 등장하길 기대한다." 네이버 이사회 의장 이해진이 2014년 6월 25일 제주도 롯데호텔에서 열린 '중소기업 리더스포럼' 개막식 강연에서 한 말이다.[22] 이 용법이 시사하듯, 이제 '히든 챔피언'은 익숙한 외래어로 자리 잡은 느낌을 준다. '히든 챔피언'이란 무엇인가?

히든 챔피언hidden champion은 세계시장 점유율 1~3위이면서 잘 알려지지 않은 매출액 40억 달러 이하의 우량 기업을 말한다. '유럽의 피터 드러커'로 알려진 경영학 석학인 헤르만 지몬Hermann Simon, 1947-의

『히든 챔피언Hidden Champions of the 21st Century』에서 유래한 말로, 강소기업強小企業(작지만 강한 기업)과 유사하게 쓰인다.[23] 이 책이 1996년 미국 시장에 선보였을 때, 영국의 경제 잡지 『이코노미스트』는 '유럽에서 경영학의 본고장인 미국으로 수출된 아주 드문 뛰어난 경영서적'이라고 극찬했다.

사람들의 눈에 띄지 않고 비밀스럽게 숨어 있으면서도 놀랄 만한 성공을 거두는 회사는 많다. 그들이 바로 21세기의 히든 챔피언들인데, 지몬은 히든 챔피언을 선별할 때 6가지 기준을 정했다. ① 전 세계의 시장을 지배한다, ② 눈에 띄게 규모가 성장하고 있다, ③ 생존능력이 탁월하다, ④ 주로 대중에게 잘 알려지지 않는 제품을 전문적으로 생산한다, ⑤ 진정한 의미에서 다국적기업과 경쟁한다, ⑥ 성공을 거두고 있지만 결코 기적을 이룬 기업은 아니다.[24] 지몬은 히든 챔피언들이 주는 8가지 교훈을 다음과 같이 요약했다.

(1) 리더의 의지와 목표: 가장 중요한 것은 의지와 목표다. 히든 챔피언에게 리더십이란 최고가 되고자 하는 의지를 전 세계에 있는 많은 아군에게 전파해 해당 시장에서 최고의 기업이 되는 것이다.

(2) 높은 성과를 올리는 직원들: 성과가 높다는 말은, 회사 내에 일을 기피하는 태도를 참아주지 않는 분위기가 형성되어 있어서 다른 직원들과 보조를 맞추어 일하지 않는 직원들은 일찌감치 회사에서 퇴출된다는 의미다. 낮은 이직률이 보여주듯이 회사에 남아 있는 직원들은 성과가 뛰어난 직원이며 이 점에 대해 자부심을 갖고 있다.

(3) 자체 생산 비율: 제품 또는 가치의 유일무이함은 오로지 기업 안에서 나오며 마음만 먹으면 언제라도 시장에서 구입할 수 있는 게

아니다. 따라서 히든 챔피언들은 자체 생산 비율이 높고 아웃소싱에도 어느 정도 소극적일 수밖에 없다.

(4) 분권화: 분권화란 더 커지고 복잡해진 시장구조에서 히든 챔피언의 힘을 보유할 수 있는 수단이다. 가능한 곳이면 어디든 분권화를 실시해야 한다.

(5) 집중: 자신이 가진 자원에 집중하는 사람만이 야심찬 목표를 실현할 수 있다. 시장, 목표 그룹, 용도는 미리 정의되어 있는 게 아니며, 자체적으로 내리는 멋진 시장 정의는 그것만으로도 남들보다 우위를 점할 수 있는 전제 조건이 된다.

(6) 세계화: 세계화는 예상치도 못한 성장의 기회를 열어놓고 있고, 심지어 작은 회사에도 마찬가지다. 이와 같은 기회를 잘 이용하기 위해 국가라는 한계를 벗어던지고 오랜 시간을 인내해야 한다. 가장 힘든 도전은 직원들의 국제화다.

(7) 혁신: 혁신은 경쟁에서 이기기 위해 필요한 효과적인 수단이며, 장기적인 관점에서도 그렇다. 혁신은 창의력과 품질의 문제이지 결코 돈의 문제만이 아니다.

(8) 고객 관계: 고객과 가까워지면 자연적으로 경쟁우위를 갖게 된다. 최고의 고객들은 최고의 경쟁자들처럼 체계적으로 성과를 자극하는 원동력으로 삼아야 한다.[25]

히든 챔피언들 가운데 많은 곳이 기자나 학자, 그 밖에 호기심 많은 사람과의 접촉을 피한다. 왜 그럴까? "대중과 언론, 학계에 잘 알려지지 않음으로써 얻을 수 있는 장점을 과소평가해서는 안 된다. 즉 이 말은 히든 챔피언들이 과도한 노출을 피하는 대신 자신의 업무에만

속물 효과

집중할 수 있다는 뜻이다.……물론 공공연하게 나서지 않는다고 해서 히든 챔피언들이 직접적인 고객들에게조차 알려져 있지 않다는 뜻은 아니다. 오히려 그 정반대다. 시장을 선도하는 이런 기업들은 대부분 업계에서 막강한 브랜드 독점권을 갖고 있다. 그들의 브랜드는 인지도가 높으며 탁월하다는 평판을 받고, 경쟁 기업들에게 벤치마킹의 대상이다."[26]

2014년 3월 26일 박근혜 대통령은 독일 방문길에 "한국 중소기업이 독일의 '히든 챔피언'을 배울 수 있도록 양국 중소기업 간 교류·협력을 강화하기로 했다"고 발표했다. 지몬에 따르면 히든 챔피언은 독일이 1,307개로 가장 많고, 미국 366개, 일본 220개, 스위스 110개 등의 순이다. 한국은 23개에 불과하다. 일부 전문가는 한국에서 히든 챔피언이 나오기 어려운 이유로 중소기업에 집중된 과도한 지원 정책과 가업 승계를 가로막는 지나친 상속세법, 특정 대기업의 협력 업체로 발이 묶이는 산업 구조 등을 지적한다.[27]

『조선일보』 산업2부장 조중식은 한국 산업계의 '벌떼 습성'이 히든 챔피언의 탄생을 어렵게 만든다고 말한다. 제습기, 정수기, 안마의자 시장이 잘 보여주듯이, 어떤 제품의 시장 규모가 커지는 조짐을 보이면 벌떼가 몰리듯 40~50개 이상 업체가 집중적으로 몰려들어 잠재적 히든 챔피언을 죽인다는 것이다. 그는 이런 벌떼 중엔 제품을 직접 생산하지 않고 중국 업체에 염가로 OEM으로 맡겨서 들여와 판매만 하는 업체도 많은데, 이들은 소비자를 현혹하는 마케팅에만 열을 올린다며, 다음과 같이 말한다.

"이런 산업계 풍토에선 오랜 세월 꾸준히 기술을 개발해 신제품을 내놓고 시장을 키워온 중견업체가 설 땅이 많지 않다. 중소·중견기업이 특정 품목에서 시장을 키워놓은 뒤 다른 기업들이 순식간에 OEM 제품을 들고 벌떼처럼 몰려들면 한 우물만 파온 전문 업체는 그동안 투입한 비용조차 건지기 어려운 상황도 생긴다. 더구나 중소·중견기업이 힘들게 개척해놓은 시장에 대기업이 뒤늦게 뛰어들어 자본력을 앞세워 훨씬 저렴한 가격으로 시장 장악에 나서면 버텨낼 중소·중견기업이 많지 않다. 이런 상황이 수시로 반복되는 산업계 풍토에선 세계시장에서도 위력을 발휘하는 '히든 챔피언'이 길러지기 어렵다."[28]

기본적인 풍토도 히든 챔피언의 탄생을 어렵게 만든다. 지몬은 "80퍼센트에 이르는 한국의 대학진학률은 아무리 좋게 봐도 과잉이고, 우수한 젊은 인재들이 유독 대기업만 선호하는 것도 문제"라며, "독일에선 중견·중소기업의 기술 명장名匠이 대졸자보다 훨씬 많은 돈을 받는다"고 말했다. 그는 "한국이 히든 챔피언을 키우려면 이처럼 수십 년간 한 분야에 종사한 장인들이 더 존경받는 문화를 만들 필요가 있다"고 덧붙였다.[29]

그런데 그런 풍토가 변화할까? 대학에 진학하지 않고 장인이 되겠다는 자식을 내버려둘 부모가 얼마나 될까? 아무리 생각해봐도 '히든 챔피언'은 한국이 취할 수 있는 모델은 아닌 것 같다. 지금과 같은 입시전쟁의 문제를 해결해야만 히든 챔피언이 나올 수 있다면, 그건 그야말로 '배보다 배꼽이 큰 문제'가 아닌가 말이다. 하지만 입시전쟁을 포함해 한국 사회의 문제들을 성찰해볼 수 있는 기회를 갖기 위해서라도 히든 챔피언의 필요성을 강력히 주장할 필요는 있겠다.

속물 효과

39

왜 천연자원이 풍부한 나라들은
발전이 어려운가?

자원의 저주

스페인 제국의 몰락은 아메리카 대륙의 식민지화와 밀접한 관련이 있다. 스페인은 식민지에서 금과 은 등을 채취하는 데엔 훗날의 영국보다 훨씬 성공적이었지만, 상대적으로 식민지에 유익한 농사와 상업은 등한시했다. 아메리카 대륙에서 쉽게 자원의 부를 공급받자 자국 경제를 성장시키려는 동기가 약화되어 국력을 약화시키는 결과를 초래하고 말았다. 미국 역사가 앨런 브링클리Alan Brinkley, 1949-는 "바로 이 점이 스페인이 북유럽의 경쟁 국가들보다 발전이 더뎠고, 그 힘이 17세기에 급격히 쇠퇴한 이유 중의 하나"라고 말한다.[30]

이게 바로 '자원의 저주resource curse'의 고전적 사례다. 자원의 저주는 천연자원이 풍부한 나라들은 그렇지 못한 나라들보다 경제사회적 발전에서 오히려 뒤처진다는 역설로, 1993년 리처드 오티Richard Auty가 『광물경제의 지속적 발전: 자원의 저주론Sustaining Development in Mineral Economies: The Resource Curse Thesis』에서 처음 제시한 것이다. 자원의 저주가 빚어지는 이유는 나라마다 좀 다르긴 하지만 대략 다음 10가지를 들 수 있다.

① 천연자원 가격의 불안정성으로 안정된 경제 운영을 하기 어렵다. ② 생산의 대부분을 지하자원에 의존하기 때문에 서비스업이나 제조업의 발전이 더디다. ③ 광업에 생산력을 집중하기 때문에 제조업이나 첨단산업에 비해 생산성이 떨어진다. ④ 자원을 선점한 기업은 채굴 외에 어떠한 투자도 하지 않고, 이익의 일정액만 생산국가에 주면 되기 때문에 기술의 발전이 느리다. ⑤ 정부 역시 주어진 이익만 챙기고, 다른 산업에 신경을 쓰지 않는다. ⑥ 천연자원에서 돈이 나오므로 발전을 위한 장기적 인프라 구축에도 소홀해진다. ⑦ 다른 경제 부문과의 관계도 단절되어 총합적인 발전을 기대하기 어렵다. ⑧ 자원 수출로 얻은 부富를 일부 계층이 독점해 빈부격차가 심화된다. ⑨ 시민들은 세금을 내지 않거나 매우 적게 내기 때문에 자기계발 의욕이 약할 뿐만 아니라 정부 감시를 소홀히 하기 때문에 부정부패가 창궐하기 쉽다. ⑩ 이런 모든 조건은 억압적 정부 탄생의 온상이 된다.[31]

영국 심리학자 토머스 차모로-프레무지크Tomas Chamorro-Premuzic는 『위험한 자신감: 현실을 왜곡하는 아찔한 습관Confidence: Overcoming Low Self-Esteem, Insecurity, and Self-Doubt』(2013)에서 풍요로운 자원이 가져다주는 자신감 과잉도 자원의 저주가 일어나는 이유일 수 있다고 말한다.

"아르헨티나는 한때 부유한 나라였지만 지금은 그렇지 않다. 이는 왜곡된 자신감과 비현실적인 특권의식에 따른 당연한 결과다. 그들이 갖고 있는 비옥한 토지에 대한 자신감이 지나쳤기에 경제를 현대화하는 데 오랜 시간이 걸렸다. 정치평론가인 로센도 프라가Rosendo Fraga는 '아르헨티나는 변화를 위해 소박한 나라인 칠레나 우루과이를 롤 모델로 삼을 필요가 있다'고 주장했다."[32]

자원의 저주엔 역사적으로 형성된 구조적 이유도 있다. 제2차 세계대전 후 신생 독립국가들이 천연자원 수출 중심의 국제관계에 속하게 된 이유와 관련, 미국 코넬대학 교수 필립 맥마이클Philip McMichael은 다음과 같이 말한다.

"식민 지배 분업의 유산인 '자원으로 얽힌 속박resource bondage' 이제3세계의 사회 구조에 깊이 새겨 있어서, 토지 소유자와 상인으로 이루어진 무역 계급은 원자재 수출로 큰 이득을 보았다. 당연히 그들은 이러한 국제관계를 선호했다."[33]

2008년 6월 17일 미국의 『월스트리트저널』은 원자재 가격 급등에 신이 나야 할 자원대국들이 자원의 저주에 시달리고 있다고 보도했다. 풍부한 자원을 바탕으로 수출이 증가하면서 부의 급증이 발생하고 물가 급등으로 인한 인플레이션이 심해졌으며, 소득분배가 제대로 되지 않아 국민들의 시위 등 사회적 긴장이 고조되고 있다는 것이다. 이들 자원 부국은 물가 급등으로 인한 인플레이션 우려, 임금 인상과 소득분배의 불평등으로 인한 소요, 빈부격차 확대 같은 다양한 사회 문제를 겪고 있다. 대표적 예로 구리 특수를 누리던 남아프리카공화국에서 경제난으로 외국인 배척 시위가 일어나고 밀 수출국 카자흐스탄에서 국내 밀값 상승으로 국민들의 불만이 높아졌다.[34]

'자원의 저주'의 대표적 사례로 거론되는 나라는 중동 산유국이다. 신동열은 "사우디아라비아는 석유 생산과 매장량에서 세계 최대 국가다. 당연히 에너지 부국이다. 사우디 GDP에서 석유가 차지하는 비중은 50퍼센트를 넘는다. 국가 재정에서 차지하는 석유의 위상은 더 압도적이다. 2012년 재정수입 중 석유의 비중은 90퍼센트 정도로 추정된다.……재정이 풍부하고 국민의 세금 부담이 거의 없는 나라 사우디아라비아. 하지만 사우디를 경제대국이라고 부르는 사람은 별로 없다"며 다음과 같이 말한다.

"사우디아라비아의 공식 실업률은 10퍼센트를 훌쩍 넘는다. 전체 인구의 60퍼센트에 이르는 30세 미만의 청년층 실업률은 전체 평균보다 훨씬 높다. GDP에서 차지하는 제조업 비중이 10퍼센트에도 못 미쳐 일자리 자체가 부족한 영향도 있지만 사우디 젊은이들은 힘들게 일할 필요를 못 느낀다. 사우디인들이 꺼리는 일자리는 아시아 각국에서 몰려온 노동자들이 메운다. 전체 고용에서 외국인이 차지하는 비중은 50퍼센트를 넘을 것이란 게 일반적 분석이다.……사우디아라비아, 쿠웨이트 등 중동 산유국들은 석유 하나로 막대한 부를 축적하면서도 진정한 의미의 경제선진국엔 진입하지 못하고 있다. 즉 '자원의 저주'라는 굴레를 벗어나지 못하고 있는 것이다."[35]

중동 산유국이 겪고 있는 '자원의 저주'를 일컬어 '석유의 저주oil curse'라고도 한다. 러시아도 이 대열에 합류하고 있다는 지적이 있다. 미국의 출판 재벌이자 정치인인 스티브 포브스Steve Forbes, 1947-는 "러시아의 민주화가 어려운 이유는 여전히 계획경제 탓이다. 이 나라의 가장 큰 수입원은 자유시장이 아니라 석유를 비롯한 천연자원에서 벌어들이는 수입이다"며 다음과 같이 말한다.

"이처럼 자원 지향적인 반영은 과두정치와 권위주의 정부의 권력을 옹호하는 자본주의 환영을 만들어낸다. 과도한 사회복지 또는 젊은이들에게 물려준 과도한 재산의 폐해가 그렇듯이, 석유의 저주 때문에 러시아 정부는 다각적이고 창의적인 경제를 건설할 동기를 상실한다."[36]

이른바 '네덜란드병Dutch Disease'은 '자원의 저주'의 한 유형으로, 1977년 『이코노미스트』가 붙인 이름이다. 네덜란드는 1959년 거대한 천연가스 발굴 이후 가스 시장은 커진 반면 다른 수출 경제가 위축되는 일이 벌어졌다. 달러의 대량 유입이 통화 강세와 수출 경쟁력 약화로 이어지면서 제조업과 농업이 쇠퇴해 네덜란드의 국제 경쟁력이 크게 약화된 것이다.[37]

네덜란드는 결국 '네덜란드병'을 극복하고 이른바 '네덜란드의 기적Dutch Miracle'을 만들어내는 데에 성공했다. KDI 선임연구위원 유경준은 "1980년대 초까지 네덜란드는 실업률이 14퍼센트에 달했다. 또 만성적인 복지병에 재정적자까지 겹쳐 유럽뿐 아니라 전 세계로부터 네덜란드병Dutch Disease이라는 조롱을 받았다"며 다음과 같이 말한다.

"네덜란드 노사는 1982년 말 경제의 체질 개선을 위한 대타협을 이루었고, 10여 년 만에 유럽의 문제 국가에서 강소국으로 환골탈태했다. 임금인상 자제와 근로시간 단축을 통한 일자리 나누기가 대타협의 주요한 골자였다. 이 협약이 그 유명한 바세나르 협약Wassenaar Accord이며, 폴더Polder 모델로도 불리는 네덜란드식 사회적 합의 모델의 기초가 되었다. 시간제 일자리는 이런 네덜란드의 기적Dutch Miracle

을 만든 주요한 원동력이었다."[38]

　자원이 많다고 해서 무조건 저주가 되는 건 아니다. 반대로 풍부한 자원을 효율적으로 이용해 경제성장이 빨라지는 현상은 '자원의 축복resource blessing'이라고 하는데, 미국과 노르웨이가 대표적인 나라다. 한국, 싱가포르, 대만 등은 천연자원이 거의 없으면서도 성공을 거둔 대표적인 나라들이다. 미국 경제학자 토드 부크홀츠Todd G. Buchholz는 베네수엘라가 지난 50년간 겪어온 '석유의 저주'를 한국과 비교하면서 다음과 같이 말한다.

　"한국에는 이 끈적끈적한 검은 황금이라든가 반짝이는 14캐럿 황금도 없다. 세계 5위의 원유 수입국이며 세르비아보다 금 매장량이 적다. 1960년 초, 한국은 베네수엘라보다 가난한 나라였으며 아이티 수준이었다. 그런데 2012년 현재 한국의 생활수준은 서유럽 국가 생활수준과 견줄 정도다. 산유국이 아닌 한국은 인재와 근면밖에 믿을 것이 없었다. 한국 부모들은 아이들 교육에 모든 것을 쏟아붓는다. 반면 베네수엘라는 석유가 쏟아지는 것만 바라보며 돈을 허비한다. 1970년대, 베네수엘라의 석유장관은 석유를 가리켜 '악마의 배설물'이라며 석유가 우리를 파멸시킬 것이라 예언했다."[39]

　우리에겐 자원의 저주를 사회생활에 적용시킨 오랜 속담이 있다. "부자는 3대를 못 간다"는 말이다. 부잣집 자식들에게 주는 악담 형식의 덕담으로서야 여전히 유효한 말이겠지만, 과연 이 말이 확실한 근거가 있는 것인지는 따져볼 필요가 있겠다. 부의 대물림이 학벌과 인맥의 대물림으로 이루어지고 있는 현실에서 가난한 사람들을 위로하기 위한 말은 아닌지 모르겠다.

자원의 저주

40

왜 풍년이 들면 농민들의
가슴은 타들어 가는가?

구성의 오류

"찌는 듯한 무더위의 기세가 한풀 꺾이면서 본격적인 수확철에 접어들었지만, 청원지역 농민들은 농작물 수확에 앞서, 농산물 가격 폭락에 깊은 고민에 빠져 있다.……빨갛게 익은 고추를 따는 그의 표정이 밝지만은 않았다. '풍년이면 뭘 해. 고춧값이 작년보다 절반도 안 돼.' 지난해 600g에 1만 5천 원 정도 했던 고추 가격이 올해는 7천 원까지 떨어졌다. 아예 밭을 뒤엎고 다른 농사를 준비하는 농가도 있었다."[40]

『충북일보』(2013년 8월 25일)에 실린 「풍년 농사에도 웃지 못하는 농가 왜?: "수확할수록 손해"…밭 뒤엎는 농가 속출」이라는 기사다. 충북에만 국한된 현상은 아니다. 2013년 8월 29일 전국여성농민회총연합 제주도연합은 전국여성농민대표자대회 상경투쟁에 따른 성명

을 내고 "마늘값은 바닥까지 추락하고 있고 고추 가격도 반 토막이 나서 농민들의 가슴은 타들어 가고 있다"고 했다.[41]

거의 매년 이런 일이 일어난다. 농산물 가격 폭락은 농산물 수입과 더불어 생산량 증가 때문이다. 풍년이 되면 농산물 값이 크게 떨어져 오히려 농민들의 가슴은 타들어 가는 '풍년의 역설'은 37년 만의 대풍大豊인 2013년 가을에 더욱 뚜렷이 나타났다.[42]

농사를 잘 지어 생산량을 늘리는 것은 농민의 보람이지만, 모든 농민이 다 농사를 잘 짓는다면, 농산물 가격이 폭락해 모든 농민에게 재앙이 될 수 있다. 이런 이치를 가리켜 '구성의 오류fallacy of composition' 또는 '합성의 오류'라고 한다.

구성의 오류는 부분에 대해 말할 수 있는 것을 전체에 부당하게 적용하거나 개별적인 요소에 해당되는 것을 집합 전체에 부당하게 적용하는 것인데, 개인적으로는 타당한 행동을 모두 다 같이할 경우 전체적으로는 부정적인 결과가 초래될 때 쓰는 말이다.

경제학자 존 메이너드 케인스John Maynard Keynes, 1883-1946가 말한 '절약의 역설Paradox of Thrift'이 좋은 예다. 불황에 저축을 늘리면 개인은 안전감을 느끼겠지만 모두가 다 그렇게 하면 소비가 줄어 경기를 더 악화시키는 결과를 초래한다는 것이다. 현재 한국 경제가 바로 이 '절약의 역설'에 빠져 있다는 주장도 있다.[43]

'구성의 오류'의 반대인 '분할의 오류fallacy of division'는 어떤 대상에 대해 집단적으로 말할 수는 있어도 이것을 그 부분이나 구성 요소에 적용하면 옳지 못한 경우를 가리킨다. '분해의 오류'라고도 한다. 사람을 평가하는 데 그 사람 자체를 평가하기보다 그 사람이 속한 연고 집단이나 사회집단으로 평가하려 드는 건 분할의 오류에 해당된다. "전주는 전국에서 가장 맛있는 비빔밥으로 유명한 비빔밥의 본고장이다. 그러므로 전주의 어떤 식당에서건 전국 최고의 비빔밥을 맛볼 수 있다"고 한다면, 이 또한 분할의 오류다. [44]

귀스타브 르봉Gustave Le Bon, 1841-1931의 『군중심리』(1895)나 라인홀드 니부어Reinhold Niebuhr, 1892-1971의 『도덕적 인간과 비도덕적 사회Moral Man and Immoral Society』(1932)는 사실상 개인과 사회의 관계에서 나타나는 구성의 오류를 지적한 책이라고 해도 과언이 아니다. 개인은 합리적이거나 도덕적이지만, 그런 개인들로 구성된 군중이나 사회는 비합리적이고 비도덕적일 수 있다는 것이다. 그간 우리 언론에서 사용된 '구성의 오류'에 관한 몇 가지 용례를 살펴보자.

2006년 권영준은 참여정부가 정권의 정체성을 걸고 추진했던 부동산대책이 실효를 거두지 못한 이유는 구성의 오류 때문이라고 했다. "지역균형발전의 정책 목적을 갖고 추진하는 혁신도시, 기업도시, 행복(행정중심복합)도시들로 인해 지방 토지 가격들이 엄청나게 급등했는데 이로 인해 혜택을 받은 사람들은 아이러니컬하게도 서울 강남 사람들이라는 것이다. 왜냐하면 토지 수용으로 보상을 받은 사람 중 상당수가 그 돈으로 강남의 아파트를 사는 바람에 강남아파트 가격이 더 올라가는 구성의 오류가 발생했다는 것이다." [45]

류근옥은 2008년 세계적 금융위기의 발생 원인 중 하나는 '구성의 오류' 때문이라고 주장했다. 1990년대 세계경제의 기본 질서는 영역 간 장벽을 허물고 무한경쟁을 하는 것이었는데, 그 결과 나타난 현상 중 하나가 은행·증권·보험이 그동안의 장벽을 트고 얼마든지 겸업을 할 수 있게 된 것이다. 개별 은행이나 개별 보험사로서는 사업의 다각화를 통해서 리스크가 더 잘 분산될 수 있었지만, 사회적 차원에서 보자면 시장 전체의 리스크를 막아주거나 상쇄해줄 수 있는 기능이 사라지고 말았다. 즉, 남이 물에 빠졌을 때 건져줄 사람이 없이 다 같이 물에 빠져 난리를 치게 되는 상황이 된 셈이라는 것이다.[46]

2013년 4월 김종수는 경제팀은 대통령의 말 한마디가 나올 때마다 '경제 민주화'와 '경기 활성화' 사이를 오락가락하고 있다며, 이렇게 주장했다. "문제는 이 모든 것을 한꺼번에 다할 수도 없고, 그래서도 안 된다는 것이다. 재원의 한계와 시급성의 정도, 정책의 연관성과 효과 등을 따져 시행 여부와 우선순위를 가려야 하는 이유다. 그것이 바로 정부가 해야 할 일이다. 의미 있고 좋은 정책이라고 무작정 다 하다간 경제는 뒤죽박죽 엉키고 재정만 바닥난다.……총론은 없이 각론만 난무하다 보면 합성의 오류에 빠질 공산이 크다."[47]

신동열은 핵 문제에도 '구성의 오류'가 적용될 수 있다고 주장한다. "어떤 나라가 핵주권을 주장하는 것은 나름 일리가 있다. 하지만 모든 국가들이 핵주권을 외치며 핵무기를 개발한다면 세상은 어찌 될까. 아마 더 평화로워지지 않을 확률이 훨씬 높아질 것이다. 주권론의 함정은 책임론이다. 평화로운 국제질서에 대한 책임의식 없이 핵무기만 고집하는 나라들이 늘어난다면 세상은 더 혼란스러워질 것이다. 북한의 핵으로 한반도 정세가 그만큼 불안해진 것이 이를 반증한다."[48]

컴퓨터를 통해 만들어내는 '가상의 최고 미인' 실험도 구성의 오류로 빠지기 십상이다. 대중의 사랑을 받는 톱스타 연예인들의 가장 예쁜 얼굴 부위만 따로 떼내어 합쳐 보면 어떻게 될까? 예컨대, 김태

희의 눈, 이영애의 코, 송혜교의 입술, 고소영의 얼굴형, 전지현의 머릿결을 컴퓨터로 합성해보면 어떤 얼굴이 나올까? 이런 실험이 국내외에서 몇 차례 있었지만 매번 합성한 얼굴은 어색하게 보인 건 물론 결코 예쁘다고 말하기 어려운 수준이었다.[49] 성형수술을 하려는 사람들이 꼭 명심해야 할 점이 아닌가 싶다.

정치권에서 자주 외치는 '빅 텐트big tent'론도 구성의 오류를 낳는다. '빅 텐트'는 서커스에서 나온 말이다. 서커스단의 빅 텐트 내부는 여러 구획으로 나뉘어져 있어 각기 다른 쇼들을 동시에 공연할 수 있었는데, 이를 정치에 비유한 것이다. 정치에서 '빅 텐트'는 "다양한 파벌들을 하나로 뭉치게 하는 큰 대의大義나 정책"으로, 주로 선거에서 승리를 위해 애용하는 것이다.[50]

한국에서 2011년부터 외쳐진 '빅 텐트'론은 "야 5당이 합당 등을 통한 '화학적 결합'을 하지 않고, '진보 진영'이라는 '거대한 텐트' 속에서 단일후보를 선출한 뒤 2012년 총선에서 승리하고 그 여세를 몰아 대선에서도 승리하겠다는 전술"이었지만, 처참한 실패로 돌아가고 말았다. 유권자들이 보기엔 구성의 오류였던 셈이다. '빅 텐트'에 가담하는 세력들로서는 각자 '대의를 위한 타협'일망정 그 총합이 '승리를 위한 정략'으로 여겨지면 역효과가 나기 마련이다.

구성의 오류

제 9 장

네트워크
와
신호

41

왜 혁신은
대도시에서 일어나는가?

네트워크 효과

빌 게이츠Bill Gates가 세운 마이크로소프트의 초기 슬로건은 "우리가 표준을 만든다We set standard"였다. 게이츠는 표준 설정을 위한 시도에 '복음 전도evangelization'라는 이름을 붙였다. 마이크로소프트가 하는 일은 신도들을 개종시키는 것과 같은 작업이라는 뜻이다.[1]

1980년대 초 게이츠가 MS-DOS를 무료로 시장에 뿌린 것도 표준 설정을 위한 전략이었다. 소비자들이 일단 도스DOS의 맛에 길들여지게 만든 후에 그들에게서 돈을 뽑아내겠다는 것이었고, 이런 표준 설정 전략은 큰 성공을 거두었다. 표준을 위해선 선점이 필요했고, 선점을 위해선 예술적 깊이를 추구할 필요가 없었을 뿐 아니라 조잡하고 설익은 제품이라 하더라도 시장에 빨리 내놓는 게 더 중요했다.[2]

게이츠는 불법 소프트웨어의 유통도 표준 설정을 위해선 도움이 된다고 보았기 때문에 불법 복제를 근절시키기보다는 적정 수준에서 관리하는 방식을 취했다. 1998년 게이츠는 워싱턴대학에서 학생들에게 다음과 같이 말했다.

"매년 중국에서 300만 대의 컴퓨터가 판매되고 있음에도 불구하고, 사람들은 소프트웨어를 이용하는 대가를 지불하지 않고 있습니다. 하지만 언젠가 그들은 소프트웨어를 이용하는 대가를 지불하게 될 것입니다. 그들이 소프트웨어를 훔쳐야 한다면 우리 것을 훔치길 바랍니다. 그러면 그들은 우리 소프트웨어에 중독될 것이고, 향후 10년 내에 우리는 소프트웨어 이용료를 징수하는 방법을 찾아내게 될 것입니다."[3]

이처럼 어떤 상품에 대한 수요가 형성되면 이것이 다른 사람들의 수요에 영향을 미치는 것, 즉 사용자들이 몰리면 몰릴수록 사용자가 계속 늘어나는 것을 가리켜 '네트워크 효과network effect'라고 한다. 미국 경제학자 하비 레이번스타인Harvey Leibenstein, 1922-1994이 제시한 개념이다.

생산자는 네트워크 효과로 인해 생산 규모가 커질수록 비용이 줄어드는 효과를 누릴 수 있다. 왜냐하면 많은 사람이 사용할수록 규모의 경제에 의해 생산비는 낮아지는 반면, 네트워크 효과에 의해 사용자 수는 더 많이 증가하기 때문이다. 네트워크 효과는 사실상 네트워크 외부 효과network externalities인 셈이다.(참고 '외부 효과')

네트워크 효과의 전형적인 예는 바로 전화다. 많은 사람이 전화를 사용하지 않는다면 무슨 소용이 있겠는가. 휴대전화도 마찬가지다. 이동통신사들이 공짜 휴대전화를 나눠주는 이유는 고객이 예뻐서가 아니다. 더 많은 사람이 휴대전화를 사용해 휴대전화 없인 살 수 없게끔 만들어놓고 나서 더 많은 돈을 더 쉽게 챙겨가기 위해서다. 이런 네트워크 효과가 기존의 '규모의 경제economies of scale'와 무엇이 다른가? '규모의 경제'가 생산 측면의 개념이라면, '네트워크 효과'는 수요 측면의 개념이라고 할 수 있다.[4]

세계 최대의 전자상거래 업체 이베이eBay도 '네트워크 효과'의 대표적인 성공 사례로 꼽힌다. 이베이에선 좋은 평판이 쌓일수록 거래에 유리하기 때문에 한 번 발을 들인 사람은 떠나지 않는다. 네트워크가 커질수록 고객들이 계속 머무를 가능성은 더욱 높아지는 것이다.[5]

어떤 상대집단의 크기가 클수록 더 높은 이익이나 효용을 얻는 효과를 '간접 네트워크 효과indirect network effect'라고 한다. 예컨대, 애플 앱스토어를 보자. 애플은 아이폰과 아이팟의 성공으로 이미 상당한 소비자 집단이 형성되어 있기 때문에, 자신이 만든 앱(애플리케이션 · 응용 프로그램)을 최대한 많은 사람에게 노출해 판매하려는 앱 개발자로서는 높은 수수료를 지불하고서라도 꼭 들어가고 싶은 꿈의 궁전과 같다. 즉, 애플 앱스토어는 간접 네트워크 효과가 큰 것이다.[6]

인터넷에서 네트워크 효과와 관련된 여러 법칙이 있는데, 가장 널리 알려진 건 '메트칼프의 법칙Metcalfe's Law'이다. 이 법칙은 1980년대에 근거리통신망 이더넷Ethernet의 창시자인 메트칼프에 의해 제창된 것으로 "네트워크 규모가 커질수록 비용의 증가폭은 점점 작아지지만 네트워크의 가치는 기하급수적으로 증가한다"는 것이다. 이 법칙은 LAN으로 연결된 기업체 안의 컴퓨터 네트워크에 초점을 맞추고 있지만, 인터넷은 이 법칙을 전혀 새로운 수준으로 올려놓음으로써 이젠 많은 사람이 연결되어 있는 네트워크를 형성하는 것이 기업의 성패를 가늠하는 잣대가 된다는 걸 시사하고 있다.

그 밖에 '리드의 법칙Reed's Law'과 '카오의 법칙Cao's Law' 등이 있다. 컴퓨터 공학자 데이비드 리드David P. Reed, 1952-의 이름을 딴 '리드의 법칙'은 "네트워크의 효용성은 네트워크의 규모가 커질수록 기하급수적으로 증가한다"는 법칙이고, 경영 컨설턴트 존 카오John Cao가 제창한 '카오의 법칙'은 "창조성은 네트워크에 접속되어 있는 다양성에 지수함수로 비례한다"는 법칙이다.[7]

과거엔 "도시는 선이다"는 슬로건이 유행했지만, 오늘날엔 "도시는 네트워크다"는 슬로건이 그걸 대체했다. 당연히 도시 역시 네트워크 효과의 제공자인 동시에 수혜자다. 도시학자 제인 제이콥스Jane Jacobs, 1916-2006는 『미국 대도시의 죽음과 삶The Death and Life of Great American Cities』(1961)에서 도시의 다양성이 더 많은 다양성을 낳는다고 했다. 도시가 크면 클수록 그 도시가 만들어내는 것은 더 다양해지고, 소규모 생산 업체들의 수와 비중도 커진다는 것이다.[8]

캐나다 토론토대학의 도시경제학 교수 리처드 플로리다Richard Florida, 1957-는 오늘날 세계 최대의 거대 도시 40곳이 세계 인구의 18퍼센트가 사는 곳이자 세계경제 산출량의 3분의 2를 생산하고 새로 특허를 받는 혁신 사례의 거의 90퍼센트가 산출되는 곳이라며, 도시를 '창조성의 원천'이라고 했으며, 미국 작가 스튜어트 브랜드Stewart Brand, 1938-도 "늘 그래 왔듯이, 도시는 부유한 창조자다"고 주장한다.[9]

영국 출신의 하버드대학 역사학과 교수 니얼 퍼거슨Niall Ferguson,

1964-은 『위대한 퇴보The Great Degeneration』(2012)에서 도시가 클수록 임금이 더 높고, 교육기관의 수와 문화 행사의 수, 등록되는 특허의 수도 더 많고, 더 창의적이고, 일자리 종류도 훨씬 다양하고, 심지어 사람들이 작은 도시의 사람들보다 훨씬 빨리 걷는 것 등도 모두 '네트워크 효과'로 설명할 수 있다고 주장한다.[10]

하버드대학 경제학과 교수 에드워드 글레이저Edward Glaeser, 1967-는 『도시의 승리Triumph of the City: How Our Greatest Invention Makes Us Richer, Smarter, Greener, Healthier, and Happier』(2011)에서 혁신과 학습을 조장하는 데 도시가 가진 우위의 대표적 사례로 한국이 이룬 성공을 들었다. 서울은 수십 년 동안 전국 각지에서 많은 인재를 끌어오며 번영한 도시로서 위상을 높였는데, 서울의 크기와 범위는 서울을 위대한 혁신의 집합소로 만들었다는 것이다. 그는 다음과 같이 말한다.

"상경한 근로자들은 농촌 공동체에서 고립된 생활을 접고 세계경제의 일부가 될 수 있었다. 서울은 한국인들만을 서로 연결해주는 것은 아니다. 서울은 오랫동안 한국과 세계 국가들 사이의 연결고리 역할을 해왔다. 서울은 한국과 아시아 국가들, 그리고 유럽과 미국을 연결하는 관문이다. 서울의 교통 인프라는 사람들뿐 아니라 그들의 머릿속에 담긴 아이디어가 한국의 안팎으로 흐를 수 있게 해준다."[11]

사실 서울이라고 하는 초일극 중앙집중화의 터전 위에 선 '아파트 공화국'이야말로 네트워크를 깔기에 가장 적합한 체제였다. 한국은 국민의 반 이상이 아파트에 거주할 뿐만 아니라 전화국 반경 4킬로미터 내에 거주하는 인구가 93퍼센트라 인터넷 서비스 공급에도 매우 유리한 위치를 확보해 하드웨어에선 세계적인 인터넷 강국이 되었다.[12]

그러나 대도시가 제공하는 네트워크 효과엔 그만한 비용과 희생이 따르기 마련이다. 네트워크 효과로 성장한 거대 기업들이 독과점의 횡포를 저지르듯, 네트워크 효과는 그 효과에서 배제된 사람들에게 부당한 희생을 강요한다. 또한 네트워크 효과를 낳게 하는 이른바 '연결과잉overconnectivity'은 통제 불능 등과 같은 수많은 부작용을 낳으면서 사회 전체를 파멸의 위기에 빠뜨릴 수도 있다.[13] 대도시의 네트워크 효과도 마찬가지다.

대도시의 인구 과밀過密은 '도시형 노이로제'와 '공간축소 증후군'을 유발하는 등 사회적·육체적 병리 현상을 크게 증가시킨다.[14] 또한 데이비드 하비David Harvey, 1935-가 잘 지적했듯이, 오늘날 도시들의 공간적 형태 속에서는 계급 관계가 뚜렷이 드러나기 때문에 도시는 분열과 갈등의 온상이 된다.[15]

한국에는 또 다른 문제가 있다. 그 어떤 혁신에도 지방을 식민지화하고 있는 서울의 크기와 범위는 무조건 무한대 팽창할수록 좋다고 말할 수는 없을 것이다. 그 어떤 혁신이라도 "과연 누구를 위한 혁신인가?"라는 물음을 피해갈 순 없기 때문이다. 네트워크 효과가 아무리 유익하고 아름다워도 그 네트워크에서 배제된 사람들에겐 흉악과 추악의 대명사일 수 있다.

42

왜 2013 프로야구
FA 시장이 과열되었나?

외부 효과

2013년 국내 프로야구 FA(프리에이전트: 자유계약선수) 시장 총액이 523억 5,000만 원으로 역대 최고를 기록하면서 너무 과열되었다는 우려의 목소리가 쏟아졌다. 롯데자이언츠는 3명(강민호 4년 총액 75억 원, 최준석 4년 총액 35억 원, 강영식 4년 총액 17억 원)의 FA를 붙잡기 위해 2013년 롯데 선수단 총 연봉(49억 6,700만 원)의 2.5배가 넘는 127억 원의 금액을 투자한 셈인데, 이건 지나치지 않느냐는 것이다.[16]

박용훈은 523억 원이라는 '억의 향연'이 갖는 긍정적 측면을 지적하면서도 꺼림칙한 것이 많다고 했다. 그는 "올해 FA 시장은 '시장의 실패'에 가깝습니다. 경제학 원론에 보면 시장 실패 요인 중 하나로 '외부 효과'를 드는데 올해 FA 시장이 딱 그렇습니다. '이택근 – 김주찬 50억' 외부 효과로 인해 가격이 폭등해버린 것입니다"라면서 다음과 같이 말한다.

"넥센 히어로즈가 2011시즌 종료 후 LG에서 FA로 풀린 이택근에게 4년간 50억을 안긴 것은 야구팬 모두를 놀라게 한 '깜짝 계약'이었습니다. 3할 타격에 좋은 수비와 주루를 갖췄지만 LG 시절 이런 저런 부상에 시달리며 특별히 보여준 게 없던 이택근이기에 더욱 그랬습니다. 넥센이 이택근에게 50억을 준 것은 사실 야구 외적인 측면이 더 컸습니다. 넥센의 전신 현대 유니콘스 출신 이택근에게 거액을 안김으로써 그를 덕아웃 리더로 만들고, 재정이 빈약하다는 구단의 이미지도 없애며, 다른 넥센 선수들에게 자극을 주기 위함이었지요. 야구 실력에 따른 수요-공급에 따라 결정된 가격이 아니라는 것입니다."

이어 박용훈은 "이택근의 예가 없었다면 12년간 선수 생활 중 단 2번 3할을 친, 국가대표를 한 적도 없는 평범한 외야 수비력을 가진 김주찬이 결코 50억이라는 거액에 계약할 수는 없었을 것입니다.…… 올해는 이 '이택근-김주찬' 외부 효과가 대폭발했습니다"라면서 다음과 같이 말한다.

"희소한 포지션인 포수에 프랜차이즈 스타이긴 하나 결코 특A급 선수라고 할 수 없는 강민호가 무려 75억에 계약을 했고 전성기가 지난 정근우는 역시 70억이라는 거액에 계약을 했습니다. 수술 때문에 내년 전반기 출장이 불투명한 이용규는 67억에 사인을 했고 삼성 이외의 팀에서는 10승 이상을 장담할 수 없던 장원삼이 60억에 계약을 했습니다. 심지어 올 시즌 주전에 밀린 채 대주자-대수비 전문으로 뛰던 이대형도 4년 24억에 계약을 맺었습니다.…… 이런 FA 선수들의

외부 효과

몸값 거품 현상은, 결론부터 말하면 야구 발전에 나쁜 쪽으로 흐를 가능성이 많습니다. 한 선수가 많은 돈을 가져가게 될 경우 구단 운영비가 그만큼 늘지 않는다고 보면(운영비는 늘지 않을 가능성이 아주 큽니다) 다른 선수들의 몫이 분명 줄어들게 되기 때문입니다."[17]

날카로운 지적이다. '이택근-김주찬'의 거액 계약을 경제학 원론에서 말하는 의미의 '외부 효과'로 볼 수 있느냐 하는 의문을 제기할 순 있겠지만, 외부 효과를 넓은 의미로 보자면 그런 시각도 가능할 뿐만 아니라 참신하다. 외부 효과external effect, externalities는 어떤 경제활동과 관련해 다른 사람에게 의도하지 않은 혜택이나 손해를 가져다주면서도 이에 대한 대가를 받지도 않고 비용을 지불하지도 않는 상태를 말하기 때문이다.

외부 효과는 영국 경제학자 아서 세실 피구Arthur Cecil Pigou, 1877-1959가 1920년에 출간한 『후생경제학The Economics of Welfare』에서 처음 사용한 용어다. 다른 학문에서는 외부 효과를 '파급 효과spillover effect', '이웃 효과neighborhood effect', '제3자 효과third-party effect'라고도 부른다.[18]

웬만한 경제학 서적엔 외부 효과가 빠지지 않고 등장하는데, 내가 읽은 책 중에선 조지프 스티글리츠Joseph E. Stiglitz, 1943-의 『불평등의 대가The Price of Inequality: How Today's Divided Society Endangers Our Future』에 나오는 해설이 가장 이해하기 쉽고 참신한 것 같다. "오래전에 어떤 시인은 '누구도 섬이 아니다'고 말했다. 어떤 사회에서나 한 사람의 행동은 다른 사람에게 피해를 입히거나 혜택을 베푼다. 경제학자들은 이것을 외부 효과라고 부른다."[19]

외부 효과는 외부불경제external diseconomy와 외부경제external economy

로 구분된다. 외부불경제는 어떤 행동의 당사자가 아닌 사람에게 비용을 발생시키는 것으로, 부정적 외부 효과라고도 한다. 외부경제 external economy는 어떤 행동의 당사자가 아닌 사람에게 편익을 유발하는 것으로, 긍정적 외부 효과라고도 한다.

부정적 외부 효과의 예로는 대기오염, 소음 공해, 교통 체증 등을 들 수 있다. 간접흡연이라고 하는 외부 효과는 널리 알려져 있지만, 컴퓨터의 외부 효과에 대해선 많은 사람이 둔감하다. 정보 기술은 전 세계 온실가스 배출량의 2퍼센트를 발생시키는데, 두 번의 구글 검색이 커피 한 잔의 물을 끓이는 것과 똑같은 양의 온실가스를 배출한다고 한다.

통행료가 없는 도로는 막히게 되므로 사람들에게 혼잡세를 받는다면 교통량은 줄어들 것이다. 이 경우 혼잡세는 다른 사람에게 가하는 부정적 외부 효과의 대가인 셈이다. 대다수의 경제학자들이 오염에 과세를 하자는 것도 바로 그런 이유 때문인데, 이런 세금을 가리켜 외부 효과의 작명자인 피구의 이름을 따서 '피구세pigovian tax'라고 한다. 부정적 외부 효과의 좋은 점도 있는데, 쓰레기가 재활용이나 처리 기업을 탄생시켜 고용과 이윤을 창출하는 경우를 예로 들 수 있겠다.

긍정적 외부 효과의 예로는 과수원 주인과 양봉업자의 관계를 들 수 있다. 과수원 근처에서 양봉을 하면, 과수원에 꽃이 필 때 벌들이 꽃에 모여들어 양봉업자는 꿀을 많이 채취할 수 있고, 과수원 주인은 꽃에 수정이 많이 되어 더 많은 과일을 얻을 수 있다. 집을 깨끗하게 단장함으로써 그 앞을 지나는 사람들에게 상쾌한 기분을 준다거나 전염병에 대한 예방접종을 함으로써 다른 사람에게 전염 가능성을 스스로 차단해주는 것 역시 긍정적 외부 효과의 사례다.

부동산을 예로 들어 설명하는 게 더 실감이 나겠다. 부근에 공장이 건설되면 당해 주택가는 가치가 하락하고 부근에 녹지공원이 생기면 당해 주택가는 가치가 상승한다. 주거지가 상업지로 바뀌어 경제가치가 상승하는 경우도 있고, 도시계획의 변경, 공업단지의 지정, 그린벨트의 지정이나 해제, 우량농지의 지정, 부동산 세제의 강화, 개별 공시지가의 고시, 토지거래허가제 지역 지정 등과 같이 토지제도나 이용 규제, 부동산 세제 등의 변화에 따라 토지의 가격이나 이용에 영향이 있을 수 있다. 부정적이건 긍정적이건 이 모든 게 바로 외부 효과에 해당된다.

일반적으로 부정적 외부 효과에 대해선 과세로 대응하지만, 긍정적 외부 효과에 대해선 보조금을 지급하는 방식으로 장려한다. 다만 어느 정도로 얼마나 할 것이냐가 늘 논란이 된다. 영국 출신의 미국 경제학자 로널드 코스Ronald Coase, 1910-2013는 재산권을 분명하게 해 주면 외부 효과 문제를 정부가 개입하지 않아도 당사자 간 자발적 협상만으로 스스로 해결할 수 있다는 이른바 '코스의 정리Coase theorem' 이론을 주장했지만, 어디까지나 이론일 뿐 현실에선 적용하기 힘들다. 실제로는 계약서를 만들고 이를 집행하기 위해 변호사 선임 등의 거래 비용transaction cost이 존재하는바, 외부 효과 문제를 해결해 얻는 이득이 거래 비용보다 적으면 이해당사자들은 이 문제를 해결할 이유가 없기 때문이다.[20]

노벨경제학상 수상자인 시카고대학 교수 로버트 루카스Robert Lucas, 1937-는 도시에 몰려드는 인재들이 미치는 긍정적 영향을 가리켜 혁신과 경제성장에 대한 '인적 자원의 외부 효과human capital externalities' 라는 이름을 붙였다. 사람들이 다른 숙련된 사람들과 같이 일할 때 훨씬 더 생산적으로 변한다는 것이다. 이에 대해 도시 예찬론자인 리처드 플로리다Richard Florida는 다음과 같이 말한다.

"밀집된 생태계에 살면서 서로 많이 소통하는 인재들은 그렇지 않은 곳에서 사는 인재들보다 아이디어와 상품을 더 많이 생산해낸다. 세계화 또는 인터넷이 이런 추세를 변화시켰다는 증거는 현재로서는 없다. 세계화와 소비자 시장 확대를 통해 돈은 혁신적 분야와 이미 훌륭한 인재들이 충분히 집중된 혁신적 장소로 몰렸으며, 돈이 몰린 장소는 더욱더 크게 성장했다. 인재가 풍부한 생태 시스템은 다른 곳에서 쉽게 모방할 수 없다. 능력 있고 야심찬 인재들이 모여 일할 때, 그리고 이들이 모여 살 때 경제적 가치는 극대화된다."[21]

2013년 6월 18일 한국은행 총재 김중수는 중소기업 최고경영자와의 간담회를 열고 "정부·중앙은행이 '외부 효과'를 만들어 기업이 스스로 하지 못하는 것을 도와줘야 한다"며 "사람·기술이 대표적인 예"라고 말했다. 그는 이어 "유동성이 제아무리 많아도 돈이 필요한 실물경제에 전달되지 않으면 효과가 없다"며 "한은이 새로 도입한 기술형 창업 지원 제도를 이용하면 지식재산권을 담보로 대출받을 수 있다"고 덧붙였다.[22]

행동경제학자들은 외부 효과를 원용해 자제력과 관련된 문제를 '내부 효과internalities'로 부른다. 예컨대, 당뇨병이 있는 비만한 사람이 아이스크림을 먹기로 결정했다면 단기 자아가 장기 자아에게 해를 입히는 셈이다. 일부 행동경제학자는 공해 발생처럼 외부 효과에 대한 정부의 규제가 정당하다면 정부가 내부 효과를 줄이는 일에 나서는 것도 정당하다고 주장한다. 예컨대, 건강식품을 섭취하고 교육을 더 많이 받게 돕거나 정책적으로 은퇴자금을 모으게 유도하는 일을 해야 한다는 것이다.[23] 최근 논란을 빚은 미국 뉴욕시의 탄산음료 규제 시도(공공장소에서 판매되는 탄산음료 제품의 크기를 450밀리미터로 제한)가 바로 그런 생각에 근거한 것이다.

누구도 섬은 아니라고는 하지만, 그 원리는 약육강식弱肉强食의 지배를 받고 있는 게 오늘의 현실이다. 누군가가 어떤 행동으로 다른 사람에게 피해를 입히거나 혜택을 베풀 때에 이에 대한 평가와 뒤따르는 조치도 힘에 따라 천차만별이다. 힘이 강해 섬처럼 머무를 수 있는 사람들이 있는가 하면 힘이 약해 섬이 되기를 강요받는 사람들도 있다. 외부 효과를 사회학적 개념으로도 다루어야 하는 게 아닐까?

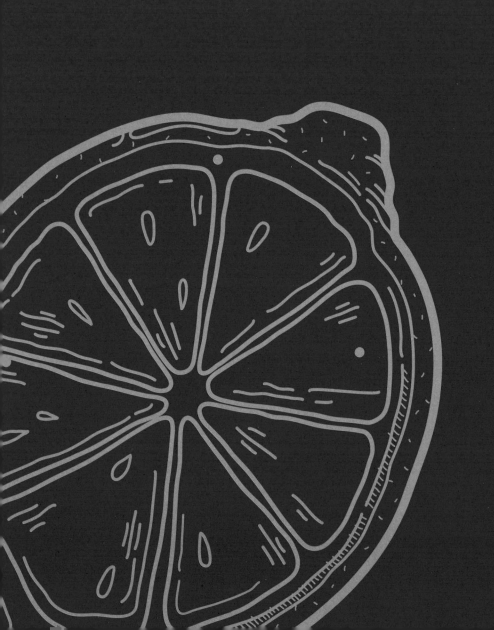

43

왜 유명 관광지나 버스 터미널 앞의
음식점은 맛이 없을까?

레몬 시장 이론

2001년 노벨경제학상은 정보경제학이라는 현대 경제학의 새로운 영역을 개척한 미국의 세 경제학자에게 돌아갔다. 조지 애컬로프George Akerlof, 1940-, 마이클 스펜스Michael Spence, 1943-, 조지프 스티글리츠Joseph Stiglitz, 1943-가 바로 그들이다. 스펜스와 스티글리츠의 이론에 대해선 나중에 살펴보기로 하고 여기선 애컬로프의 레몬 시장 이론에 대해 알아보기로 하자.

애컬로프는 캘리포니아 버클리대학 경제학과 조교수 시절 경제적으로 빠듯한 형편이라 중고차를 구입할 수밖에 없었는데, 이때의 경험을 근거로 중고차 시장의 작동 방식에 주목하게 되었다.[24] 그는 자신의 경험을 근거로 1967년 「레몬 시장: 품질 불확실성과 시장 메커니즘The Market for Lemons: Quality Uncertainty and the Market Mechanism」이란 제목의 13페이지 논문을 썼다. 이 논문을 학술지에 제출했지만, 세 번이나 퇴짜를 맞았다. 너무 하찮은 주제에 관한 논문이라는 게 주요 이유였다.

애컬로프는 3년이 지난 1970년에서야 『경제학 저널Quarterly Journal of Economics』에 이 논문을 발표할 수 있었는데, 이 논문은 이후 40여 년간 가장 많이 인용된 경제 논문이 되었으며, 결국 애컬로프에게 노벨상까지 안겨주게 된다.[25] 이 논문의 영향력에 힘입어 5년 후 미국 정부는 '레몬법Lemon Law'을 제정했다. 물론 '레몬 시장'이나 '레몬법'은 은유적 표현인데, 잠시 lemon에 대해 영어 공부를 하고 넘어가도록 하자.

lemon은 "결함 있는 차"라는 뜻으로도 쓰인다. 독한 신맛 때문일까? lemon이 과일 이외의 용법으로 쓰일 때 대부분 부정적인 의미를 갖는다. 불쾌한 것(일, 사람), 시시한 것, 맛(재미)없는 것, 불량품 등등. 불량품 중에서도 특히 자동차에 많이 쓰인다. Her car turned out to be a lemon(그녀의 차는 알고 보니까 형편없는 것이었다). He is a dead lemon(그는 아무짝에도 못 쓸 사람이다).

'레몬 시장lemon market'은 싸구려 저급품이 유통되는 시장을 가리킨다. 한국 신문에서조차 「레몬 마켓은 옛말⋯새 차보다 잘 나가는 중고차」라는 제목의 기사가 나올 정도로, 한국에서도 널리 알려진 말이다. 경제학자들이 군이 '레몬 시장'이라는 표현을 쓴 이유에 대해 장하성은 다음과 같이 말한다.

"레몬의 품질을 알기 위해서 레몬의 껍질을 벗겨 보아야 하는데 레몬 껍질을 벗겨 보고 살 수 없는 상황을 비유한 것이다. 이는 수박을 살 때 수박을 갈라 보고 살 수 없기 때문에 손으로 두드려서 맑게 울리는 소리가 나면 잘 익은 수박으로 생각하고 사지만, 맑은 소리가 나는 수박이 항시 잘 익은 것은 아닌 것과 같은 비유다."

속칭 '레몬법Lemon Law'은 불량품의 교환이나 환불의 청구 권리를 정한 법을 말한다. 미국에서 연방 차원 레몬법의 정식 명칭은 '마그누슨-모스 품질보증법Magnuson-Moss Warranty Act'이며, 각 주별로 다양한 주법州法이 있다.[26]

'레몬 사회주의lemon socialism'는 기업 파산이 경제에 미치는 영향을 고려해 기업에 대한 구제 금융을 하는 등 정부가 민간 영역에 개입하는 정책을 조롱하는 말이다. 시민운동가인 변호사 마크 그린Mark J. Green, 1945-이 1974년에 처음 사용한 말이다. 이와 비슷한 뜻의 말로 '정실 자본주의crony capitalism', '기업 복지corporate welfare', '부자에겐 사회주의 빈자에겐 자본주의socialism for the rich and capitalism for the poor'라는 말도 쓰인다.[27]

The answer is a lemon(그런 어리석은 질문에는 대답이 필요 없다). 20세기 초 미국에서 만들어진 말로, 영국에서도 널리 쓰이는 말이 되었다. 레몬의 톡 쏘는 자극적인 신맛을 어리석은 질문에 대한 독설에 가까운 반응에 비유한 것으로 이해하면 되겠다.[28]

이제 애컬로프의 레몬 모델로 돌아가자. 중고차를 파는 사람은 그것이 레몬(겉만 멀쩡한 차)인지를 알지만, 사는 사람은 일부 중고차들이 레몬이라는 것을 알아도 자신이 사는 차가 레몬인지는 알지 못한다. 판매자와 구매자 사이에 이른바 '정보 불균형information asymmetry' 또는 '정보 비대칭'이 존재하는 것이다. 그래서 구매자는 자신이 사는 차가 레몬일 수도 있다는 가능성을 염두에 둔 가격을 지불하려고 하는데, 이런 가격은 레몬에 지불하기에는 높은 가격이면서 시장에 나오는 더 나은 차의 가치를 제대로 평가하지 못하는 문제를 안고 있다.

반면 질이 더 나은 차의 소유자들은 다른 사람들이 파는 레몬에 형성된 가격으로 자신의 차를 팔기를 주저한다. 그러면 더 나은 차는 시장에 덜 나오게 되고, 레몬의 수는 늘어난다. 중고차 시장 이용자들은 이 사실을 알게 될수록 레몬을 감안해 기꺼이 지불하려던 가격에 대해 다른 태도를 취하게 되며, 이런 악순환이 이어져 중고차 시장은 사라질 수 있다.[29]

독일 경제학자 하노 벡Hanno Beck은 『일상의 경제학』(2004)에서 '중고차를 살 때 레몬 카 딜레마에서 벗어나는 방법'을 제시한다. 첫째, "앞으로 중고차를 살 때는 항상 이 판매점을 통해서 사겠다"는 뜻을 분명히 함으로써 판매자가 공정한 거래를 해야겠다는 생각을 갖게 만든다. 둘째, 같은 지역에선 입소문이 쉽게 나기 마련이므로 자신이 사는 지역에 자리 잡은 중고차 판매자를 찾는다. 셋째, 중고차 판매자에게 1년 동안 보증을 해줄 수 있는지 물어본다. 정직한 판매자라면 보증 서비스를 약속할 것인바, 판매자가 그렇게 하겠다면 자동차를 사되 보증 서비스는 포기해도 좋다.[30] 이런 방법들이 얼마나 효과가 있을진 모르겠지만, 모두 다 정보 불균형에서 조금이라도 벗어나보려는 몸부림으로 이해할 수 있겠다.

유명 관광지, 기차 역전, 버스 터미널 앞의 음식점이 맛이 없는 이유도 정보 불균형 때문이다(물론 그런 경향이 있다는 것일 뿐 늘 예외는 존재하는 법이라는 걸 분명해 해둘 필요가 있겠다). 그런 음식점을 이용하는 사람들은 그곳이 스쳐 지나가는 곳이기 때문에 음식점에 관한 정보가 없다. 그래서 가까운 거리에 좋은 식당이 있다 하더라도 그걸 모른 채 그저 바로 눈앞의 음식점을 찾게 된다. 물론 값은 비싼 대신 맛은 떨어질 가능성이 매우 높다. 음식점으로서도 손님의 대부분이 스쳐 지나가는 사람들이라 그들을 계속 오게끔 만들어야 할 동기가 약한 편이다.[31]

정보 불균형에 관한 한, 보험 시장도 비슷한 상황에 처해 있다. 보험 가입자가 사고를 잘 내는 경향이 있는지, 유전병에 걸리기 쉬운지, 자살을 고려하고 있는지 보험회사는 잘 모른다. 사람들은 위험이 더 많은 사람과 같은 보험료를 내야 하는 것에 거부감을 느껴 가입자의 수는 줄어들고, 그럴수록 가입자의 기대 수명은 낮아지게 되고, 보험료는 더 올라가게 되며, 이런 보험은 기대 수명이 보통인 사람에게도 매력적으로 보이지 않게 된다.[32]

결국 위험도가 낮은 보험 가입자는 보험 시장에서 퇴장하고 높은 사고율을 가진 보험 가입자만 시장에 남아 균형이 성립하게 된다. 이렇게 해서 사고율이 낮은(보험회사에는 양질의) 보험 가입자는 시장에서 제외되고, 사고율이 높은(보험회사에는 불량한) 보험 가입자만이 보험에 가입하는 선택이 이루어지게 되는데, 이 현상을 '역선택adverse selection'이라 한다. 역선택은 "능력이 있는 사람과 능력이 없는 사람을 구별하지 못하는 경우 능력 있는 사람은 모두 떠나고 능력이 없는 사람만 남게 되는 현상"으로 정의할 수도 있다.[33]

2013년 11월 미국의 오바마케어(건강보험 개혁안) 홈페이지에 잠재적 보험 가입자가 한꺼번에 몰려 과부하가 걸린 것과 관련해 제기된 우려 중의 하나도 바로 이것이었다. 건강한 이들은 오바마케어 가입을 서두를 이유가 없지만, 중증질환에 시달리는 이들은 아무리 시간이 많이 걸리더라도 어떻게든 오바마케어에 가입할 것이니 오바마케어 가입자 집단은 평균보다 훨씬 중증질환자가 많아질 수밖에 없다는 것이다.[34]

레몬 시장 이론의 기반이 되는 정보 불균형은 인터넷 시대에 이르러 전부는 아닐망정 상당 부분 해소되었다. 중고차 구매자는 인터넷을 통해 판매자가 제시한 가격이 합리적인지 아닌지를 검증할 수 있게 되었고, 소비자를 속이는 판매자는 인터넷에서 거짓말쟁이로 낙인 찍히기 때문이다.[35]

그렇지만 그런 변화에도 레몬 시장에 대한 불신은 여전하다. 2012년 한국소비자원에 접수된 중고차 피해 상담은 1만 건이 넘었다. 예컨대, 18만 킬로미터 뛴 차라고 샀는데 실제 주행거리가 34만 킬로미터 이상이었다는 게 밝혀졌는데도 차를 판 매매업체는 나 몰라라 하는 게 관행으로 통용되고 있다.

반면 일본엔 '중고차 조작'이 없다고 하는데, 그 이유는 무엇일까? 전문 업체 간 경매 시스템으로 유통 단계를 늘린 덕분이라고 한다. 한국에선 유통 단계를 줄이고 직거래로 가는 게 유행인데, 유통 단계를 늘리면 유통 비용이 더 들어가는 게 아닐까? 그 비용을 상쇄하고도 남는 장점이 있다. 일본은 '소비자→중고차 매입 회사→경매장→중고차 판매 회사→소비자' 구조가 정착되었는데, 이해관계자가 늘어나면서 차에 대한 정보를 한 업체가 독점할 수 없어 시장이 오히려 투명해졌다는 것이다. 즉, 정보 불균형의 해소를 위한 최소한의 비용

인 셈이다.[36]

정보 불균형이 비교적 없는 농산물 유통은 여러 단계를 거쳐 농산물 가격을 크게 올리면서 정보 불균형이 심각한 중고 자동차는 직거래로 가 불신을 조장하는 현 시스템은 다시 생각해보아야 할 문제다. 어쩌면 이 모든 문제가 한국의 관官과 민民 사이에 존재하는 현격한 정보 불균형에서 비롯된 것인지도 모르겠다.

왜 유명 관광지나 버스 터미널 앞의 음식점은 맛이 없을까?

왜 연세대엔
'카스트제도'가 생겨났을까?

신호 이론

"연세대학교 입시 결과별 골품 비교한다. 성골=정세(정시합격생)·수세(수시합격생)·정재세(재수 정시합격생), 진골=정삼세(삼수 정시합격생)·정장세(장수 정시합격생)·수재세(재수 수시합격생), 6두품=교세(교환학생으로 온 외국인 학생)·송세(연세대 국제캠퍼스생)·특세(특별전형), 5두품=편세(편입생)·군세(군인전형)·농세(농어촌전형)·민세(민주화 유공자 자녀 특별전형)……."

몇 년 전 연세대 커뮤니티 '세연넷'의 익명 게시판에 올라온 게시글이다. 세연넷에선 입학 형태에 따라 학생들을 계급화한 표현이 '버전'을 달리하며 꾸준히 업데이트되는데, 이런 글(2014년 6월 15일)도 있었다. "원세대(원주캠퍼스) 다니는 친구 놈이 나한테 '동문 동문' 거리는데 원세대 놈들 중에 이렇게 신촌을 자기네하고 동급 취급하는 애들 있을까봐 심히 우려된다."[37]

　이런 '카스트제도'는 비단 연세대에만 있는 게 아니다. 속칭 명문 대일수록 이런 구별짓기가 발달되어 있다. 참으로 개탄을 금치 못할 일이지만, 왜 그런 일이 벌어지는지 냉정한 사회과학적인 분석에 임해보자. 마이클 스펜스Michael Spence, 1943-가 1973년 『경제학 저널Quarterly Journal of Economics』에 발표한 「노동시장의 시그널링Job Market Signaling」이란 논문이 그런 분석에 도움이 될 것 같다.

　스펜스는 이 논문에서 '신호' 개념을 경제학에 도입해 정보 격차의 해소 방안으로 이른바 '시장 신호 이론market signaling'을 제기했다. 줄여서 '신호 이론'이라고 하거나, '시그널링 이론'이라고도 한다. 시장 신호 이론은 정보 비대칭성을 중심으로 전개된다는 점에서 애컬로프의 이론과 맥을 같이하지만, 스펜스는 개별경제 주체들이 상호 간 정보 보유량의 격차가 있는 시장에 참여하면서 그 문제를 조정해가는 과정을 분석했다. 그는 정보량이 풍부한 쪽에서 정보량이 부족한 쪽에 자신의 능력 또는 자신의 상품가치나 품질을 확신시킬 수 있는 수단이 필요하고 이를 이용함으로써 정보의 격차로 야기되는 시장 왜곡 현상, 즉 '역선택adverse selection'을 피할 수 있게 된다고 주장했다.

　스펜스가 논문에서 최초로 제기한 신호 이론의 연구 영역은 노동시장이었다. 그에 따르면 정보 보유량의 격차가 존재하는 노동시장에서 그 격차를 해소하기 위한 '신호'로 작용하는 것이 학력이다. 구직자 상호 간 학력의 차이를 기준으로 고용주는 구직자 상호 간 생산성의 차이를 가늠할 수 있게 된다.

스펜스는 자신의 이론을 설명하기 위해 교육이 생산적인 면에서 쓸모가 없는 세상을 상정하면서, 대학들이 존재하는 까닭은 오직 고용주들이 어떤 사람을 채용할지 파악하기 위해서라고 가정했다. 이런 가정을 입증하듯, 어떤 기업의 CEO는 특정 직책에 대졸자를 채용하는 이유에 대해 이렇게 설명했다. "대학 졸업자가 더 똑똑하다는 뜻은 아닙니다. 하지만 그건 그가 4년 동안 많은 어려움을 견뎌내고 어떻게든 학업을 마무리할 수 있었다는 뜻입니다."

고용주는 구직 당사자에 비해 구직자에 관한 정보가 절대적으로 부족하다. 따라서 일자리를 놓치고 싶지 않은 사람은 어떤 수단을 써서라도 자신의 능력 곧 생산성의 상대 우위를 입증하는 '신호'를 고용주에 전달해야 채용 가능성이 높아진다. 이를테면, 직장에 다니는 고졸 학력자가 야간·방송통신·사이버 대학 과정에 다니는 까닭도 바로 이러한 학력의 신호 효과를 노리는 것으로 풀이할 수 있다. 한국의 뜨거운 '스펙 열풍'도 바로 그런 신호 효과를 겨냥한 몸부림인 셈이다.

기필코 명문대를 들어가겠다는 집념도 자신의 신호 효과를 높이겠다는 열망과 다름없다. 이 신호 효과는 취업에도 결정적인 영향을 미치지만 대학 생활 4년간에도 긍지와 보람의 원천이 된다. 한국에서 2000년대 중반부터 대학생들이 단체로 맞추는 것이 유행이 된 '과잠' 또는 '야구잠바'를 보자. 사회학자 오찬호는 『우리는 차별에 찬성합니다: 괴물이 된 이십대의 자화상』(2013)에서 "이십대 대학생들은 야구잠바를 '패션의 영역'에서가 아니라, 어떤 신분증의 개념으로 이해한다"며 다음과 같이 말한다.

"내가 연구대상으로 만난 대학생의 65퍼센트가 학교가 아닌 곳에서 학교 야구잠바를 볼 때 '일부러' 학교 이름을 확인한다고 답했다. 학교 야구잠바가 신분 과시용 소품이라는 방증이다. 실제로 야구잠바를 입는 비율도 이에 따라 차이가 나서, 이름이 알려진 대학일수록 착용 비율이 높았다. 낮은 서열의 대학 학생들이 학교 야구잠바를 입고 다니면 비웃음을 사기 십상이라 신촌으로 놀러오는 그쪽 대학생들은 자신의 야구잠바를 벗어서 가방에 넣기 바쁘단다. 심지어 편입생의 경우엔 '지가 저거 입고 다닌다고 여기 수능으로 들어온 줄 아나?'라는 비아냥을 듣기도 한다. 이처럼 학교 야구잠바는 대학 서열에 따라 누구는 입고, 누구는 안 입으며, 누구는 못 입는다."[38]

사정이 이와 같은바, 명문대 학생들은 자신을 내세울 수 있는 신호 효과에 교란攪亂이 발생하는 것에 대해 분노한다. 수능에서 자신보다 훨씬 낮은 점수를 얻은 학생이 대외적으로 자신과 같은 신호를 사용할 수 있다는 것을 용납하기 어려운 것이다. 사회적 논란이 되었던 연세대 '카스트제도' 사건도 그런 맥락에서 이해할 수 있지 않을까?

신호 교란에 대한 반발은 오랜 역사를 자랑한다. 고대 로마에 있었던 사치금지법이 수백 년 동안 거의 모든 유럽 국가로 확산되어 시행된 것이 그걸 잘 말해준다. 사치금지법은 무슨 '근검절약 캠페인'이 아니라 기존 신분제도를 유지하기 위한 방책이었다. 사치는 옷으로 자신의 신분이나 계급을 알리는 신호 체계를 교란하는 것이었기에 낮은 신분의 사람이 사치를 통해 자신의 신분을 한 단계 끌어올리려는 시도를 용납하지 않으려 했던 특권층의 몸부림이었다. 사치금지법이 놀랄 만큼 세부적인 내용까지 까다롭게 정한 것도 바로 그런 이유 때문이었다.[39]

명문대는 사실상 '신호를 팔아먹는 기업'이라고 해도 과언이 아니다. 미국 하버드 경영대학원을 다니려면 수업료와 기타 비용으로 매년 12만 달러가 든다. 일부 사람들은 이 경영대학원의 학위가 아무 의미 없는 '12만 달러짜리 신호'에 불과하다고 폄하하지만, 계속 입학 경쟁률이 치열한 걸 보면 취업 시장에선 그 비싼 신호 효과가 만만치 않은 것 같다. 이처럼 학력이 임금 수준에 미치는 영향을 가리켜 '양가죽 효과sheepskin effect'라고 하는데, 이는 과거 학위증이 양가죽으로 만들어진 데서 유래된 작명이다.

스펜스는 이 신호 개념을 비단 노동시장뿐 아니라 여러 다양한 시장 사례에 적용함으로써, 정보 격차로 말미암아 빚어지는 갖가지 현상을 분석하고 이해하는 데 중요한 실마리를 제공했다. 이를테면, 오늘날 상장사들은 회사의 수익을 자본이득으로 처리해 주식의 가치를 높이는 대신 으레 고액의 세금을 감수하면서까지 주주들에게 높은 배당금을 지불하는 쪽을 택한다. 상장사가 노리는 바는 주식시장에서 투자자를 더 끌어 모아 자사 주가를 상승시키는 데 있다. 이때 배당금이야말로 상장사에 비해 정보가 턱없이 부족한 투자자들에게 보내는 신호라는 것이다.

중요한 건 사람들의 신뢰이므로 신호는 상징적인 것일 수도 있다. 레몬 판매자로선 감히 할 수 없는 수준의 상징을 과시함으로써 차별화된 신뢰를 획득하려는 것이다. 자동차 회사가 값비싼 자동차 쇼룸을 구비해놓는 것이나 은행 또는 보험회사들이 늘 으리으리하고 화려한 빌딩을 사용하는 것도 바로 그런 이유 때문이다.[40]

일반적으로 소비자들은 새로운 시장 신호를 통해 새로운 정보를 받아들이는 데에는 매우 소극적이다. 그래서 모든 성숙한 자본시장에는 기업과 투자자들이 이용할 수 있는 정보의 비대칭성을 줄이기 위한 공시규정이 있다. 또한 기업 내부자들이 이익을 얻기 위해 특정 주식을 거래할 때 더 좋은 정보를 이용하지 못하도록 하는 내부자 거래 규칙도 있다. 일반적인 소비자 보호 규정도 바로 그런 취지에서 마련된 것이다.[41]

신호 이론은 경제뿐만 아니라 정치 분야에서도 적극 활용되고 있다. 대통령 선거와 관련, 연세대 경제학부 교수 한순구는 "한국 사회의 문제를 해결할 능력과 정책이 부족한 후보이거나, 일부 국민에게만 호응을 받고 다른 국민에게는 외면당할 수 있는 정책을 생각하고 있는 후보, 또는 가급적 정책 공표 시기를 늦추는 것이 유리하다고 판단하는 대선 후보들로서는 자신의 능력과 정책을 당장 알리지 않는 것이 유리하다"며 다음과 같이 말한다.

"특히 기존의 정치인들이 국민에게 실망감을 안겨줘, 정치 소비자인 국민에게 이미 기준 미달의 낮은 품질의 상품으로 인식된 상태에서 새로 등장한 정치인으로서는 자신의 능력과 정책을 드러내지 않아도 별로 손해 볼 것이 없다. 오히려 자신을 드러내지 않음으로써 기존 정치인과 다른 상품이라는 기대감을 심어주는 반면, 베일에 가려 있음으로써 능력 면에서는 다른 정치인과 비슷하지 않겠느냐는 국민들의 평균적인 추정을 끌어낼 수 있다."[42]

조지프 스티글리츠Joseph Stiglitz, 1943는 마이클 스펜스와는 정반대로 정보가 없는 사람이 정보를 가진 사람에게서 필요한 정보를 얻어낸다고 보았으며, 이러한 과정에서 '스크리닝screening(심사)'이 중요하다고 역설했다. 이를 가리켜 '스크리닝 이론theory of screening'이라고 한다. 예컨대, '정보의 비대칭성'을 해결하기 위해 보험회사는 보험금이 많이 나가는 가입자를 '위험 부류'로 분류해 상대적으로 낮은 혜택을 주는 등 다양한 방법을 쓸 수 있다는 것이다.

"보험회사는 보험료는 낮추되 공제를 늘려 여러 형태의 거래를 제안할 수 있다. 이는 보장의 수준을 낮추는 효과를 지닌다. 보험료가 낮아짐으로써 보험의 가격은 낮아지지만, 피보험자가 보험금을 청구했을 때 적게 지급하게 된다. 저위험 고객들은 보험금을 청구하는 일이 자주 있을 것으로 예상하지 않기 때문에 보험료가 싼 거래에 관심을 기울이는 반면, 고위험 고객들은 보험금 청구가 잦을 것으로 예상하기 때문에 보험료가 높은 상품을 선호할 것이다. 그러므로 보험회사는 여러 형태의 고객들을 설득해 그들의 내부 정보를 드러내도록 할 수 있다."[43]

스크리닝과 시그널링은 그 제안자만 다르지 결과적으로 그 방법은 유사한 경우가 많다.[44] 어쩌면 우리의 인생도 영원한 '스크리닝-시그널링 게임'이라고 할 수 있지 않을까? 연애를 하거나 하려고 하는 남녀 관계에서 많이 쓰이는 이른바 '밀당(밀고 당기기)'도 따지고 보면 일종의 '스크리닝-시그널링 게임'이라고 해도 과언이 아니다.

신호 이론

45

왜 기업들은 1초에 1억 5,000만 원 하는 광고를 못해 안달하는가?

값비싼 신호 이론

2014년 2월 2일 개막된 미국 최대의 스포츠 이벤트 '2014 슈퍼볼'의 광고비가 사상 최고액을 돌파했다. 이 슈퍼볼 광고비는 30초 한 편당 400~450만 달러 선으로 지난해 380만 달러보다 비싸졌음에도 경기를 2개월여 앞두고 광고가 완판될 만큼 인기가 높았다. 그러나 시장 조사업체 커뮤니커스에 따르면, 지난해 선보였던 슈퍼볼 광고의 20퍼센트만이 실제로 소비자들의 지갑을 여는 데 영향을 미친 것으로 분석되었다. 슈퍼볼 광고의 효용성에 대한 강한 의문이 제기되는데도, 왜 기업들은 1초에 1억 5,000만 원이나 들어가는 광고를 못해 안달하는 걸까?[45]

일부 경제학자들은 앞서 살펴본 마이클 스펜스Michael Spence, 1943-의

신호 이론을 정보 내용이 없는 매우 비싼 광고를 설명하는 데에도 사용한다. 늘 광고를 화려하게 만드는 코카콜라 광고가 대표적인 예이며, 1초에 1억 5,000만 원이나 들어가는 슈퍼볼 광고를 기업들이 앞다퉈 하는 이유도 그런 관점에서 이해할 수 있다. 그런 광고가 매우 비쌀 것이라는 사실을 아는 잠재 고객들은 그것을 높은 품질의 제품을 계속 생산할 것이라는 추측으로 연결시키리라고 기대하는 것이다.

게임 이론에서 광고를 가리켜 '캐시 버닝 시그널cash-burning signal' 이라고 하는 것도 바로 그런 이유 때문이다. 돈을 쌓아놓고 불을 지르는 이벤트, 즉 터무니없이 비싼 광고를 해댐으로써 자신들의 역량을 과시해 소비자들의 궁극적인 신뢰를 얻겠다는 것이다. 따라서 슈퍼볼 광고의 단기적 효용성을 둘러싼 논란은 부질없는 것인지도 모른다.[46]

공작 수컷의 화려한 꼬리는 살아남는 덴 백해무익百害無益이지만 암컷에게 우수한 유전자를 지녔음을 알려주는 신호로 작용한다. 경제학자 소스타인 베블런Thorstein Veblen, 1857-1929이 말한 '과시적 소비 conspicuous consumption'도 수컷이 암컷 앞에서 꼬리를 펼쳐 으스대는 행동과 다를 바 없는 것으로 신호는 신호이되 값비싼 신호라고 할 수 있다. 이런 설명을 가리켜 '값비싼 신호 이론costly signaling theory'이라고 한다.[47]

이스라엘 생물학자 아모츠 자하비Amotz Zahavi, 1928-는 공작 수컷의 화려한 꼬리를 '장애 이론handicap theory'으로 설명했다. 이 이론에 따르면, 수공작의 꼬리가 수컷에게 장애가 되면 될수록 수컷이 암컷에게 보내는 신호는 그만큼 더 정직하다. 수컷이 긴 꼬리라는 장애에도 불구하고 살아 있다는 사실은 암컷에게 수컷의 난관 극복 능력을 확인

시켜 주는 것이기 때문이다. 이와 관련, 이인식은 다음과 같이 말한다.

"수공작의 꼬리는 장애가 되지 않을 때보다 장애가 될 때 더 빨리 진화하게 된다. 신체적 장애가 결국 좋은 유전자를 갖고 있음을 정직하게 드러내는 반증이 될 수 있다는 자하비의 기발한 논리는 '정직이 최선의 전략'이라는 격언과 일맥상통하는 점이 없지 않다.……장애 이론에 따르면 인간의 로맨틱한 사랑은 필연적으로 과시적 소비인 셈이다. 상대의 사랑을 위해 과도한 선물 공세, 과도한 웃음, 과도한 외모 가꾸기를 하기 때문이다."[48]

미국 대학들의 엘리트 학생 클럽에서 행해지는 가혹한 신고식은 '노력 정당화 효과Effort Justification Effect'와 더불어 '값비싼 신호 이론'으로 설명할 수 있다.[49] 미국 행동경제학자 케이웃 첸Kay-Yut Chen은 이렇게 말한다. "신고식의 괴상함과 위험성은 집단에 대한 소속감과 신뢰감을 보여주는 믿을 만한 신호가 된다. 의식이 혹독할수록 집단에 대한 진정성과 헌신성이 떨어지는 사람(스파이나 무임 승차자)이 유입될 가능성은 줄어든다."[50]

이탈리아 출신의 사회학자 디에고 감베타Diego Gambetta, 1952- 는 '값비싼 신호 이론'이 범죄자나 조폭이 왜 온몸을 문신으로 뒤덮는가 하는 것도 설명해줄 수 있다고 주장한다. 자신의 잠재적 '영업 대상자들'에게 자신이 어떤 사람인지를 문신을 통해 신호를 보냄으로써 '영업'을 비교적 수월하게 할 수 있으며, 조직 내부엔 자신이 헌신적인 구성원이라는 신뢰의 신호도 보낼 수 있다는 것이다.[51]

광고를 통한 신호 보내기는 꼭 잠재적 소비자들만을 대상으로 하는 건 아니다. 잠재적 구경꾼들도 주요 대상이다. 예컨대, 고급 자동차

값비싼 신호 이론

인 BMW는 대중적인 잡지에도 광고를 싣는데, 그 목적은 구경꾼들이 그 차를 살 능력이 있는 소수를 존경 어린 눈으로 쳐다보도록 유도하는 것이다. 물론 이는 잠재 고객들의 구입 결정에 적잖은 영향을 미친다.[52]

신호에 민감한 사람은 '동조conformity' 성향이 강하다고 볼 수 있다. 그래서 '모방 경쟁'의 위험성을 지적하는 이들은 혁신과 창의성을 위해 신호에 덜 민감하게 굴 것을 요청하지만,[53] 그게 어디 말처럼 쉬운 일이랴. 일상적 삶에서 끊임없이 자신의 자질을 외부에 알림으로써 유리한 고지를 차지하려고 애를 쓰는 우리가 어찌 남들의 신호에 둔감할 수 있으랴. 신호 주고받기는 우리 인간의 본능인지도 모른다. 미국 뉴멕시코대학 진화심리학자 제프리 밀러Geoffrey F. Miller, 1965-는 다음과 같이 말한다.

"인기가 많은 유인원은 오래 살고 번성하며, 따돌림을 당하는 유인원은 새끼를 낳지 못하고 죽는다. 따라서 우리는 우리에게 사회적 이익을 제공할 수 있는 모든 잠재적 지지자, 동맹자, 친구들에게 우리의 개인적인 자질들을 과시하는 강한 본능을 갖도록 진화했다."[54]

물론 남녀 관계도 다를 바 없다. 이성을 유혹하는 기술은 상대방의 신호를 얼마나 잘 간파해내느냐 하는 기술이라고 해도 과언이 아니다. 미국 진화심리학자 데이비드 버스David Buss, 1953-는 '머리가 텅 빈 금발 미녀bubble-headed blond'라는 고정관념은 잘못된 것인지도 모른다고 말한다. "이들은 실제로 지적으로 모자란 게 아니라 남성들로 하여금 자신에게 접근해 보라는, 심지어 성적인 접근도 좋다는 전략적 신호의 일환으로 그러한 이미지를 연출하는 것일지도 모른다."[55]

그렇다면 '머리가 텅 빈 금발 미녀'는 값비싼 신호를 보내는 셈이다. 사실 이성적 판단과는 거리가 먼 남녀 관계야말로 값비싼 신호가 흘러넘치는 곳이다. 요즘 젊은이들 사이에서 유행하는 '썸 타기'는 가벼운 수준의 '신호 전쟁'이지만, 일단 불이 붙으면 상대에게 값비싼 신호를 보내는 데에 주저하지 않는 게 바로 우리 인간이다. "내 모든 걸 다 드리겠어요"라거나 "사랑밖엔 아무것도 몰라요"라는 식으로 절규하는 대중가요가 많은 것도 그걸 말해주는 게 아닐까?

값비싼 신호 이론

제10장

미디어
와
사회

46

왜 우리는
'옷이 날개'라고 말하는가?

'미디어 = 메시지' 이론

캐나다의 커뮤니케이션 학자 마셜 매클루언Marshall McLuhan, 1911-1981은 1964년에 출간한 『미디어의 이해Understanding Media: The Extensions of Man』에서 미디어를 '인간의 연장extension of man'으로 이해했다. 이 아이디어는 "지구상의 모든 도구와 엔진은 인간의 수족과 감각의 연장일 뿐이다"고 말했던 시인 랠프 월도 에머슨Ralph Waldo Emerson, 1803-1882에게서 빌려온 것이다.

이 아이디어에 따르면 책, 자동차, 전구, 텔레비전, 옷 등 무엇이든 인간의 신체와 밀접한 관련을 맺고 있는 것들은 모두 '미디어'라고 할 수 있다. 예컨대, 자동차는 다리의 연장이고 옷은 피부의 연장인 셈이다. 언어는 '인간 테크놀로지human technology'로서 인간의 생각을 외면

화해 연장시키는 미디어인 셈이다.[1]

매클루언은 "미디어는 메시지"라고 주장했다. 이 말은 아주 쉽게 말해서 "옷이 날개"요, "옷이 곧 그 사람의 얼굴"이라는 세속적 상식으로 이해해도 큰 무리는 없다. 사람들은 알맹이보다 외양에 관심이 많다. 메시지의 내용이 무엇인지를 따지기보다는 그 메시지를 담고 있는 그릇, 즉 미디어에서 영향을 받는다는 것이다. 매클루언은 한마디로 "미디어의 '내용'이란 도둑이 마음의 개를 혼란시키기 위해 던져주는 고기 덩어리와 같다"고 단언한다.[2]

그런 의미에서 "미디어는 마사지massage"이기도 하다. 매클루언은 이렇게 말한다. "모든 미디어는 우리를 압도하고 있다. 미디어의 영향력은 개인적 · 정치적 · 경제적 · 심미적 · 심리적 · 도덕적 · 윤리적 · 사회적으로 워낙 강력해 우리의 어떤 부분도 그 영향력에서 자유롭지 못하다. 미디어는 마사지이다. 사회적 · 문화적 변화에 관한 어떤 이해도 미디어가 환경으로 작동하는 방식에 대한 지식이 없으면 불가능하다."[3]

매클루언의 '트레이드 마크'가 된 "미디어가 곧 메시지"라고 하는 명제는 미디어의 내용이란 그것을 전달하는 미디어의 기술과 분리해 생각할 수 없다는 전제에 근거하고 있다. 더 쉽게 설명해보자. 어느 정치인의 연설이 라디오와 텔레비전에 의해 동시 중계된다고 생각해보자. 그 정치인의 연설을 라디오로 듣거나 텔레비전으로 보고 듣거나 메시지는 동일하다. 아니 동일해야만 한다. 그러나 라디오로 그 연설을 들은 사람과 텔레비전으로 그 연설을 보고 들은 사람 사이에는 그 메시지를 이해하고 해석하는 데 큰 차이가 존재한다. 또 하나의

'미디어=메시지' 이론

예를 들어보자. 똑같은 영화를 영화관에서 보는 것과 비디오로 보는 것을 비교해보자. 그 영화의 메시지는 분명히 같아야만 할 것이다. 그러나 그 영화를 영화관에서 보는 것과 비디오로 보는 것 사이에는 큰 차이가 존재한다.

이 두 가지 경우에 메시지 못지않게 중요한 것은 그 메시지를 전달해주는 미디어라는 것을 알 수 있다. 라디오와 텔레비전의 차이, 영화와 비디오의 차이는 메시지에 영향을 미친다. 매클루언은 그 영향을 강조하기 위해 '미디어는 메시지'라고 하는 과장법을 사용한 것이다.

1960년 미국 대통령 선거 사상 최초로 시도된 텔레비전 토론을 사례로 삼아 더 설명을 해보자. 공화당 후보 리처드 닉슨Richard M. Nixon, 1913-1994과 민주당 후보 존 케네디John F. Kennedy, 1917-1963가 대결한 이 토론은 사실상 케네디의 승리로 끝나 그의 대통령 당선에 결정적인 기여를 했다. 부통령을 지낸 거물 정치인인 닉슨에 비해 정치 경력도 떨어지는데다 가톨릭이었던 케네디가 여러모로 불리한 선거였지만 케네디에겐 텔리제닉telegenic(외모가 텔레비전에 잘 맞는)하다는 강점이 있었다. 매클루언을 포함한 많은 전문가가 바로 이 토론 때문에 닉슨이 선거에서 패배했다고 주장했으며, 케네디도 선거 후 가진 첫 기자회견에서 텔레비전 토론이 없었더라면 자신이 이길 수 없었을 것이라고 말했다.[6]

그런데 한 가지 매우 흥미로운 사실은 텔레비전이 아닌 라디오로 토론을 들은 청취자들 가운데에는 닉슨이 토론에서 이겼다고 생각한 사람이 더 많았다는 점이다. 왜 그런 차이가 생긴 걸까? 케네디는 유권자들에게 더 생생하게 보이기 위해 미리 하루 종일 잠을 푹 자 두었으나 닉슨은 전염병으로 2주 동안이나 병원에 입원해 있다가 퇴원해 지친 상태에서 전국목수협회에서 연설을 했고 차에서 내리다가 무릎까지 다쳐 선거 참모들에게서 조금이라도 분장을 하라고 권고를 받을 정도였다.

그런 컨디션 문제 때문에 닉슨은 토론 도중 이마와 윗입술 사이로 땀을 뻘뻘 흘렸고 자주 땀을 닦는 모습이 화면에 나타났다. 사실은 전혀 그렇지 않는데도, 시청자들은 닉슨이 케네디와의 논쟁에서 수세에 몰려 진땀을 흘리는 것으로 생각할 수밖에 없었다. 그런 장면을 연출하도록 한 주인공은 바로 케네디의 참모였다. 케네디의 참모와 닉슨의 참모는 화면을 결정하는 담당 프로듀서인 CBS-TV의 돈 휴잇 Don Hewitt, 1922-2009을 사이에 두고 앉았는데 당시의 상황을 케네디의 참모는 이렇게 말했다.

"닉슨을 보면 나는 그가 땀을 흘리기 시작하는 것을 본다. 또 조명으로 인해 턱수염이 강하게 부각된다. 사실 그는 말끔히 면도를 한 상태지만 조명에 신경을 쓰지 않은 탓으로 수염의 그림자가 생기고 마치 4시나 5시가 된 것처럼 우중충하게 느껴지는 것이다. 그가 땀을 흘리면 나는 즉시 '휴잇, 닉슨 얼굴 잡아. 우리 쪽 얼굴이 세 번이나 더 나왔어. 이제 닉슨 차례야'라고 외쳤다. 이러한 주문에 휴잇은 미칠 지경이었다."

이른바 '5시 수염 five o'clock shadow'의 문제였다. 아침에 깎은 수염이 저녁에 거뭇거뭇 자라 있는 모습을 나타내는 영어 표현이다. 미국인들의 일상이 대개 오후 5시면 끝나기 때문에 이 말이 생겼다. 그런데 닉슨은 하루 종일 이런 모습으로 있었던 것으로 유명하다. 닉슨은 분장을 하라는 참모들의 제의를 묵살하고 피곤하고 텁수룩한 모습으로 그냥 나가, 이 말은 닉슨의 별명이 되었다.[5]

즉, 미디어라고 하는 기술은 그 기술에 담기는 메시지가 무엇이든 일정 부분 그 메시지에 영향을 미친다는 것이다. 라디오에 출연해서 노래를 하든 텔레비전에 출연해서 노래를 하든 그 노래라고 하는 메시지엔 아무런 차이가 없지만, 그 노래를 받아들이는 수용자에게는 라디오에서 듣는 노래와 텔레비전에서 보고 듣는 노래가 같을 수는 없으며 심지어 정반대의 느낌을 가져다줄 수도 있다. 그 차이는 라디오라고 하는 기술과 텔레비전이라고 하는 기술의 차이에서 비롯되는 것이다.

라디오 스타가 텔레비전에서도 스타가 되는 경우도 많고 그 반대도 성립하지만, 어떤 라디오 스타는 텔레비전에 전혀 어울리지 않거나 반대로 어떤 텔레비전 스타는 라디오에선 전혀 어울리지 않는 경우도 많다. 이 또한 '미디어=메시지' 이론을 뒷받침해주는 사례로 볼 수 있다.

그렇다면 소셜 미디어는 어떤가? 페이스북은 이제 아이폰, 노트북, 데스크톱 컴퓨터, 아이패드에서뿐만 아니라 대형 텔레비전에서도 이용할 수 있다. 이와 관련, A. K. 프라딥A. K. Pradeep은 소셜 미디어는 더는 전달 체계를 가지고 정의할 수 없으며, 따라서 미디어는 '맥락'이기 때문에, 미디어는 더는 메시지가 아니라고 주장한다.[6] 그러나 매클루언이 살아 있다면, 그런 '맥락'마저 미디어라고 했을 것 같다.

그 밖에도 매클루언의 주장에 대한 반론은 많지만, 그것이 50년 전에 나온 것임을 감안할 필요가 있다. 그의 주장이 한계는 있지만, 매클루언이 올바른 문제 제기를 했다는 것만큼은 분명하다. 미디어의 내용이란 그것을 전달하는 미디어 기술과 분리해 생각할 수 없다고 하는 그의 주장은 그 정도가 문제일 뿐 기본적으론 유효하다는 것을 부인하기 어렵다.

'미디어=메시지' 이론

47

왜 야구엔
폭력적인 훌리건이 없을까?

핫-쿨 미디어 이론

축구는 매우 전투적인 경기다. 기본 구조가 사냥과 비슷하다. 이는 언
론 보도에서도 잘 나타난다. 한 조사에 의하면 1998년 프랑스 월드컵
보도에서 사용된 전투적 표현은 103가지나 되었는데, 대표적인 예로
는 붉은 군단, 대포, 용병술, 주 무기, 사령탑, 복병, 고지, 주포, 사단,
군단, 전차군단, 병기, 신호탄, 별들의 전쟁, 핵폭탄, 시한폭탄, 특급저
격수, 탱크 등이었다.[7] 축구는 그라운드 밖에서도 훌리건hooligan들이
전투를 벌인다. 39명이 죽고 454명이 부상을 입은 1985년 헤이셀 참
극, 265명의 사상자를 낸 1989년 힐스버러 참극은 모두 영국의 악명
높은 훌리건들에 의해 촉발된 것이다.[8] 328명의 사망자를 낸 1964년
페루-아르헨티나전 폭동, 2,000~3,000명의 사망자를 낸 엘살바도

르-온두라스 전쟁으로 비화된 1969년 월드컵 예선 경기 등도 축구의 본질적인 전투성을 말해주는 사건들이다.[9]

축구의 구조가 어떠하기에 그런 일이 벌어지는 것인가? 마셜 매클루언Marshall McLuhan, 1991-1981은 '미디어＝메시지' 이론의 연장선상에서 미디어를 '핫 미디어hot media'와 '쿨 미디어cool media'로 분류했다. '핫 미디어'를 '뜨거운 매체', '쿨 미디어'를 '차가운 매체'로 번역할 수도 있겠지만, 이는 오해의 소지가 있다. 우리말에서 '뜨거운', '차가운'은 온도와 관계된 수식어인 반면, 영어의 '핫', '쿨'의 의미는 더 포괄적이기 때문이다.[10]

매클루언의 분류법에 따르자면, 축구는 '쿨 미디어'다. 아니 축구가 '쿨'하다고? 그런 뜻이 아니다. 오히려 뒤집어 생각해야 한다. '쿨 미디어'의 특성은 '저정밀성low definition'과 '고참여성high participation', '핫 미디어'의 특성은 '고정밀성high definition'과 '저참여성low participation'이다. 생각해보자. 축구는 야구와 비교해볼 때에 정밀한 운동이 아니다. 선수들마다 포지션이 있기는 하지만 넓은 그라운드를 비교적 마음대로 뛰어다닐 수 있는 운동이다. 손만 빼놓곤 온몸을 쓸 수 있으며, 온몸의 기를 통째로 발산해야만 하는 운동이다. 그렇기 때문에 축구는 관중의 적극적 참여를 유도한다. 관중은 단 한시도 눈을 돌릴 수 없다. 축구는 관중의 적극적 참여로 완결될 수 있기에 관중의 피를 끓게 만들 수 있다. 반면 야구는 그렇지 않기 때문에 훌리건이 없는 것이다.

'정밀성'이란 어떤 메시지의 정보가 분명한 정도 또는 실질적인 밀도를 의미하며, '참여성'은 어떤 메시지를 받아들이는 사람이 그 뜻을 재구성하는 데 필요한 노력 투입의 정도를 의미한다. 수용자는 어떤 메시지의 부족한 '정밀성'을 자신의 '참여성'으로 채우려 들기 때문에 둘 사이의 관계는 반비례한다. 매클루언이 "핫 미디어는 사용자를 배제하고 쿨 미디어는 사용자를 포함한다"고 말한 건 바로 이런 의미에서다. 이런 분류법에 따르자면, 강의는 '핫', 토론은 '쿨'하고, 적극적 판매는 '핫', 온건한 판매는 '쿨'이다.[11]

영화는 '핫 미디어'인 반면 텔레비전은 '쿨 미디어'다. 영화가 모자이크 형태의 이미지를 갖고 있는 텔레비전에 비해 '정밀성'이 높은 반면 수용자의 '참여성'은 텔레비전 쪽이 높다는 것이다. 영화가 텔레비전에 비해 화질이 훨씬 정밀하다는 건 쉽게 이해할 수 있는 것이지만, '참여성'은 다소 헷갈리게 생각되는 점이 없지 않다.

아무래도 수용 상황을 살펴볼 필요가 있을 것 같다. 텔레비전은 매우 친근한 거리에서 시청하지만 영화는 넓은 공간에서 먼 거리를 두고 관람하게 된다. 아무래도 참여도는 텔레비전 쪽이 더 높을 수밖에 없지 않을까? 매클루언의 해설이다.

"텔레비전 배우는 말소리를 높이거나 큰 동작을 할 필요가 없다. 마찬가지로 텔레비전 연기는 극도로 친밀감을 갖는다. 왜냐하면 시청자가 독특한 방법으로 참가하여 텔레비전 영상을 완성하거나 혹은 끝내버리기 때문이다. 그 때문에 영화에는 맞지 않으며, 또 무대에서는 잃어버린 고도의 자연적인 일상성을 텔레비전 배우는 갖추어야 한다."[12]

또 '참여성' 문제는 '영화와 텔레비전'이라고 하는 두 매체를 고립된 상태에서 비교할 게 아니라 현실 세계에서 전반적이고 실질적인 영향력 중심으로 생각하면 이해가 될 것이다. '정밀성'과 '참여성'이라고 하는 기준으로 따져보건대, 라디오는 '핫 미디어'고 전화는 '쿨 미디어'다. 초상화나 사진은 '핫 미디어'고 만화는 '쿨 미디어'다. 한글은 '핫 미디어'고 상형문자는 '쿨 미디어'다. 왈츠는 '핫 미디어'고 트위스트는 '쿨 미디어'다. 왈츠와 트위스트를 비교한 매클루언의 말을 들어보자.

"핫과 쿨이라는, 미디어 특유의 말로서 표현한다면, 후진국은 쿨이고 선진국은 핫이다. 한편 '도시인'은 핫이고 시골 사람은 쿨이다. 그러나 전기시대가 되어 행동의 양식과 여러 가지 가치가 역전되었다는 관점에서 말한다면, 과거의 기계시대는 핫이고, 우리의 텔레비전 시대는 쿨이다. 왈츠는 공업시대의 화려한 기분과 환경에 어울리는 빠르고 기계적인 무용으로서, 핫이다. 이에 비하여 트위스트는 즉흥적인 몸짓으로 온몸과 마음으로 추는 화려한 형태의 춤으로서 쿨이다."[13]

텔레비전은 '쿨'한 미디어로서 '정밀성'이 낮기 때문에 수용자의 참여가 필요하다. 텔레비전은 '핫'한 이슈를 다루기엔 적합한 미디어가 되지 못한다. 수용자의 참여가 지나치게 높아지기 때문에 역효과가 날 수 있다. 어느 저자가 콩고의 파트리스 루뭄바Patrice Lumuba, 1925-1961가 텔레비전을 대중 선동에 사용했더라면 콩고엔 더욱 큰 사회적 혼란과 유혈사태가 벌어졌을 것이라는 견해를 제시하자, 매클루언은 그건 매우 잘못된 생각이라고 반박했다. 텔레비전은 뜨거운 선동엔 전혀 적합지 않다는 것이다.[14]

매클루언은 라디오는 광란을 위한 미디어로서 아프리카, 인도, 중국 등에서 종족의 피를 끓어오르게 만든 주요 수단으로 활용되었지만, 텔레비전은 미국이나 쿠바처럼 그 나라를 차분하게 만들었다고 주장한다. 텔레비전 연예인이 자신을 '저압력의 스타일low-pressure style of presentation'로 제시를 해야 성공할 수 있는 것도 바로 그런 이유 때문이라는 것이다.[15]

매클루언의 주장들을 물론 그대로 다 믿을 건 아니다. 반론을 제시할 수 있는 주장도 많다. 그런데 반론의 상당 부분은 '핫 미디어'와 '쿨 미디어'는 시간에 따라 변할 수밖에 없는 상대적인 개념으로 이해하면 풀린다. 즉, 한때는 '핫 미디어'이던 것이 나중에 테크놀로지의 발달로 '쿨 미디어'로 간주될 수 있는 것이다.

그 어떤 문제가 있건 매클루언의 주장은 축구엔 홀리건이 있지만, 야구엔 홀리건이 없는 이유를 비롯해 여러 문화적 현상을 설명하는 데엔 제법 그럴듯하다. 그는 사회과학적 엄밀성이 결여되어 있으며 대중문화를 너무 포용한 나머지 연예인처럼 행세했다는 이유로 학계에서 냉대를 받았지만, 오늘날에 이르러 학계의 호의적 재평가가 왕성하게 이루어지고 있다.

48

왜 미디어가 빈부격차를
심화시키는가?

지식격차 이론

지식격차 이론knowledge-gap theory은 1970년 미국 미네소타대학의 커뮤니케이션 학자 필립 티치너Philip J. Tichenor, 조지 도너휴George A. Donohue, 클라리스 올리엔Clarice N. Olien 등이 제시한 것으로, 그들은 다음과 같이 주장했다.

"사회체계에 주입된 매스미디어 정보가 증가하면, 높은 사회경제적 지위를 가진 집단은 이러한 정보를 낮은 사회경제적 지위에 있는 집단보다 빠른 비율로 습득하는 경향이 있다. 따라서, 이러한 집단 간의 지식격차는 감소한다기보다는 증가하는 경향을 보이는 것이다."[16]

이 가설은 '미디어 이용→지식격차→빈부격차'의 가능성을 시사하고 있다는 점에서 매우 중요한 의미를 갖는다 하겠다. 물론 이

'지식격차 가설'은 "하층 사람들은 완전히 무식한 상태에 머문다(또는 지식이 없으면 없을수록 절대적인 의미로 가난해진다)"라는 것이 아니라 "상층 사람들의 지식 증가가 상대적으로 더 크다는 것"을 의미하는 것이지만,[17] 상대적 관점에서 보자면 그러한 의미는 사회적으로 매우 중요한 것이다. 티치너 등은 다음과 같은 5가지 이유를 들어 지식격차 가설의 정당성을 주장했다.

(1) 사회경제적 지위가 높고 낮음에 따라 커뮤니케이션 기술의 차이가 존재한다. 왜냐하면 교육이란 읽고, 이해하고 기억하는 기초적인 정보처리 능력에 영향을 주기 때문이다.

(2) 저장되어 있는 정보량, 즉 이미 습득된 지식의 양에는 차이가 있다. 높은 사회경제적 지위에 있는 사람들은 교육을 통해서, 혹은 미디어에 노출이 되어서 이미 토픽을 알고 있을 것이다.

(3) 높은 사회경제적 지위에 있는 사람들은 그 주제와 관련된 사회적 접촉을 많이 할 것이다. 즉, 그들은 공공의 사건이나 과학 뉴스 등에 노출되어 있는 사람들과 연결되고 그러한 주제에 관해 토의할 것이다.

(4) 선택적 노출, 수용, 보유의 메커니즘이 작용할 것이다. 낮은 사회경제적 지위에 있는 사람들은 그들의 태도와 가치에 부합되는 공공 사건이나 과학에 관한 정보를 추구하지 않을지도 모르며, 그러한 정보에 관심을 갖지 않을지도 모른다.

(5) 매스미디어 체계 자체의 본질은 그것이 사회경제적으로 높은 지위에 있는 사람들에게 맞추어졌다는 점이다. 공적인 사건들과 과학에 관한 뉴스의 많은 부분은 인쇄 미디어에 나타나는데 인쇄 미디어

는 높은 지위에 있는 사람들의 홍미와 취향에 의해 만들어지고 있다.[18]

지식격차 가설은 뉴미디어가 왕성하게 도입되는 정보화 사회에서, 그리고 국제관계에서 더욱 큰 의미를 갖는다. 낙관론자들은 '정보의 불평등' 현상은 일시적일 수는 있어도 새로운 테크놀로지의 발전과 확산이 그런 문제를 해결해줄 거라고 말하지만, 이들의 주장을 그대로 믿기는 어렵다.[19] 또한 이들은 사적인 이해관계에서 자유롭지 못한 경우가 많아 더욱 신뢰하기 어렵다.

인터넷 시대에 이르러 가장 문제가 되고 있는 '디지털 격차' 또는 '디지털 디바이드digital divide'는 바로 이 지식격차 이론에서 출발한 것이다. '디지털 디바이드'는 1990년대 중반 미국 클린턴 행정부의 상무차관보이자 기술 보좌관이었던 래리 어빙Larry Irving이 만들어낸 용어인데,[20] 경제적·지역적·신체적 또는 사회적 여건으로 인해 정보통신망을 통한 정보통신 서비스에 접근하거나 이용할 수 있는 기회의 차이를 말한다. 과거 남아프리카공화국의 인종차별·격리정책인 아파르트헤이트apartheid에 빗대 속칭 '정보 아파르트헤이트'라고도 한다.[21]

2002년 로빈 만셀Robin Mansell은 사람들에게 이른바 '디지털 격차 digital divides'를 넘어 정보에 대한 권리를 보장함으로써 그들의 주체성을 강조하는 취지에서 '디지털 권한digital entitlements' 개념을 역설했다.[22]

디지털 격차는 교육 분야 등에서 이른바 '참여격차participation gap'로 이어져 정치사회적으로 심각한 문제를 낳을 수 있다.[23] 디지털 문화의 내용에 따른 국제적 격차도 존재할 수 있는데, 이를 잘 보여주는 것이 한국의 사례다. 한국은 인터넷 선진국이지만, 한국의 인터넷은 정보 추구형이 아닌 오락 중심형이라는 문제를 안고 있다.

'디지털 격차'를 뛰어넘으려는 욕망은 오히려 빈부격차를 심화시키는 결과를 초래할 수 있는데, 가장 대표적인 사례가 바로 한국의 휴대전화다. 한국은행 조사에서 한국 가계의 목적별 소비 지출(2005년 명목금액 기준)에서 인터넷과 휴대전화 등 통신비의 비중은 5.4퍼센트로 미국의 1.6퍼센트에 비해 3배 이상 높았으며 일본의 3.1퍼센트에 비해서도 높은 수준이었다.[24]

2013년 4월 미국 시장조사기관인 스트래티지 애널리스틱스는 "한국인들은 세계에서 휴대전화를 가장 자주 바꾸는 국민"이라며, 연간 제품 교체율이 67.8퍼센트에 이르고, 2017년까지 60퍼센트대를 유지할 것이라는 내용의 보고서를 발표했다.[25]

2013년 6월 스트래티지 애널리스틱스는 2012년 기준으로 한국의 스마트폰 보급률이 67.6퍼센트로 세계에서 가장 높다고 밝혔다. 한국의 스마트폰 보급률은 세계 평균인 14.8퍼센트보다 4.6배 높았고 2위인 노르웨이(55퍼센트)보다도 앞섰다. 일본(39.9퍼센트)과 미국(39.8퍼센트)은 40퍼센트가 못 되었고, 중국은 세계 평균보다 조금 높은 19.3퍼센트로 한국보다 낮았다.[26]

2013년 7월 스트래티지 애널리스틱스는 2012년 한국의 휴대전화 단말기 평균 판매가격이 415달러(46만 원)로 세계에서 가장 높았다고 지적했다. 이는 세계 평균 판매가격 166달러(18만 원)의 갑절을 훌쩍 뛰어넘는 수치다. 일본이 390달러(43만 원)로 두 번째였고, 캐나다(350달러·39만 원), 미국(323달러·36만 원), 노르웨이(281달러·31만 원), 덴마크·독일(278달러·31만 원) 등이 뒤를 이었다.[27]

이 3가지 세계 최고 기록이 과연 좋기만 한 걸까? 2인 이상 가구의 월평균 통신비는 2008년 1분기 13만 4,086원에서 2013년 1분기에 15만 7,579원으로 5년 만에 17.5퍼센트 늘었다. 이에 대해 이주홍 녹색소비자연대 정책국장은 "2G나 3G 폰을 쓰고 싶은 수요가 있는데도 정부나 통신사의 정책은 고가 스마트폰에 맞춰져 있다"면서 "이런 것들이 최신 스마트폰이 필요하지 않은 소비자들의 지갑까지도 억지로 열고 있다"고 말했다.[28]

미국 서던캘리포니아대학 교수 엘리자베스 데일리Elizabeth Daley는 그동안 글에만 한정된 리터러시literacy의 개념을 음향적·시각적 요소까지 확장해야 한다며 이렇게 말한다. "나의 관점에서 보면, 가장 중요한 디지털 격차는 디지털 기기에 대한 접근의 격차가 아니다. 디지털 격차는 디지털 기기가 작동하는 데 배경이 되는 언어를 알아야만 가질 수 있는 능력의 격차다. 달리 말하면, 단지 극소수의 사람들만 이런 언어를 쓸 줄 알고, 그들을 제외한 우리 모두는 단지 읽기만 하는 존재로 전락했다."[29]

동국대 신문방송학과 교수 이호규는 "정보격차의 해소는 단순히 컴퓨터 등의 하드웨어의 균등한 분배를 의미하지 않고, 사람들이 자신들이 가치 있다고 판단하는 정보를 이용함으로써 자신들이 원하는 삶을 향유할 수 있도록 하는 것이어야 한다"고 주장한다.[30]

같은 맥락에서 사람들이 어떤 미디어를 주로 이용하며 그 미디어로 무엇을 하느냐가 중요하다고 볼 수 있다. 미국에선 빈곤층의 텔레비전 시청 시간이 압도적으로 많다. 영국도 마찬가지다. 에드 메이요 Ed Mayo와 아그네스 네언Agnes Nairn은 2009년에 출간한 『컨슈머 키즈 Consumer Kids』에서 빈곤 가정의 아이들이 더 형편이 나은 아이들에 비해 컴퓨터 앞에서 밥을 먹을 확률이 9배, 잠들기 전까지 컴퓨터를 하고 있을 확률이 5배 더 높다고 밝혔다.[31] 빈곤층과 빈곤 가정의 아이들이 텔레비전과 컴퓨터에서 취하는 건 주로 엔터테인먼트이며, 격차를 우려해야 할 정보와 지식은 아니라는 데에 문제의 심각성이 있다.

49

왜 세상은 날이 갈수록
갈갈이 찢어지는가?

사이버발칸화

balkanize라는 영어 단어가 있다. "(발칸반도의 나라들처럼 국가나 영토를) 서로 적대시하는 약소국가들로 분열시키다"는 뜻이다. balkan은 터키어로 산mountain이란 뜻이다. 발칸반도의 이름은 불가리아와 세르비아에 걸친 발칸산맥에서 유래한 것으로, 이 지역에선 산맥이 인종적 경계를 나누는 데에 큰 역할을 하고 있다.

발칸반도Balkan peninsula는 유럽의 남동부에 있는 반도인데, 보통 그리스, 알바니아, 불가리아, 루마니아, 터키의 유럽 부분, 구유고연방의 일부였던 나라들이 발칸반도에 포함된다. 발칸반도는 제1차 세계대전 이래 '유럽의 화약고'라는 별칭을 가지게 되었고, 최근에는 유고슬라비아의 분열로 발칸이라는 이름이 발칸화balkanization라는 부정적 의미

의 용어를 낳았다.[32]

오늘날 발칸화는 비유적으로 극심한 분열을 가리키는 의미로 쓰인다. 2013년 10월 예산안 처리를 둘러싼 여야 갈등으로 인한 미국 연방정부의 폐쇄Shutdown와 관련, 세계적 투자전문지인 『인스티튜셔널 인베스터스』는 공화당이 적대적이거나 비협조적인 파벌로 사분오열되어 있는 게 문제라며 "파국의 우려가 서서히 커지고 있는 가장 큰 원인은 발칸화된Balkanized 공화당"이라고 말했다. 공화당은 티파티와 네오콘 등 5개 파벌로 구성되어 있어 여야 협상이 어렵다는 것이다.[33]

사이버발칸화cyber-balkanization는 미국 MIT의 에릭 브리뇰프슨Eric Bryjolfsson과 보스턴대학의 마셜 반 앨스타인Maschall Van Alstyne이 처음 사용한 말로, 사이버세계의 발칸화를 일컫는 말이다. 사이버발칸화와 유사한 개념인 splinternet은 기술, 경제, 정치, 내셔널리즘, 종교, 이해관계 등의 이유로 인터넷이 분열로 치닫는 현상을 뜻하는 말이다.[34]

브리뇰프슨과 앨스타인은 1996년 『경영과학』에 발표한 「전자 커뮤니티: 지구촌 혹은 사이버발칸?Electronic Communities: Global Village or Cyberbalkans?」이라는 논문에서 필터링과 개인화 기술들의 효과를 지적하면서 다음과 같은 결론을 내렸다.

"자신들의 현재 선호에 적합하지 않은 자료를 가려내는 능력을 가진 개인들은 가상 파벌을 형성하고, 반대 견해들과는 스스로 절연하고, 자신들의 편견을 강화할지도 모른다. 이러한 선호에 빠짐으로써 이전부터 가져온 편견들을 더욱 배가시키고 강화시키는 왜곡의 효과를 초래할 수도 있다. 그 효과는 구성원들이 집단의 일반적인 사고에 순응하는 경향뿐만 아니라, 이 일반적인 사고가 극단으로 치닫는 급진화이다.⋯⋯발칸화와 더불어, 서로 공유하는 경험 및 가치관의 상실이 민주주의 사회 구조에 위협이 될 것이다."[35]

이처럼 세상이 갈갈이 찢긴 채로 각자 극단으로 치닫는 '사이버 발칸화cyberbalkanization'를 입증하는 연구 결과는 계속 나오고 있다. 캐스 선스타인Cass Sunstein은 2001년에 출간한 『Republic.com』에서 사이버발칸화가 상호 소통을 어렵게 만들어 민주주의를 위협한다고 우려했다. "인터넷으로 인해 수많은 사람이 다른 사람들과의 예상치 않은, 선택하지 않은 대화 기회를 많이 잃고 있다." 그는 많은 사람이 대부분 자기 목소리의 메아리만을 더 많이 듣고 있다는 증거가 나타나고 있으며, 이러한 분열은 더욱 극단적이고 양극화된 견해를 갖는 파편적인 집단을 양산해내고 있다고 말한다.[36]

2005년 8월 영국 조셉론트리재단의 한 연구 보고서는 "인터넷이 지역과 계층 간 차이를 확대시키고 사회통합을 저해하고 있다"는 결론을 내렸다. 이 재단은 "인터넷의 발달로 보다 많은 사람들이 더 쉽게 지역과 개인에 대한 정보를 얻고 있다"면서 "이같은 정보들은 같은 계층끼리 모이고 다른 계층들을 배제시키는 데 이용되는 경향이 높다"고 분석했다.

이는 과거보다 훨씬 쉽게 자신이 원하는 주거지와 교류집단을 선정할 수 있게 되었기 때문이다. 이미 미국 등에선 특정지역의 소득수준, 주민들의 인종분포, 교육기관 수준 등에 대한 정보를 상업 사이트 등을 통해 쉽게 구할 수 있다. 연구팀을 이끈 요크대학 교수 로저 버로는 "인터넷의 발달에 따른 정보접근의 용이성으로 이제 부자들이 이전보다 더 쉽게 덜 다양하고 더 획일적인 지역을 만들 수 있게 됐다"

고 말했다.[37]

2005년 가을 백지운은 사이버발칸화에 대해 이렇게 말했다. "글로벌한 정보인프라의 출현을 통해 지리적 경계를 뛰어넘은 '지구촌'이 형성되는 듯하지만, 사실상 사이버 공간을 통해 사람들은 자신과 정치적·문화적·경제적 관점과 입장이 비슷한 사람과 공동체를 형성한다. 따라서 결과적으로 인터넷은 자기와 다른 문화에 대한 이해를 키우기보다 상대를 적대하는 소국들로 분열되는 '발칸화'의 위험을 더 많이 낳는다."[38]

뉴미디어는 아예 그런 '발칸화'를 알고리즘algorithm의 수준으로까지 올려놓는다. 미국 온라인 진보운동 단체인 무브온MoveOn.org의 이사장인 엘리 패리저Eli Pariser는 『생각 조종자들』(2011)에서 구글과 페이스북 등이 개인의 취향과 관심사는 물론 정치 성향까지 꼼꼼히 분석해 '맞춤형 정보'를 제공함에 따라 개인의 생각이 제한되는 현상을 가리켜 '필터 버블filter bubble'이라고 했다. 필터 버블에 의해 사람들은 점점 편협한 정보의 울타리에 갇히게 된다는 것이다.[39]

패리저는 "나는 정치적으로 왼쪽이지만 보수적인 사람들이 어떻게 생각하는지 듣고 싶다. 그래서 그들과 친분을 맺고 몇몇은 페이스북에 친구로 등록했다. 나는 그들이 어떤 글을 읽고 보는지, 의견은 무엇인지 그들의 생각을 알고 싶었다"며 다음과 같이 말한다.

"그러나 그들의 링크는 나의 뉴스피드News Feed(특정한 뉴스를 다른 서버로 송고하는 것)에 올라오지 않았다. 그 이유는 페이스북이 산수를 하고 있기 때문이다. 페이스북은 내가 여전히 진보적인 친구들을 더 자주 클릭하고 있다는 사실을 계산하고서 그들의 링크를 올려주는 반면, 보수적 친구들의 글이나 레이디 가가의 최신 비디오 파일과 같은 내용은 나에게 링크해주지 않는다. 나는 페이스북이 무엇을 보여주고 무엇을 감추는지 알아내기 위해 몇 가지를 조사해보았다.……나는 개별화가 우리에게 얼마나 가까이 있는지를 알고는 다시 한 번 경악했다. 구글과 페이스북뿐 아니라 거의 대부분의 웹사이트가 개별화를 하고 있었다."[40]

개별화에 의해 촉진되는 사이버발칸화는 사이버 세계만의 문제로 끝나지 않는다. 총합으로서 온라인 미디어가 전통적인 오프라인 미디어의 패권에 균열을 내거나 오히려 그들을 압도함으로써 오프라인 미디어는 시장 규모 유지 또는 확장의 한계를 스스로 절감 또는 예감해 100여 년 전의 '정파 저널리즘' 모델로 복귀하는 경향을 보이고 있다. 기존 시장 구조에 '폭탄'이 떨어진 상황에서 연명 수준에서나마 정파성이 오히려 '이익이 되는 장사'라는 것이 분명해졌기 때문이다. 이 또한 다시 '집단 극화group polarization'를 강화시킬 것은 두말할 나위가 없다.

대부분의 정치 관련 사이트와 SNS에서 양극화를 선도하는 주동자들polarization entrepreneurs이 대표 논객으로 활동하는 건 결코 우연이 아니다.[41] 이들은 자신들의 '마당' 또는 '놀이터'에서 '알아주는 맛', 즉 인정투쟁에서 유리한 고지를 차지하기 위해 '과격 발언'의 강도를 계속 높여나간다.

바로 이런 인정투쟁 메커니즘으로 인해 오프라인 세계에선 더할 나위 없이 착한 사람도 온라인 세계에선 무자비한 야수로 돌변할 수 있다. 이런 가능성을 잘 보여준 게 미국 심리학자 스탠리 밀그램Stanley

Milgram, 1933-1984과 필립 짐바르도Philip Zimbardo, 1933-의 실험이다. 이들의 실험 결과는 가학적 성격 타입이 아닌 사람들도 상황이 바뀌면서 쉽게 가학적 행태를 보일 수 있다는 사실을 보여주었다.[42]

사이버발칸화는 이미 존재하는 오프라인 세계의 분열과 갈등을 극단으로 몰고 간다. 한신대 교수 윤평중이 『경향신문』(2014년 1월 1일) '신년 대담'에서 잘 지적했듯이, "지난 1년간 국정운영은 배제의 정치로 일관했다. 사분오열을 넘어 7분8열로 쪼개졌다. 보수진영도 양분을 넘어 3분, 4분되고 있다. 그래서 보수에서도 '종북'이 문제가 아니라 '종박從朴'이 더 문제라고 할 정도다."[43]

양극화 주동자들의 과격 발언은 상업적 뉴스 가치가 높기 때문에 오프라인 미디어마저 이들의 발언을 적극 활용하는 경향이 있다. 통합적 담론은 시장 가치가 낮아 외면되는 상황에서 벌어지고 있는 '사이버발칸화 상업주의'라고 할 수 있겠다.

50

왜 '잠재의식 광고'를 둘러싼
논란이 뜨거운가?

잠재의식

광고의 영향력에 대해선 의견이 분분하다. 대중문화처럼 이념의 좌우를 막론하고 강하다고 보는 사람과 약하다고 보는 사람이 나뉘기 때문에 더욱 혼란스럽다. 그러나 효과의 입증은 어렵다고 할망정 광고의 영향력이 약하다면 왜 그 수많은 기업이 엄청난 돈을 광고에 퍼붓는가 하는 의문은 남는다.

광고의 영향력에 대해 영국의 광고 전문가인 브랜든 브루스Brendan Bruce는 독특한 의견을 제시한다. 그는 "사람들을 설득하는 데 있어서 광고의 힘이 신비할 뿐 아니라 심지어 악마적인 영향력을 가졌다고 생각하는 사람들에게" 할 말이 있다며 이런 이론을 내놓는다.

"광고는 유행과 같아서 대부분 프로레슬링 경기와 같은 수준의

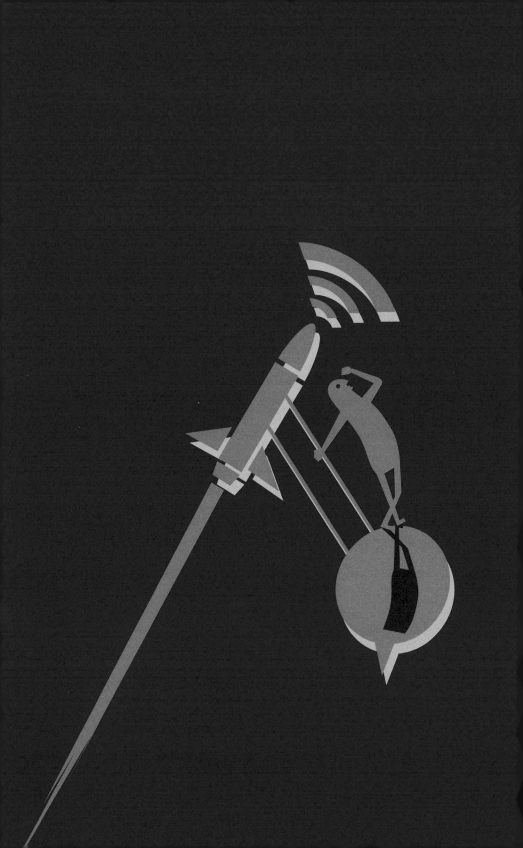

효과만이 있을 뿐이다. 프로레슬링 경기를 보는 관중은 실제로는 선수들이 서로 다른 선수를 다치지 않게 하려는 걸 뻔히 알면서도 경기가 진행되는 동안은 계속되는 재치와 전문 기술, 그리고 스타일 등을 감상한다. 그들은 결코 속지 않는다. 모든 일을 음모라고 파악하는 사람들은 광고 전문가의 능력과 자질을 과대평가하고, 관중들의 상식은 부적절하고, 유치하며, 속기 쉬운 것이라고 과소평가한다."[44]

과연 그럴까? 물론 브루스가 말하는 종류의 그런 광고도 있을 것이다. 그러나 모든 광고가 다 그렇다는 건 믿기 어려운 일이다. 광고의 영향력이 강한가 약한가 하는 건 사실 우문愚問일 수 있다. 상황과 광고에 따라 강할 수도 있고 약할 수도 있다고 보는 게 옳지 않을까?

잠재의식 광고subliminal advertising는 어떻게 보아야 할까? 이것 역시 프로레슬링과 비슷한 것일까? 아무리 생각해도 그런 것 같지는 않다. '잠재의식 광고라는 건 없다'고 주장하는 광고인들도 있는 만큼 이를 둘러싼 논란을 살펴보기로 하자.

잠재의식 광고를 최초로 거론한 건 미국 비평가 반스 패커드Vance Packard, 1914-1996가 1957년에 출간해 베스트셀러가 된 『숨은 설득자들 The Hidden Persuaders』이라는 책이다. 이 책에서 패커드는 당시 미국 광고에 사용되고 있던 동기 조사motivational research를 폭로하고 프로이트에 기초한 미디어 조작 이론을 제시했다.

패커드는 영화나 텔레비전 화면의 순간적인 이미지는 그 간격이 너무 짧아서 관객들은 그 장면들을 분명히 인식하지 못하지만, 관객들에게 영향을 미칠 수 있다고 주장했다. 예컨대, 영화 관객들은 영화 속에 삽입된 아이스크림의 순간적 이미지를 보았다는 걸 인식하지 못했음에도 극장에서 아이스크림 판매는 급격하게 증가했다는 것이다. 패커드는 이런 광고를 잠재의식 광고라고 불렀다.[45]

이후 잠재의식 광고를 본격적으로 거론한 사람은 캐나다 웨스턴 온타리오대학의 커뮤니케이션 교수 윌슨 브라이언 키Wilson Bryan Key, 1925-2008다. 그는 1973년에 4권으로 된 『잠재의식 광고Subliminal Advertising』라는 책을 출간했다. 그는 이 책에서 광고나 제품에 매재물埋在物을 넣는 매몰기법埋沒技法을 고발했다. 매재물은 사람이나 사물의 윤곽이 배경에 섞여 있어 지각하기 어렵게 된 모호한 그림 형태를 말한다.[46]

광고의 얼음 조각 속에 성적 이미지를 숨긴다거나 sex와 같이 심리적 충동을 일으킬 수 있는 단어들을 제품이나 광고에 집어넣는다는 것이다. 그는 수천 가지의 잡지 표지와 광고, 뉴스 사진 등을 검토한 끝에 거기에 삽입되는 단어의 종류 8가지를 발견했다고 주장했다. 가장 많은 게 sex라는 단어였다고 한다. 그는 하다못해 아이들이 먹는 리츠 크래커에도 양면에 sex라는 단어가 모자이크되어 있다고 했다.[47] 이게 널리 알려지면서 한동안 사람들이 눈을 가늘게 뜨고 잡지에 실린 위스키 광고 등을 보면서 얼음 속에서 벌어진다는 '섹스 파티'를 찾는 게 유행하기도 했다.[48]

그는 공포영화 〈엑소시스트The Exorcist〉(1973)에도 서브리미널 subliminal 컷이 삽입되어 있다고 말한다. 미국에선 이 영화를 보고 많은 사람이 졸도하거나 구토를 하는 바람에 이 영화가 상영된 도시의 병원 응급실엔 수십 명의 환자가 실려 왔는데, 그게 바로 순간 노출기를 이용해 48분의 1초 동안 보여준 서브리미널 컷에 담긴 무서운 얼굴 때문이었다는 것이다.

"영화가 진행되는 동안 여러 차례 갑작스러운 섬광이 보이면서 카라스 신부의 얼굴이 잠시 동안 커다란 풀 스크린의 데스 마스크death mask를 쓴 귀신처럼 나타난다. 얼굴 피부는 번들거리는 흰 빛인데다 피처럼 붉은 쭉 찢어진 입, 그리고 그 얼굴은 하얀 두건 혹은 장막으로 가려져 있다."

그는 문제의 서브리미널 컷이 여러 군데에 삽입된 걸 한 극장에서 간접적으로 확인했는데, 제작사인 워너브라더스는 그의 확인 요청을 거부했다. 그가 극장에서 찍은 사진을 책에 사용하겠다는 것에 대해서도 법적 조치를 취하겠다고 경고했다. 그는 잠재의식 자극용 시각적 기교로 사용된 서브리미널 컷을 관객의 3분의 2는 지각하지 못했고 3분의 1은 지각했다고 밝혔다.[49] 그는 다음과 같이 말한다.

"이 책을 쓰게 된 동기가 되었던 조사 연구의 과정에서 발견해낸 가장 의미심장한 사실 중의 하나는, 오늘날의 문화—특히 다이내믹한 미국 문화—가 공장 제조품이라는 것이다. 그리고 미디어는 바로 그 공장이다. 인간은 방대한 물질주의적 테크놀로지를 창조해냄으로써, 그들이 환경을 컨트롤할 수 있다는 착각illusion까지도 창조해내었다. 이러한 착각으로 인해, 인간은 무의식이 개입되는 지배력이나 영향력에 대해 허약하게 스스로를 노출하게 되었다."[50]

키의 주장에 충격을 받은 사람들의 요구로 미 연방통신위원회Federal Communication Commission는 조사에 착수했지만, 잠재의식 광고의 효과를 입증하는 증거는 찾지 못했다. 그럼에도 FCC는 "공익에 반한다"는 이유로 방송국에 잠재의식 광고를 모두 없애라고 경고했다.[51]

광고 전문가인 더글러스 러시코프Douglas Rushkoff, 1961-는 자신의 광고계 경력을 강조하면서 윌슨 브라이언 키의 주장을 부정한다. "광고가 기획되는 순간부터 본격적인 광고로 등장하기까지의 모든 과정에 관여했던 한 사람으로서, 그리고 카피라이터로부터 예술 감독, 인쇄 전문가에 이르기까지 광고업에 종사하는 모든 사람을 알고 있는 전문가로서 나는 적어도 잘 나가는 광고 기획사에서는 그런 잠재의식에 호소하는 광고가 절대로 만들어질 수 없다고 단언하는 바이다. 어떻게 '성적 자극을 부추길 수 있는' 이미지를 얼음 조각이나 팔꿈치에 표현할 수 있겠는가? 소문은 소문에 불과할 뿐이다."[52]

그럼에도 러시코프는 많은 사람이 잠재의식 광고를 믿고 있다는 게 답답한 모양이다. 1992년에 만들어진 한 연구 보고에 의하면 미국인의 57퍼센트는 소비자의 잠재의식에 작용하는 광고가 활개를 치고 있다고 믿었으며, 겨우 12명 중에 한 사람 정도가 그런 일은 "결코 일어날 수 없다"고 답했다는 것이다.[53]

『저널 오브 애드버타이징 Journal of Advertising』 1993년 4월 3일자에 실린 여론조사 결과는 러시코프를 더욱 실망시켰다. 서브리미널 광고에 의한 대중 심리 조작이 이루어지고 있다고 대답한 미국인이 전체 응답자 가운데 74퍼센트가 넘었으며 그 가운데 72퍼센트의 사람들이 서브리미널 광고는 효과가 있다고 응답했기 때문이다.[54]

미국의 대중매체들은 서브리미널 광고의 존재와 효과를 부정하는 쪽이다. 그러나 그걸 선정주의적 기사로 보도하는 데엔 열심이다. 「서브리미널 광고 폭로! 카멜 상자에 남자 성기의 심벌이!」, 「대인기 헤비메탈 밴드, 악마의 서브리미널 메시지 삽입! 두 명의 소년이 자

살!」,「맥주의 텔레비전 CM에 여성의 누드가 숨바꼭질!」 등과 기사 제목들이 그걸 잘 말해준다.[55]

과연 진실은 무엇일까? 1995년에 나온 일본인 요코이 신지橫井眞路의 『서브리미널 마케팅』이라는 책은 윌슨 브라이언 키의 입장과는 다른 자세를 취하지만 그의 주장에 더 타당성이 있다는 결론을 내리고 있다. 요코이 신지는 독특한 이력의 소유자다. 그는 윌슨 브라이언 키의 책을 읽고 충격을 받아 미국에 유학을 가서 그것만 연구했다.

"도덕적인 관점에서 규탄하는 키와는 달리, 나는 서브리미널 전술을 일방적으로 비판하거나 옹호할 생각은 전혀 없다. 이러한 생각은 위험할지도 모른다.……그렇다고 해서 자본주의 사회에서 비즈니스를 전개하는 사람들, 즉 우리들 자신의 입장에서는 대중 조작 없이 구매력을 환기시킬 수 없는 것 또한 현실이다."[56]

그의 해석이 독특하다. 그는 "개인적인 일이지만, 지금부터 15년 전, 나는 일본의 교육 시스템에 염증을 느껴 미국으로 건너갔다. 15세 때의 일이다. 그때까지 나는 동경 부근 신흥 주택지의 공립학교에 9년간 다녔지만, 군대와 같이 집단주의를 육성하는 엄격한 규율과 차별, 집단책임을 중시하는 학교 방침에 납득할 수 없었다"며 다음과 같이 말한다.

"일본의 교육 시스템을 일방적으로 비판할 수는 없다. 그러나 국민학교에서 대학까지 16년간이면 대부분의 인간은 무의식중에 제어되고 만다. 일본의 기업 조직은 바로 이러한 학교 교육의 연장선상에 있다. 말하자면 오늘날 일본 사회 전체를 뒤덮고 있는 눈에 보이지 않는 공기층은 바로 컨트롤의 층이라고 할 수 있다. 이것은 바로 오랜 세월 지속된 교육에 의한 서브리미널 효과로, '교육이란 문명의 척도에 맞는 인간을 제조하는 공장'이라고 한 스탠퍼드대학의 교수 엘우드 카바레의 견해와 일치한다."[57]

반면 미국엔 개인적인 권리가 잘 보장되어 있기 때문에 미국 광고계의 서브리미널 전략은 그런 환경을 기반으로 발전해온 게 아니겠느냐는 것이다.[58]

서브리미널 메시지를 둘러싼 논란은 비단 광고계에서만 벌어지고 있는 건 아니다. 대중음악 쪽에서 논란도 치열하다. 1985년 미국에선 10대 청소년 2명이 엽총으로 동반 자살을 시도한 사건이 벌어졌다. 한 명은 죽고 한 명은 치명상을 입고 얼마 후에 사망했다. 이들은 헤비메탈 밴드인 주다스 프리스트Judas Priest의 노래를 듣고 자살을 시도했기 때문에, 이는 법정 소송으로 비화되었다. 원고 측은 문제의 앨범에 악마 숭배, 자살 교사의 서브리미널 메시지subliminal message가 삽입되어 있다고 주장했다. "악마의 혼을 불러라, 신을 강간하라!"라는 역스피치의 메시지와 "해치워 버려!"라고 명령하는 소리가 의식적으로는 지각할 수 없는 음량으로 몰래 녹음되어 있다는 것이었다.

제작사인 CBS 레코드는 그런 메시지가 삽입되었다는 걸 인정하지 않으면서도, '언론의 자유'를 들어 서브리미널 메시지의 정당성을 주장했다. 그러나 재판부가 오리지널 마스터 테이프 제출을 명령하자 CBS는 그걸 분실했다고 발뺌했다. 이 재판은 원고 측의 패소로 끝나고 말았지만 이와 유사한 소송이 잇달아 제기되었다.[59]

이에 대해 요코이 신지는 "주다스 프리스트의 자살 교사, 마돈나의 헐떡이는 숨소리와 악마의 심벌을 비롯한 서브리미널 메시지의 효과는 비즈니스 현장에서는 이미 충분히 실증되었다"며 다음과 같이 말한다.

"섹스나 폭력을 잠재의식에 투영하면 당장 매출액이 올라간다. 레코드 회사나 아티스트들이 마음속으로 악마 숭배나 무절제한 섹스를 선동하고 있는 것은 아니다. 단지 그들은 상품을 판매하는 수단으로서 서브리미널 메시지의 위력을 믿고 있을 뿐이다. 그들은 대중 심리 조작의 달인이지만 그것이 사회에 어떤 영향을 미치는가에 대해서는 생각하지 않는다."[60]

또 요코이 신지는 사진이나 필름 등의 빠른 장면을 몇 가지 연속해서 삽입하는, 이른바 '메타콘트라스트meta-contrast'라는 서브리미널 수법에 대해선 이렇게 말한다.

"이 콜라주는 언뜻 보기에 아무런 의미도 없는 것처럼 느껴진다. 물론 비디오 머신으로 각 프레임을 검증하면 숨겨진 심벌을 찾을 수 있을지도 모른다. 그러나 일반 영화관에서는 이러한 이미지 콜라주의 의미를 관객이 의식적으로 이해하는 것은 불가능하다.……메타콘트라스트 또는 백 마스킹back-masking은 최근에는 편집 기술의 디지털화로 보다 고도의 완성이 기대된다. 그래서 〈엑소시스트〉와 같이 데스 마스크를 한 컷만 삽입하는 것이 아니라, 수십 컷을 빠른 스피드로 삽입하는 경우가 많아졌다."[61]

미국 신경과학자 데이비드 이글먼David Eagleman은 잠재의식 광고가 2000년 미국 대통령 선거에서도 시도되었다고 말한다. 공화당 후보인 조지 부시George W. Bush의 홍보팀이 민주당 후보 앨 고어Al Gore를 비판하는 텔레비전 광고를 내보내면서 '쥐들RATS'이라는 단어를 '30분의

1초' 동안 삽입했다는 것이다. '나중에 '관료들BUREAUCRATS'이라는 단어의 일부라는 게 드러나긴 했지만, 한 번 각인된 효과는 쉽사리 사라지지 않았다. 애초 홍보팀이 노린 대로 '쥐들'이라는 단어는 대중의 기억 속에 남았다. 물론 나중에 이 사실이 밝혀져 한 차례 홍역을 치르긴 했지만."[62]

'잠재의식 광고'를 둘러싼 논란에 대해 어떤 평가를 내리든 우리는 지금 우리의 모든 의식이 마케팅의 공략 대상이 되는 그런 세상에 살고 있다는 건 분명하다. 우리가 알게 모르게 실천하고 있는 온갖 생각의 문법도 그런 공략의 영향력에서 자유롭지 못하다는 건 두말할 나위가 없다. 사람들은 진지하고 딱딱하고 직접적인 어투로 전달되는 공공적 계몽에 대해선 "감히 누굴 가르치려 드는 거냐?"며 극도의 거부감을 드러내지만, 장난스럽고 부드럽고 우회적인 상업적 마케팅 메시지에 대해선 매우 관대하고 너그럽다. 이게 바로 우리가 생각의 문법에 대해 더욱 관심을 가져야 할 또 다른 이유이기도 하다.

머리말

1 댄 애리얼리(Dan Ariely), 이경식 옮김, 『거짓말하는 착한 사람들: 우리는 왜 부정행위에 끌리는가』(청림출판, 2012), 321쪽.

2 맥스웰 몰츠(Maxwell Maltz), 공병호 옮김, 『맥스웰 몰츠 성공의 법칙』(비즈니스북스, 2002/2010), 138쪽.

3 스튜어트 서덜랜드(Stuart Sutherland), 이세진 옮김, 『비합리성의 심리학: 왜 인간은 어처구니없는 실수를 반복하는가』(교양인, 1992/2008), 395쪽; 김헌식, 『의외의 선택, 뜻밖의 심리학』(위즈덤하우스, 2010), 172쪽.

4 찰스 핸디(Charles Handy), 이종인 옮김, 『코끼리와 벼룩: 직장인들에게 어떤 미래가 있는가』(생각의 나무, 2001), 235쪽.

제1장 착각과 모방

1 Albert Jack, 『Red Herrings and White Elephants: The Origins of the Phrases We Use Every Day』(New York: HarperCollins, 2004), pp.123~124; 아서 블로크(Arthur Bloch), 정영문 옮김, 『머피의 법칙 2000』(까치, 1999), 2쪽; 마이클 캐플런(Michael Kaplan) · 엘런 캐플런(Ellen Kaplan), 이지선 옮김, 『뇌의 거짓말: 무엇이 우리의 판단을 조작하는가?』(이상, 2009/2010), 197~198쪽;

「Murphy's law」, 『Wikipedia』; 「Edward A. Murphy, Jr.」, 『Wikipedia』; 박경미, 「'머피의 법칙'과 '샐리의 법칙'」, 『한국일보』, 2004년 10월 14일, A22면.

2 레이첼 보츠먼(Rachel Botsman)·루 로저스(Roo Rogers), 이은진 옮김, 『위 제너레이션』(모멘텀, 2011), 183쪽; 「Yhprum's Law」, 『Wikipedia』.

3 조윤경, 「직장인 머피의 법칙 1위, "왜 하필 오늘…"」, 『매일경제』, 2013년 7월 31일.

4 아서 프리먼(Arthur Freeman)·로즈 드월프(Rose DeWolf), 송지현 옮김, 『그동안 당신만 몰랐던 스마트한 실수들』(애플북스, 1992/2011), 231쪽.

5 오형규, 『자장면 경제학』(좋은책만들기, 2010), 240~244쪽; 최창호, 『마음을 움직이는 77가지 키워드』(가서원, 1997), 224~225쪽.

6 기요시는 머피의 법칙은 '마이너스 암시'이지만, '역(逆)머피의 법칙'은 '플러스 암시'로 '성공이 성공을 낳는 사이클'을 불러온다고 주장한다. 기쿄 기요시, 김기창 옮김, 『역(逆)머피의 법칙: 플러스 지향의 성공법칙 권장』(도서출판 국제, 1994), 21쪽, 32쪽, 90쪽, 204쪽.

7 정재승, 『정재승의 과학콘서트: 복잡한 세상, 명쾌한 과학』(개정증보판, 어크로스, 2011), 35~44쪽; 제이슨 츠바이크(Jason Zweig), 오성환·이상근 옮김, 『머니 앤드 브레인: 신경경제학은 어떻게 당신을 부자로 만드는가』(까치, 2007), 309~310쪽.

8 정재승, 『정재승의 과학콘서트: 복잡한 세상, 명쾌한 과학』(개정증보판, 어크로스, 2011), 45쪽.

9 이 법언은 18세기 영국의 법관이자 정치가로 영국 보통법의 권위자였던 윌리엄 블랙스톤(William Blackstone, 1723~1780)이 한 말이다. 원문은 이렇다. "It is better that ten guilty persons escape, than that one innocent suffer." 임귀열, 「Thinking of justice and freedom(정의와 자유의 법정신)」, 『한국일보』, 2014년 12월 31일.

10 한규석, 「지역감정의 해소와 방송의 역할」, 『방송연구』, 1990년 여름, 250쪽.

11 김경미, 『행복한 심리학』(교양인, 2010), 95쪽; 「Illusory correlation」, 『Wikipedia』; 이남석, 『편향: 나도 모르게 빠지는 생각의 함정』(옥당, 2013), 350~353쪽.

12 하노 벡(Hanno Beck), 배명자 옮김, 『부자들의 생각법: 모르면 당하는 그들만의 경제학』(갤리온, 2012/2013), 353쪽.

13 김경미, 『행복한 심리학』(교양인, 2010), 97쪽.

14 강인희, 「"내가 왜…" 저지르고 후회하는 이별 범죄…스트레스 조절 실패가 '원인'」, 『경향신문』, 2013년 11월 7일.

15 레베카 코스타(Rebecca Costa), 장세현 옮김, 『지금, 경계선에서: 오래된 믿음에 대한 낯선 성찰』(쌤앤파커스, 2010/2011), 187쪽.

16 존 앨런 파울로스(John Allen Paulos), 김종수 옮김, 『숫자에 약한 사람들을 위한 우아한 생존 매뉴얼』(동아시아, 1998/2008), 243~244쪽.

17 필 로젠츠바이크(Phil Rosenzweig), 이주형 옮김, 『헤일로 이펙트: 기업의 성공을 가로막는 9가지 망상』(스마트비즈니스, 2007), 130쪽.

18 필 로젠츠바이크(Phil Rosenzweig), 이주형 옮김, 『헤일로 이펙트: 기업의 성공을 가로막는 9가지 망상』(스마트비즈니스, 2007), 130쪽.

19 홍은주, 『경제를 보는 눈』(개마고원, 2004), 64쪽; 마이클 셔머(Michael Shermer), 류운 옮김, 『왜 사람들은 이상한 것을 믿는가』(바다출판사, 1997/2007), 114쪽.

20 문영미, 박세연 옮김, 『디퍼런트: 넘버원을 넘어 온리원으로』(살림비즈, 2010/2011), 181~182쪽.

21 이혜운, 「지방대 출신 고려대 교수 자살」, 『조선일보』, 2010년 10월 21일.

22 한규석, 「지역감정의 해소와 방송의 역할」, 『방송연구』, 1990년 여름, 249쪽; 강재륜, 『논리학』(대왕사, 1996), 47~48쪽; 「Hasty generalization」, 『Wikipedia』; 「Categorical perception」, 『Wikipedia』.

23 최진봉, 「교수의 자살 방조한 대학사회 학벌주의」, 『경향신문』, 2010년 10월 25일.

24 Samuel P. Huntington, 『The Clash of Civilizations and the Remaking of World Order』(New York: Simon & Schuster, 1996), p.20.

25 제임스 서로위키(James Surowiecki), 홍대운 · 이창근 옮김, 『대중의 지혜: 시장과 사회를 움직이는 힘』(랜덤하우스중앙, 2004/2005), 81쪽.

26 로버트 치알디니(Robert Cialdini), 황혜숙 옮김, 『설득의 심리학』(개정5판, 21세기북스, 2009/2013), 185~186쪽.

27 조나 버거(Jonah Berger), 정윤미 옮김, 『컨테이저스: 전략적 입소문』(문학동네, 2013), 212~213쪽.

28 로버트 치알디니(Robert Cialdini) 외, 윤미나 옮김, 『설득의 심리학 2』(21세기북스, 2007/2008), 29~33쪽.

29 로버트 치알디니(Robert Cialdini) 외, 윤미나 옮김, 『설득의 심리학 2』(21세기북스, 2007/2008), 34~37쪽.

30 로버트 치알디니(Robert Cialdini), 황혜숙 옮김, 『설득의 심리학』(개정5판, 21세기북스, 2009/2013), 186쪽.

31 로버트 치알디니(Robert Cialdini), 황혜숙 옮김, 『설득의 심리학』(개정5판, 21세기북스, 2009/2013), 186쪽.

32 노재현, 「시네마 천국 vs 스크린 지옥」, 『중앙일보』, 2006년 8월 18일, 30면.

33 수전 와인셍크(Susan M. Weinschenk), 박선령 옮김, 『마음을 움직이는 심리학: 심리학자가 알려주는 설득과 동기유발의 140가지 전략』(위키미디어, 2013), 29쪽.

34 로버트 치알디니(Robert Cialdini) 외, 윤미나 옮김, 『설득의 심리학 2』(21세기북스, 2007/2008), 38~42쪽.

35 리처드 와이즈먼(Richard Wiseman), 한창호 옮김, 『괴짜 심리학』(웅진지식하우스, 2007/2008), 50쪽.

36 Loren Coleman, 『The Copycat Effect: How the Media and Popular Culture Trigger the Mayhem in Tomorrow's Headlines』(New York: Paraview Pocket Books, 2004), pp.1~2; 로버트 치알디니(Robert Cialdini), 황혜숙 옮김, 『설득의 심리학』(개정5판, 21세기북스, 2009/2013), 219~220쪽.

37 로렌 슬레이터(Lauren Slater), 조증열 옮김, 『스키너의 심리상자 열기』(에코의서재, 2004/2005), 114~115쪽.

38 로렌 슬레이터(Lauren Slater), 조증열 옮김, 『스키너의 심리상자 열기』(에코의서재, 2004/2005), 115쪽.

39 이천종 · 김태훈, 「'이은주' 모방 자살 늘었다」, 『세계일보』, 2005년 3월 24일, A10면.

40 이병문, 「유명인 자살보도가 '베르테르 효과' 불러: 서울아산병원 김남국 교수팀, "상관계수 0.74…통계적으로 유의미"」, 『매일경제』, 2014년 3월 18일.

41 김희영, 「'베르테르 효과' 막는 '파파게노 효과'」, 『기자협회보』, 2013년 12월 18일; 차상호, 「파파게노 효과(Papageno effect)」, 『경남신문』, 2013년 12월 11일.

42 주혜진, 「자극적 자살 보도 이제 '그만'…보도 권고 기준 지켜야」, 『경향신문』, 2013년 12월 6일.

43 차상호, 「파파게노 효과(Papageno effect)」, 『경남신문』, 2013년 12월 11일.

제2장 동조와 편승

1 엘리어트 애런슨(Elliot Aronson), 박재호 옮김, 『인간, 사회적 동물: 사회심리학에 관한 모든 것』(탐구당, 2012/2014), 50쪽; 정인숙, 『커뮤니케이션 핵심 이론』(커뮤니케이션북스, 2013); 이남석, 『편향: 나도 모르게 빠지는 생각의 함정』(옥당, 2013), 153~158쪽; 정승양, 「주변 환경 따라 달라지는 인간의 행

동」, 『서울경제』, 2013년 1월 11일.

2 그레고리 번스(Gregory Berns), 김정미 옮김, 『상식파괴자』(비즈니스맵, 2008/2010), 152쪽.

3 마크 뷰캐넌(Mark Buchanan), 김희봉 옮김, 『사회적 원자: 세상만사를 명쾌하게 해명하는 사회물리학의 세계』(사이언스북스, 2007/2010), 128쪽.

4 샘 소머스(Sam Sommers), 임현경 옮김, 『무엇이 우리의 선택을 좌우하는가: 우리의 감정, 행동, 결정을 주도하는 보이지 않는 힘』(청림출판, 2011/2013), 135~136쪽.

5 로랑 베그(Laurent Begue), 이세진 옮김, 『도덕적 인간은 왜 나쁜 사회를 만드는가』(부키, 2011/2013), 98쪽.

6 나은영, 『행복 소통의 심리』(커뮤니케이션북스, 2013), 61~63쪽.

7 데이비드 맥레이니(David McRaney), 박인균 옮김, 『착각의 심리학』(추수밭, 2011/2012), 338~339쪽.

8 실뱅 들루베(Sylvain Delouvee), 문신원 옮김, 『당신의 이성을 마비시키는 그럴 듯한 착각들』(지식채널, 2013), 80쪽.

9 Rosemarie Ostler, 『Let's Talk Turkey: The Stories behind America's Favorite Expressions』(New York: Prometheus Books, 2008), pp.174~175; William Safire, 『Safire's Political Dictionary』(New York: Random House, 1978), pp.41~42.

10 범상규, 『심리학이 소비자에 대해 가르쳐준 것들』(바다출판사, 2013), 36쪽.

11 서정환, 「규제 비웃는 외부불경제, 괴물로 자라나 일상을 위협하다」, 『한국경제』, 2013년 8월 17일.

12 로버트 캐플란(Robert D. Kaplan), 장병걸 옮김, 『무정부시대가 오는가』(코기토, 2001), 101쪽.

13 리처드 탈러(Richard H. Thaler)·캐스 선스타인(Cass R. Sunstein), 안진환 옮김, 『넛지: 똑똑한 선택을 이끄는 힘』(리더스북, 2008/2009), 90~91쪽.

14 캐스 선스타인(Cass R. Sunstein), 이기동 옮김, 『루머』(프리뷰, 2009), 48쪽.

15 황선아, 「상상덩어리 위트 패션의 힘」, 『동아일보』, 2013년 7월 4일; 이남석, 『편향: 나도 모르게 빠지는 생각의 함정』(옥당, 2013), 153~158쪽.

16 한승우, 「레밍에이드와 출산장려정책」, 『한겨레』, 2004년 10월 7일, 22면.

17 춘카 무이(Chunka Mui)·폴 캐럴(Paul B. Carroll), 이진원 옮김, 『똑똑한 기업을 한순간에 무너뜨린 위험한 전략』(흐름출판, 2008/2009), 228~229쪽.

18 프레데릭 루이스 알렌(Frederick Lewis Allen), 박진빈 옮김, 『원더풀 아메리카』(앨피, 1931/2006), 298쪽.

19 오치 미치오, 곽해선 옮김, 『와스프: 미국의 엘리트는 어떻게 만들어지는가』(살림, 1998/1999), 168쪽. '스놉(snob)'은 원래 '아랫사람을 무시하고 윗사람에게 아부하거나 신사인 체하는 속물이나 재물 숭배자'라는 뜻이다.

20 싱클레어 루이스, 이종인 옮김, 『배빗』(열린책들, 1922/2011), 63~64쪽.

21 리처드 윌킨슨(Richard G. Wilkinson)·케이트 피킷(Kate Pickett), 전재웅 옮김, 『평등이 답이다: 왜 평등한 사회는 늘 바람직한가?』(이후, 2010/2012), 205쪽.

22 리처드 윌킨슨(Richard G. Wilkinson), 김홍수영 옮김, 『평등해야 건강하다: 불평등은 어떻게 사회를 병들게 하는가?』(후마니타스, 2006/2008), 200~201쪽.

23 김광현, 『기호인가 기만인가: 한국 대중문화의 가면』(열린책들, 2000), 217쪽; 김헌식, 『K팝 컬처의 심리』(북코리아, 2012), 93쪽; 황선아, 「상상덩어리 위트 패션의 힘」, 『동아일보』, 2013년 7월 4일.

24 존 리겟, 이영식 옮김, 『얼굴 문화, 그 예술적 위장』(보고싶은책, 1997), 97쪽.

25 낸시 에트코프, 이기문 옮김, 『미(美): 가장 예쁜 유전자만 살아남는다』(살림, 2000), 260쪽.

26 제임스 B. 트위첼, 최기철 옮김, 『럭셔리 신드롬: 사치의 대중화, 소비의 마지막 선택』(미래의창, 2003), 158~159쪽.

27 조풍연, 「'노노스' 제품 잘 팔린다」, 『세계일보』, 2005년 2월 19일, A18면.

28 이지은, 「'마이카'는 BMW 재테크는 해외펀드, 여행은 몰다이브로: '귀족 마케팅' 전문가들이 들려주는 '강남 부자' 라이프스타일」, 「신동아」, 2004년 10월호, 246~255쪽.

29 「신간소개: 부자들의 여행지 발간」, 「매일경제」, 2006년 8월 21일, B8면.

30 Neil Ewart, 『Everyday Phrases: Their Origins and Meanings』(Poole · Dorset, UK: Blandford Press, 1983), p.51; 「Underdog(term)」, 「Wikipedia」.

31 여준상, 「Underdog Marketing: 열정과 의지로 약점을 극복하라」, 「DAEHONG COMMUNICATIONS」, 217호(2011년 11~12월), 62~65쪽.

32 「언더독 효과(underdog effect)」, 「네이버 지식백과」.

33 「Opinion poll」, 「Wikipedia」; 「Bandwagon effect」, 「Wikipedia」.

34 최요한, 「박근혜 '붕대투혼'의 진실…언더독 전략」, 「오마이뉴스」, 2013년 12월 1일.

35 마이클 프렐(Michael Prell), 박수민 옮김, 「언더도그마: 강자가 말하는 '약자의 본심'」(지식갤러리, 2011/2012), 20~21쪽, 90쪽.

36 전승훈, 「우리 안의 언더도그마」, 「동아일보」, 2012년 3월 28일.

37 김진석, 「니체는 왜 민주주의에 반대했는가」(개마고원, 2009), 289쪽.

38 에이드리언 펀햄(Adrian Furnham), 오혜경 옮김, 「심리학, 즐거운 발견」(북로드, 2008/2010), 332~334쪽.

39 에이리언 펀햄(Adrian Furnham), 오혜경 옮김, 「심리학, 즐거운 발견」(북로드, 2008/2010), 335쪽.

40 에른스트 페터 피셔(Ernst Peter Fischer), 박규호 옮김, 「슈뢰딩거의 고양이: 과학의 아포리즘이 세계를 바꾸다」(들녘, 2006/2009), 294쪽; 「Konrad Lorenz」, 「Wikipedia」.

41 제롬 케이건(Jerome Kagan), 노승영 옮김, 「정서란 무엇인가?」(아카넷, 2009), 40쪽.

42 에번 I. 슈워츠, 고주미 · 강병태 옮김, 「웹경제학: 인터넷시장을 지배하는 9가지 법칙」(세종서적, 1999), 203~204쪽; 토드 부크홀츠(Todd G. Buchholz), 최지아 옮김, 「죽은 CEO의 살아있는 아이디어」(김영사, 2007/2009), 301~304쪽.

43 「Imprinting(organizational theory)」, 「Wikipedia」.

44 「Imprinting(psychology)」, 「Wikipedia」.

45 임신재, 「동물행동학」(살림, 2006), 17~18쪽.

제3장 예측과 후회

1 Barry Glassner, 『The Culture of Fear: Why Americans Are Afraid of the Wrong Things』, 2nd ed.(New York: Basic Books, 2009), p.3; 배리 글래스너, 연진희 옮김, 「공포의 문화」(부광, 2005), 35쪽.

2 서은국, 「[행복하게 사는 법] (6) 행복은 지금, 여기에」, 「한국일보」, 2009년 2월 9일.

3 마이클 셔머(Michael Shermer), 박종성 옮김, 「경제학이 풀지 못한 시장의 비밀」(한국경제신문, 2008/2013), 279쪽; 닐 로즈(Neal Roese), 허태균 옮김, 「이프(If)의 심리학: 실패를 성공으로 바꾸는 후회의 재발견」(21세기북스, 2005/2008), 72~75쪽; 숀 아처(Shawn Achor), 박세연 옮김, 「행복의 특권: 행복하면 우리는 무엇을 얻을 수 있는가?」(청림출판, 2010/2012), 185쪽.

4 맬컴 글래드웰(Malcolm Gladwell), 선대인 옮김, 「다윗과 골리앗: 강자를 이기는 약자의 기술」(21세기북스, 2013/2014), 182쪽.

5 「Affective forecasting」, 「Wikipedia」.

6 이남석, 「편향: 나도 모르게 빠지는 생각의 함정」(옥당, 2013), 220~222쪽.

7 닐 로즈(Neal Roese), 허태균 옮김, 「이프(If)의 심리학: 실패를 성공으로 바꾸는 후회의 재발견」(21세기

북스, 2005/2008), 158~159쪽; 로버트 코펠(Robert Koppel), 권성희 옮김, 『투자와 비이성적 마인드: 감정은 어떻게 객관적 데이터를 왜곡하는가?』(비즈니스북스, 2011/2013), 197~198쪽.

8　개리 마커스(Gary Marcus), 최호영 옮김, 『클루지: 생각의 역사를 뒤집는 기막힌 발견』(갤리온, 2008), 74~75쪽.

9　올리버 버크먼(Oliver Burkeman), 김민주 · 송희령 옮김, 『행복중독자: 사람들은 왜 돈, 성공, 관계에 목숨을 거는가』(생각연구소, 2011/2012), 75~76쪽.

10　이남석, 『무삭제 심리학』(예담, 2008), 141쪽; 「Empathy gap」, 『Wikipedia』.

11　대니얼 시겔(Daniel J. Siegel), 오혜경 옮김, 『마음을 여는 기술: 심리학이 알려주는 소통의 지도』(21세기북스, 2010/2011), 232쪽; 전우영, 『나를 움직이는 무의식 프라이밍』(21세기북스, 2013), 11쪽, 33~34쪽.

12　「점화 효과」, 『위키백과』; 「Priming(psychology)」, 『Wikipedia』.

13　대니얼 카너먼(Daniel Kahneman), 이진원 옮김, 『생각에 관한 생각: 우리의 행동을 지배하는 생각의 반란』(김영사, 2011/2012), 85쪽; 대니얼 액스트(Daniel Akst), 구계원 옮김, 『자기절제사회: 유혹과잉시대, 어떻게 욕망에 대항할 것인가』(민음사, 2011/2013), 227쪽; 「Lady Macbeth effect」, 『Wikipedia』.

14　이인식, 「나쁜 짓 떠올린 후 ˊW□□Hˊ를 채우게 하면?」, 『중앙선데이』, 제329호(2013년 6월 30일); 이인식, 「해제: 몸으로 생각한다」, 프란시스코 바렐라(Francisco J. Varela) 외, 석봉래 옮김, 『몸의 인지과학』(김영사, 1991/2013), 14~15쪽; 「Lady Macbeth effect」, 『Wikipedia』.

15　데이비드 디살보(David DiSalvo), 이은진 옮김, 『나는 결심하지만 뇌는 비웃는다』(모멘텀, 2012), 251쪽; 전우영, 「딱딱한 의자에 앉아서 보면 왜 사람 인상도 딱딱해질까」, 『시사저널』, 제1159호(2012년 1월 4일); 이인식, 「나쁜 짓 떠올린 후 ˊW□□Hˊ를 채우게 하면?」, 『중앙선데이』, 제329호(2013년 6월 30일).

16　라이어넬 타이거(Lionel Tiger) · 마이클 맥과이어(Michael McGuire), 김상우 옮김, 『신의 뇌』(와이즈북, 2010/2012), 180쪽.

17　로저 둘리(Roger Dooley), 황선영 옮김, 『그들도 모르는 그들의 생각을 읽어라』(윌컴퍼니, 2012/2013), 31쪽; 전우영, 『나를 움직이는 무의식 프라이밍』(21세기북스, 2013), 107~108쪽, 231~232쪽.

18　엘렌 랭어(Ellen J. Langer), 변용란 옮김, 『마음의 시계: 시간을 거꾸로 돌리는 매혹적인 생리실험』(사이언스북스, 2009/2011), 162~163쪽; 전우영, 『나를 움직이는 무의식 프라이밍』(21세기북스, 2013), 133~135쪽.

19　유정식, 『착각하는 CEO: 직관의 오류를 깨뜨리는 심리의 모든 것』(알에이치코리아, 2013), 297쪽. '죄수의 딜레마'에 대해선 강준만, 「왜 지역주의는 해소되기 어려울까?: 죄수의 딜레마」, 『우리는 왜 이렇게 사는 걸까?: 세상을 꿰뚫는 50가지 이론 2』(인물과사상사, 2014), 297~303쪽 참고.

20　김진성, 「창의성을 자극하는 참 쉬운 방법」, 삼성경제연구소 엮음, 『소림사에서 쿵푸만 배우란 법은 없다: 끊임없이 변신하는 기업들의 경영비법』(삼성경제연구소, 2011), 190~191쪽; 전우영, 『나를 움직이는 무의식 프라이밍』(21세기북스, 2013), 137~138쪽.

21　대니얼 액스트(Daniel Akst), 구계원 옮김, 『자기절제사회: 유혹과잉시대, 어떻게 욕망에 대항할 것인가』(민음사, 2011/2013), 228~229쪽.

22　폴커 키츠(Volker Kitz) · 마누엘 투쉬(Manuel Tusch), 김희상 옮김, 『심리학 나 좀 구해줘』(갤리온, 2011/2013), 36~37쪽.

23　도로시 레너드 · 수잔 스트라우스, 「창조적 마찰이 혁신의 동인」, 피터 드러커 외, 현대경제연구원 옮김, 『지식경영』(21세기북스, 1999), 153~154쪽.

24　박지영, 『유쾌한 심리학 2』(파피에, 2006), 94쪽.

25　스티브 아얀(Steve Ayan), 손희주 옮김, 『심리학에 속지 마라: 내 안의 불안을 먹고 자라는 심리학의 진실』(부키, 2012/2014), 135~136쪽; 스콧 릴리언펠드(Scott O. Lilienfeld) 외, 문희경 · 유지연 옮김,

『유혹하는 심리학』(타임북스, 2010), 44~49쪽.

26 토니 부잔(Tony Buzan) · 배리 부잔(Barry Buzan), 권봉중 옮김, 『마인드맵 북』(비즈니스맵, 2006/2010), 45쪽.

27 필 로젠츠바이크(Phil Rosenzweig), 김상겸 옮김, 『올바른 결정은 어떻게 하는가: 모두를 살리는 선택의 비밀』(엘도라도, 2014), 26쪽.

28 대니얼 시겔(Daniel J. Siegel), 오혜경 옮김, 『마음을 여는 기술: 심리학이 알려주는 소통의 지도』(21세기북스, 2010/2011), 173쪽.

29 조엘 쿠르츠만(Joel Kurtzman), 오관기 옮김, 『미래와의 대화』(양문, 1997/1999), 149~150쪽.

30 필리프 튀르셰(Philippe Turchet), 권나양 옮김, 『남자는 왜 여자의 왼쪽에서 걸을까』(에코리브르, 2002/2005), 51~58쪽; 박창선, 「남자의 오른쪽…'사랑' 혹은 '사랑의 함정'」, 『여성신문』, 2005년 11월 18일, B5면.

31 최준식, 「좌뇌와 우뇌」, 『서울신문』, 2005년 8월 4일, 26면.

32 배리 슈워츠(Barry Schwartz), 형선호 옮김, 『선택의 심리학』(웅진지식하우스, 2004/2005), 156~157쪽; 김헌식, 「'주먹이 운다' 은메달리스트와 간발 효과」, 『고뉴스』, 2005년 7월 9일; 마테오 모테를리니(Matteo Motterlini), 이현경 옮김, 『이코노믹 마인드: 99% 경제를 움직이는 1% 심리의 힘』(웅진지식하우스, 2006/2008), 39쪽.

33 마이클 캐플런(Michael Kaplan) · 엘런 캐플런(Ellen Kaplan), 이지선 옮김, 『뇌의 거짓말: 무엇이 우리의 판단을 조작하는가?』(이상, 2009/2010), 54쪽; 김경미, 『행복한 심리학』(교양인, 2010), 16~17쪽; 이정전, 『우리는 행복한가』(한길사, 2008), 84~85쪽.

34 하지현, 『소통의 기술』(미루나무, 2007), 229쪽; 레이 허버트(Wray Herbert), 김소희 옮김, 『위험한 생각습관 20』(21세기북스, 2010/2011), 61쪽; 「Counterfactual thinking」, 『Wikipedia』; 닐 로즈(Neal Roese), 허태균 옮김, 『이프(If)의 심리학: 실패를 성공으로 바꾸는 후회의 재발견』(21세기북스, 2005/2008), 97~98쪽.

35 홍승완, 「후회, 합시다」, 『한겨레』, 2014년 1월 13일.

36 정태연, 「'안전관리'에 대한 심리적 손익계산서」, 『국방일보』, 2014년 4월 22일.

37 「Counterfactual history」, 『Wikipedia』; 마이클 유심(Michael Useem), 안진환 옮김, 『고 포인트: 선택과 결정의 힘』(한국경제신문, 2006/2010), 21~22쪽.

38 Charles Earle Funk, 『Heavens to Betsy!: And Other Curious Sayings』(New York: Quill, 1955/2001), p.178; Marvin Terban, 『Scholastic Dictionary of Idioms』(New York: Scholastic, 1996), p.53.

39 리처드 L. 브랜트(Richard L. Brandt), 안진환 옮김, 『원클릭』(자음과모음, 2011/2012), 79~80쪽.

40 「Regret(decision theory)」, 『Wikipedia』; 범상규, 『심리학이 소비자에 대해 가르쳐준 것들』(바다출판사, 2013), 125쪽.

41 범상규, 「선택해도 후회, 선택하지 못해도 후회!! 후회의 심리학」, 『네이버캐스트』, 2012년 12월 14일.

42 배리 슈워츠(Barry Schwartz), 형선호 옮김, 『선택의 심리학』(웅진지식하우스, 2004/2005), 163~165쪽; 닐 로즈(Neal Roese), 허태균 옮김, 『이프(If)의 심리학: 실패를 성공으로 바꾸는 후회의 재발견』(21세기북스, 2005/2008), 113쪽; 마이클 셔머(Michael Shermer), 박종성 옮김, 『경제학이 풀지 못한 시장의 비밀』(한국경제신문, 2008/2013), 276쪽.

43 「Buyer's remorse」, 『Wikipedia』.

44 엘리자베스 던(Elizabeth Dunn) · 마이클 노튼(Michael Norton), 방영호 옮김, 『당신이 지갑을 열기 전에 알아야 할 것들』(알키, 2013), 40쪽.

45 「Post-purchase rationalization」, 『Wikipedia』; 배우리, 『신드롬을 읽다』(미래를소유한사람들, 2012), 182쪽; 이남석, 『편향: 나도 모르게 빠지는 생각의 함정』(옥당, 2013), 207~209쪽.

46 이남석, 『편향: 나도 모르게 빠지는 생각의 함정』(옥당, 2013), 324~326쪽; 데이비드 맥레이니(David McRaney), 박인균 옮김, 『착각의 심리학』(추수밭, 2011/2012), 186쪽; 「Choice-supportive bias」, 『Wikipedia』.

47 닐 로즈(Neal Roese), 허태균 옮김, 『이프(If)의 심리학: 실패를 성공으로 바꾸는 후회의 재발견』(21세기북스, 2005/2008), 267~268쪽.

제4장 집중과 몰입

1 하지현, 『소통의 기술』(미루나무, 2007), 55~56쪽; 「Colin Cherry」, 『Wikipedia』; 「Cocktail party effect」, 『Wikipedia』.

2 장성화 외, 『생활속의 심리학』(동문사, 2011), 44~46쪽; 「Selective perception」, 『Wikipedia』.

3 「칵테일파티 효과(cocktail party effect)」, 『네이버 지식백과』; 아비가일 카데시(Avigayil Kadesh), 이재은 옮김, 「뇌과학으로 본 칵테일파티 효과」, 『브레인미디어』, 2013년 7월 20일.

4 앤 데마레이스(Ann Demarais) · 발레리 화이트(Valerie White), 임정재 옮김, 『왜 사람은 첫눈에 반할까: 상대를 사로잡는 첫인상의 심리학』(21세기북스, 2004/2009), 99~100쪽.

5 이환주, 「"시끄러운 장소라도 배우자 목소리는 잘 들린다"」, 『파이낸셜뉴스』, 2013년 12월 30일.

6 사이토 이사무, 윤성규 옮김, 『자기발견 심리학』(지식여행, 2011), 276~277쪽.

7 전창훈, 「"음성인식 휴대전화, 올해 10억 대 넘어설 것"」, 『연합뉴스』, 2013년 10월 29일.

8 신광영, 「칵테일파티 효과…한번 거슬리면 그 소리만 크게 들려」, 『동아일보』, 2014년 1월 30일.

9 조준현, 『사람은 왜 대충 합리적인가』(을유문화사, 2013), 91쪽.

10 장성화 외, 『생활속의 심리학』(동문사, 2011), 44~46쪽.

11 아비가일 카데시(Avigayil Kadesh), 이재은 옮김, 「뇌과학으로 본 칵테일파티 효과」, 『브레인미디어』, 2013년 7월 20일.

12 더글러스 켄릭(Douglas T. Kenrick), 최인하 옮김, 『인간은 야하다: 진화심리학이 들려주는 인간 본성의 비밀』(21세기북스, 2011/2012), 35쪽.

13 최경주, 『땡큐 이코노미, 라이크 이코노미, 카카오 이코노미 시대 꼭 알고 있어야 할 브랜딩』(easycomm, 2013), 73~74쪽.

14 최석민, 「[프로그램 교육 효과 있나] 몰입식 접근이 대안이다」, 『교수신문』, 2008년 9월 29일.

15 로버트 코펠(Robert Koppel), 권성희 옮김, 『투자와 비이성적 마인드: 감정은 어떻게 객관적 데이터를 왜곡하는가?』(비즈니스북스, 2011/2013), 344쪽; 로버트 레빈(Robert Levine), 이상돈 옮김, 『시간은 어떻게 인간을 지배하는가』(황금가지, 1997/2000), 78쪽.

16 스티븐 존슨(Steven Johnson), 서영조 옮김, 『탁월한 아이디어는 어디서 오는가』(한국경제신문, 2010/2012), 78~79쪽.

17 에드 디너(Ed Diener) · 로버트 비스워스 디너(Robert Biswas-Diener), 오혜경 옮김, 『모나리자 미소의 법칙』(21세기북스, 2008/2010), 141쪽; 우문식, 『긍정심리학의 행복』(물푸레, 2012), 90쪽.

18 미하이 칙센트미하이(Mihaly Csikszentmihalyi), 노혜숙 옮김, 『창의성의 즐거움』(북로드, 1996/2003), 141~152쪽.

19 미하이 칙센트미하이(Mihaly Csikszentmihalyi), 최인수 옮김, 『몰입, 미치도록 행복한 나를 만난다』(한울림, 1990/2004), 394쪽.

20 미하이 칙센트미하이(Mihaly Csikszentmihalyi), 이희재 옮김, 『몰입의 즐거움』(해냄, 1997/1999), 180~181쪽.

21 미하이 칙센트미하이(Mihaly Csikszentmihalyi), 심현식 옮김, 『몰입의 경영』(민음인, 2003/2006), 341쪽.

22 마틴 셀리그먼(Martin E. P. Seligman), 김인자 옮김, 『긍정심리학』(물푸레, 2004/2009), 256쪽.

23 마틴 셀리그먼(Martin E. P. Seligman), 김세영 옮김, 『낙관적인 아이』(물푸레, 2007/2010), 71~72쪽.

24 황농문, 『인생을 바꾸는 자기 혁명, 몰입』(알에이치코리아, 2007), 6쪽.

25 김민호, 「'인생을 바꾸는 자기 혁명, 몰입' 펴낸 서울대 황농문 교수」, 『국민일보』, 2007년 12월 15일 자; 전진식, 「'작심삼일'만 몰두해도 인생 바꿀 수 있다」, 『한겨레』, 2007년 12월 15일.

26 유희진 · 박수정, 「설익은 영어 몰입…유치원까지 '광풍'」, 『경향신문』, 2008년 2월 26일, 9면.

27 이 짧은 비디오는 유튜브(YouTube)에 들어가면 'The monkey business illusion'이라는 제목으로 찾을 수 있다. 크리스토퍼 차브리스(Christopher Chabris) · 대니얼 사이먼스(Daniel Simons), 김명철 옮김, 『보이지 않는 고릴라』(김영사, 2010/2011), 19~23쪽; 롤프 도벨리(Rolf Dobelli), 두행숙 옮김, 『스마트한 선택들: 후회 없는 결정을 하기 위해 꼭 알아야 할 52가지 심리 법칙』(걷는나무, 2012/2013), 130~134쪽; 오승주, 「유권자가 야속해? 이거 보면 달라진다: 대니얼 카너먼의 '행동경제학으로 바라본 4 · 11 총선 결과」, 『오마이뉴스』, 2012년 4월 13일.

28 리처드 와이즈먼(Richard Wiseman), 박종하 옮김, 『왜 나는 눈앞의 고릴라를 못 보았을까?: 눈앞에 감춰진 성공의 기회를 알아채는 4가지 방법』(세종서적, 2004/2005), 19~20쪽.

29 마이클 셔머(Michael Shermer), 박종성 옮김, 『경제학이 풀지 못한 시장의 비밀』(한국경제신문, 2008/2013), 146쪽.

30 김정운, 『에디톨로지: 창조는 편집이다』(21세기북스, 2014), 21~22쪽.

31 리처드 왓슨(Richard Watson), 이진원 옮김, 『퓨처마인드: 디지털문화와 함께 진화하는 생각의 미래』(청림출판, 2010/2011), 131쪽.

32 노리나 허츠(Noreena Hertz), 이은경 옮김, 『누가 내 생각을 움직이는가: 일상을 지배하는 교묘한 선택의 함정들』(비즈니스북스, 2013/2014), 40쪽.

33 크리스토퍼 차브리스(Christopher Chabris) · 대니얼 사이먼스(Daniel Simons), 김명철 옮김, 『보이지 않는 고릴라』(김영사, 2010/2011), 66~67쪽.

34 토머스 데이븐포트(Thomas H. Davenport) · 존 벡(John C. Beck), 김병조 · 권기환 · 이동현 옮김, 『관심의 경제학』(21세기북스, 2001/2006), 99쪽.

35 크리스토퍼 차브리스(Christopher Chabris) · 대니얼 사이먼스(Daniel Simons), 김명철 옮김, 『보이지 않는 고릴라』(김영사, 2010/2011), 48쪽.

36 크리스토퍼 차브리스(Christopher Chabris) · 대니얼 사이먼스(Daniel Simons), 김명철 옮김, 『보이지 않는 고릴라』(김영사, 2010/2011), 46~48쪽.

37 크리스토퍼 차브리스(Christopher Chabris) · 대니얼 사이먼스(Daniel Simons), 김명철 옮김, 『보이지 않는 고릴라』(김영사, 2010/2011), 49~50쪽.

38 조현준, 『왜 팔리는가: 뇌과학이 들려주는 소비자 행동의 3가지 비밀』(아템포, 2013), 136~137쪽; 「Inattentional blindness」, 『Wikipedia』; 캐스 선스타인(Cass R. Sunstein), 장경덕 옮김, 『심플러: 간결한 넛지의 힘』(21세기북스, 2013), 253쪽.

39 데이비드 맥레이니(David McRaney), 박인균 옮김, 『착각의 심리학』(추수밭, 2011/2012), 221쪽.

40 이은희, 「두 눈 똑똑히 뜨고도 고릴라를 못 본 이유는?」, 『한겨레』, 2014년 10월 25일.

41 「Tunnel vision」, 『Wikipedia』.

42 데이비드 맥레이니(David McRaney), 박인균 옮김, 『착각의 심리학』(추수밭, 2011/2012), 220쪽.

43 송관재, 『생활속의 심리학』(학문사, 2000), 245쪽.

44 제갈태일, 「식상한 일들」, 『경북일보』, 2012년 10월 16일.

45 정은주, 「무죄추정의 원칙 유죄추정의 덫」, 『한겨레21』, 제956호(2013년 4월 15일).

46 디팩 맬호트라(Deepak Malhotra) · 맥스 베이저먼(Max H. Bazerman), 안진환 옮김, 『협상 천재』(웅진지식하우스, 2007/2008), 170~171쪽.

47 김종목, 「[책과 삶] '침묵의 봄'으로 유명한 환경운동 선구자 카슨의 일대기」, 『경향신문』, 2014년 4월 12일.

48 최원석, 「[Weekly BIZ] [7 Questions] "권력 잡으면 腦가 변해…터널처럼 시야 좁아져 獨走할 가능성 커져"」, 『조선일보』, 2014년 7월 5일.

49 오승주, 「유권자가 야속해? 이거 보면 달라진다: 대니얼 카너먼의 '행동경제학'으로 바라본 4·11 총선 결과」, 『오마이뉴스』, 2012년 4월 13일.

50 박민, 「지식의 저주」, 『문화일보』, 2010년 10월 7일; 이용택, 「두드리는 자와 듣는 자」, 『서울경제』, 2007년 8월 30일; 「Curse of knowledge」, 『Wikipedia』.

51 이신영, 「[Weekly BIZ] [Cover Story] 이미지로 말하기, SNS의 새 장르 열다」, 『조선일보』, 2014년 7월 5일.

52 이방실, 「[DBR칼럼] '멍키프루프' 해석 해프닝과 지식의 저주」, 『동아일보』, 2012년 8월 16일.

53 사이언 베일락(Sian Beilock), 박선령 옮김, 『어떤 상황에도 긴장하지 않는 부동의 심리학』(21세기북스, 2010/2011), 21~26쪽.

54 스콧 켈러(Scott Keller)·콜린 프라이스(Colin Price), 서영조 옮김, 『차이를 만드는 조직』(전략시티, 2011/2014), 222~223쪽.

55 김인수, 「왜 보스는 올챙이 적 시절 기억 못하나: 지식의 저주」, 『매일경제』, 2014년 1월 28일.

56 박민, 「지식의 저주」, 『문화일보』, 2010년 10월 7일.

57 Ambrose Bierce, 『The Devil's Dictionary』(New York: Bloomsbury, 2008), p.115; 임귀열, 「Politics is…(정치는 무엇인가)」, 『한국일보』, 2012년 3월 7일.

제5장 인정과 행복

1 토머스 차모로-프레무지크(Tomas Chamorro-Premuzic), 이현정 옮김, 『위험한 자신감: 현실을 왜곡하는 아찔한 습관』(더퀘스트, 2013/2014), 73쪽.

2 악셀 호네트(Axel Honneth), 문성훈·이현재 옮김, 『인정투쟁: 사회적 갈등의 도덕적 형식론』(동녘, 1992/1996); 문성훈, 『인정의 시대: 현대사회 변동과 5대 인정』(사월의책, 2014).

3 프랜시스 후쿠야마(Francis Fukuyama), 구승회 옮김, 『트러스트: 사회도덕과 번영의 창조』(한국경제신문사, 1996), 459~460쪽.

4 이에 대해 문성훈은 이렇게 말한다. "권력투쟁이 수행되는 것은 권력을 획득함으로써 타인을 지배하고 자신의 생존 보존을 더 효과적으로 수행하기 위함이다. 그러나 이에 반해 인정투쟁은 자신의 생존을 보존하기 위한 것이 아니다. 왜냐하면 인정투쟁에서 삶이란 생명의 보존이라기보다 자신의 정체성을 실현하는 자아실현의 과정이기 때문이다. 따라서 성공적 자아실현을 위해서는 경우에 따라 자신의 생명마저 포기할 수 있다. 그럼에도 타인의 인정이 필요한 것은 타인의 인정을 통해서만 이러한 자아실현이 과연 의미 있고 가치 있는지를 확인할 수 있기 때문이며, 또한 이를 통해서만 아무런 방해 없이 성공적 자아실현이 가능하기 때문이다." 문성훈, 『인정의 시대: 현대사회 변동과 5대 인정』(사월의책, 2014), 109쪽.

5 프랜시스 후쿠야마(Francis Fukuyama), 이상훈 옮김, 『역사의 종말: 역사의 종점에 선 최후의 인간』(한마음사, 1992), 277~292쪽.

6 로버트 풀러(Robert W. Fuller), 안종설 옮김, 『신분의 종말: '특별한 자'와 '아무것도 아닌 자'의 경계를 넘어서』(열대림, 2003/2004), 255쪽.

7 노명우, 『세상물정의 사회학: 세속을 산다는 것에 대하여』(사계절, 2013), 210쪽.

8 「Zuckerberg, Mark」, 『Current Biography Yearbook 2008』, pp.623~624.

9 Pramod K. Nayar, 『An Introduction to New Media and Cybercultures』(Chichester, UK:

Wiley–Blackwell, 2010), pp.62~63.

10 양지혜, 「한국인 페이스북엔 '먼 친구' 설정 유독 많다는데…」, 『조선일보』, 2013년 7월 29일.

11 손해용, 「"시시콜콜 자기 얘기 하던 페북, 스스로 발가벗기는 공간 변질"」, 『중앙일보』, 2013년 9월 7일.

12 양성희, 「[분수대] 우리는 왜 SNS에 중독되는가? 아마도 온라인 인정투쟁 중」, 『중앙일보』, 2013년 8월 17일.

13 이성훈, 「"페이스북 많이 할수록 불행해져"」, 『조선일보』, 2013년 8월 17일.

14 마셜 로젠버그(Marshall B. Rosenberg), 캐서린 한 옮김, 『비폭력 대화: 일상에서 쓰는 평화의 언어, 삶의 언어』(한국NVC센터, 2004/2013), 41쪽, 168쪽.

15 「국가별 행복지수 1위는 코스타리카…한국은?」, 『동아일보』, 2012년 6월 18일.

16 조너선 헤이트(Jonathan Haidt), 권오열 옮김, 『명품을 코에 감은 코끼리, 행복을 찾아나서다』(물푸레, 2006/2010), 165쪽.

17 로버트 스키델스키(Robert Skidelsky)·에드워드 스키델스키(Edward Skidelsky), 김병화 옮김, 『얼마나 있어야 충분한가』(부키, 2012/2013), 175~180쪽; 이효영, 「행복의 기술」, 『서울경제』, 2012년 7월 13일.

18 줄리엣 쇼어(Juliet B. Schor), 구계원 옮김, 『제3의 경제학: 세상을 바꾸는 착한 경제생활』(위즈덤하우스, 2010/2011), 250쪽.

19 리처드 레이어드(Richard Layard), 정은아 옮김, 『행복의 함정: 가질수록 행복은 왜 줄어드는가』(북하이브, 2005/2011), 63~67쪽.

20 제러미 리프킨(Jeremy Rifkin), 이경남 옮김, 『공감의 시대(The Emphatic Civilization)』(민음사, 2010), 621쪽, 624쪽.

21 「Hedonic treadmill」, 『Wikipedia』; 배리 슈워츠(Barry Schwartz), 형선호 옮김, 『선택의 심리학』(웅진지식하우스, 2004/2005), 178~179쪽.

22 롤프 도벨리(Rolf Dobelli), 두행숙 옮김, 『스마트한 생각들: 사람의 마음을 움직이는 52가지 심리 법칙』(걷는나무, 2011/2012), 126~130쪽.

23 이윤미, 「車스티커에 붙은 인간의 심리를 읽다」, 『헤럴드경제』, 2012년 12월 7일.

24 그레그 이스터브룩(Gregg Easterbrook), 박정숙 옮김, 『우리는 왜 더 잘살게 되었는데도 행복하지 않은가: 진보의 역설』(에코리브르, 2004/2007).

25 이인식, 『이인식의 멋진 과학 2』(고즈윈, 2011), 283~284쪽.

26 강남규, 「"소득 늘어난 만큼 행복해진다"…메르켈 독트린 뿌리째 흔들어」, 『중앙일보』, 2013년 10월 5일; 매트 리들리(Matt Ridley), 조현욱 옮김, 『이성적 낙관주의자: 번영은 어떻게 진화하는가?』(김영사, 2010), 50~53쪽.

27 「Orman, Suze」, 『Current Biography』, 64:5(May 2003), p.62.

28 리누스 토발즈 외, 신현승 옮김, 『해커, 디지털 시대의 장인들』(세종서적, 2001/2002), 13쪽; 「Linus's Law」, 『Wikipedia』.

29 리누스 토발즈·데이비드 다이아몬드, 안진환 옮김, 『리눅스＊그냥 재미로: 우연한 혁명에 대한 이야기』(한겨레신문사, 2001), 243쪽.

30 리누스 토발즈·데이비드 다이아몬드, 안진환 옮김, 『리눅스＊그냥 재미로: 우연한 혁명에 대한 이야기』(한겨레신문사, 2001), 345~346쪽.

31 라프 코스터(Raph Koster), 안소현 옮김, 『라프 코스터의 재미 이론』(디지털미디어리서치, 2005), 54쪽.

32 로버트 영(Robert Young)·웬디 골드만 롬(Wendy Goldman Rohm), 최정욱 옮김, 『리눅스 혁명과 레드햇』(김영사, 1999/2000), 161~162쪽.

33 로버트 영(Robert Young)·웬디 골드만 롬(Wendy Goldman Rohm), 최정욱 옮김, 『리눅스 혁명과 레드햇』(김영사, 1999/2000), 163쪽.

34 클리프 밀러(Cliff Miller), 이규원 옮김, 『리눅스 비즈니스.com』(세종서적, 1999/2000), 98쪽.

35 「Linus Torvalds」, 『Wikipedia』.

36 서경호, 「리눅스, MS 넘본다」, 『중앙일보』, 2003년 1월 18일, E1면.

37 김보영, 「리누스 토발즈 "리눅스, 결코 기업에 종속되지 않아"」, 『한국경제』, 2012년 10월 12일.

38 Eric S. Raymond, 『The Cathedral and the Bazaar: Musings on Linux and Open Source by an Accidental Revolutionary』(Sebastopol, CA: O'Reilly, 1999/2001), p.30.

39 「Linus Torvalds」, 『Current Biography』, 60:7(July 1999), p.52.

40 조용호, 『플랫폼 전쟁』(21세기북스, 2011), 251쪽; 제러미 리프킨(Jeremy Rifkin), 안진환 옮김, 『한계비용 제로사회: 사물인터넷과 공유경제의 부상』(민음사, 2014), 406쪽.

41 제러미 리프킨(Jeremy Rifkin), 안진환 옮김, 『한계비용 제로사회: 사물인터넷과 공유경제의 부상』(민음사, 2014), 406쪽.

42 엘리엇 킹(Elliot Ling), 김대경 옮김, 『무료 뉴스: 인터넷은 저널리즘을 어떻게 바꾸었나?』(커뮤니케이션북스, 2010/2012), 254쪽; 켄 닥터(Ken Doctor), 유영희 옮김, 『뉴스의 종말: 경제의 눈으로 본 미디어의 미래』(21세기북스, 2010), 131쪽; 엘리 패리저(Eli Pariser), 이현숙·이정태 옮김, 『생각 조종자들』(알키, 2011), 68쪽; 윌리엄 데이비도(William H. Davidow), 김동규 옮김, 『과잉연결시대: 일상이 된 인터넷, 그 이면에선 어떤 일이 벌어지는가』(수이북스, 2011), 201쪽; Charles Leadbeater, 『We-Think: Mass Innovation, Not Mass Production』(London: Profile Books, 2009), p.3.

43 Lawrence Lessig, 『Remix: Making Art and Commerce Thrive in the Hybrid Economy』(New York: Penguin Books, 2008/2009), p.188; 레이철 보츠먼(Rachel Botsman)·루 로저스(Roo Rogers), 이은진 옮김, 『위 제너레이션』(모멘텀, 2011), 178~180쪽; 존 휴이(John Huey) 외, 조영신 옮김, 『립타이드: 언론산업을 수장시킨 쉼 없이 밀려드는 혁신의 조류』(한국언론진흥재단, 2013), 16쪽; 찰스 리드비터(Charles Leadbeater), 이순희 옮김, 『집단지성이란 무엇인가』(21세기북스, 2008/2009), 163쪽.

44 제프 자비스(Jeff Jarvis), 이진원 옮김, 『구글노믹스: 미래경제는 구글 방식이 지배한다』(21세기북스, 2009/2010), 199~202쪽.

45 레이철 보츠먼(Rachel Botsman)·루 로저스(Roo Rogers), 이은진 옮김, 『위 제너레이션』(모멘텀, 2011), 271쪽.

46 레이철 보츠먼(Rachel Botsman)·루 로저스(Roo Rogers), 이은진 옮김, 『위 제너레이션』(모멘텀, 2011), 181쪽.

47 레이철 보츠먼(Rachel Botsman)·루 로저스(Roo Rogers), 이은진 옮김, 『위 제너레이션』(모멘텀, 2011), 271~272쪽.

48 비제이 바이테스워런(Vijay V. Vaitheeswaran), 안진환 옮김, 『필요 속도 탐욕』(한국경제신문, 2012/2013), 241쪽. 그러나 닉 빌튼(Nick Bilton)은 『뉴욕타임스』(2012년 7월 30일)에 기고한 글에서 크레이그리스트가 많은 사람에게 수준 이하라고 여기는 서비스를 제공하면서도 그 독점권을 유지할 수 있었던 것은 어떤 새로운 경쟁자들을 막아내기 위해 저작권법 위반이라는 위협을 사용해왔기 때문이라고 주장한다. 로버트 W. 맥체스니(Robert W. McChesney), 전규찬 옮김, 『디지털 디스커넥트: 자본주의는 어떻게 인터넷을 민주주의의 적으로 만들고 있는가』(삼천리, 2014), 453쪽.

49 양윤직, 『TGIF 스토리』(커뮤니케이션북스, 2011), 237~240쪽; 나지홍, 「'친구 필요' 광고 낸 뒤 사람 죽인 美 부부 "살인하고 싶었는데 마땅한 대상 없어서…"」, 『조선일보』, 2013년 12월 9일.

50 이남석, 『편향: 나도 모르게 빠지는 생각의 함정』(옥당, 2013), 178쪽; 「Overjustification effect」, 『Wikipedia』; 「Motivation」, 『Wikipedia』.

51 「Cognitive evaluation theory」, 『Wikipedia』; 우에키 리에, 홍성민 옮김, 『간파하는 힘: 세상에 속고 사람에 속는 당신을 위한 심리학의 기술』(티즈맵, 2008/2013), 77~78쪽; 유정식, 『착각하는 CEO: 직

관의 오류를 깨뜨리는 심리의 모든 것』(알에이치코리아, 2013), 295쪽.

52 마티아스 빈스방거(Mathias Binswanger), 김해생 옮김, 『죽은 경제학자의 망할 아이디어: 경제학은 어떻게 우리를 배신하는가?』(비즈니스맵, 2010/2012), 119쪽.

53 티모시 윌슨(Timothy D. Wilson), 강유리 옮김, 『스토리: 행동의 방향을 바꾸는 강력한 심리처방』(웅진지식하우스, 2011/2012), 114~118쪽.

54 요차이 벤클러(Yochai Benkler), 이현주 옮김, 『펭귄과 리바이어던: 협력은 어떻게 이기심을 이기는가』(반비, 2011/2013), 167~169쪽; 리처드 세넷(Richard Sennett), 김병화 옮김, 『투게더: 다른 사람들과 함께 살아가기』(현암사, 2012/2013), 131~132쪽.

55 다니엘 핑크(Daniel H. Pink), 김주환 옮김, 『드라이브』(청림출판, 2009/2011), 70쪽.

56 김영선, 『과로사회』(이매진, 2013), 66~67쪽.

57 수전 와인솅크(Susan M. Weinschenk), 박선령 옮김, 『마음을 움직이는 심리학: 심리학자가 알려주는 설득과 동기유발의 140가지 전략』(위키미디어, 2013), 159~161쪽.

58 선안남, 『스크린에서 마음을 읽다』(시공사, 2011), 139쪽.

제6장 가면과 정체성

1 김헌주, 「[번아웃된 한국인] 직장인 1000명 설문조사 해보니…보상 없는 과로가 번아웃 불러」, 『매경이코노미』, 제1737호(2013년 12월 18일); 김용성, 「[실전 MBA] 우리 회사 A급 인재, 그는 왜 짐을 싸는가」, 『조선일보』, 2013년 10월 28일.

2 「Burnout(psychology)」, 『Wikipedia』.

3 콘스탄체 뢰플러(Constanza Löffler)·베아테 바그너(Beate Wagner)·만프레트 볼퍼스도르프(Manfred Wolfersdorf), 유영미 옮김, 『남자, 죽기로 결심하다』(시공사, 2012/2013), 76쪽.

4 사이토 이사무, 윤성규 옮김, 『자기발견 심리학』(지식여행, 2011), 216~217쪽.

5 문요한, 『스스로 살아가는 힘: 내가 선택하고 결정하는 인생법』(더난출판, 2014), 28~30쪽.

6 김용성, 「[실전 MBA] 우리 회사 A급 인재, 그는 왜 짐을 싸는가」, 『조선일보』, 2013년 10월 28일.

7 에릭 슈밋(Eric Schmidt) 외, 박병화 옮김, 『구글은 어떻게 일하는가』(김영사, 2014), 86쪽.

8 김진국, 「문화심리학으로 풀어보는 삼국지」 "일은 많은데 적게 먹는다? 얼마 안 남았군", 『한경비즈니스』, 제938호(2013년 11월 18일).

9 김대식·김두식, 『공부 논쟁』(창비, 2014), 210~211쪽. 228~229쪽.

10 해리 레빈슨(Harry Levinson), 「경영자가 탈진할 때」, 스튜어트 프리드먼(Stewart D. Friedman) 외, 이상욱 옮김, 『회사와 개인생활의 조화』(21세기북스, 1998/2002), 99쪽.

11 남은주, 「장갑도 못 끼고 장애인 대소변 닦다 옴까지 옮아」, 『한겨레』, 2013년 11월 21일.

12 남은주, 「자살 복지공무원 심리 부검해보니 "반복된 좌절과 무력감이 비극 불러"」, 『한겨레』, 2013년 11월 21일.

13 한병철, 김태환 옮김, 『피로사회』(문학과지성사, 2010/2012), 98~99쪽.

14 전병재, 『사회심리학: 관점과 이론』(경문사, 1987), 388쪽.

15 조나단 터너, 정태환 외 역, 「제30장 어빙 고프만의 연극적 이론」, 『현대 사회학 이론』(나남, 2001), 509쪽.

16 어빙 고프먼, 김병서 옮김, 『자아표현과 인상관리: 연극적 사회분석론』(경문사, 1959/1987).

17 어빙 고프먼, 김병서 옮김, 『자아표현과 인상관리: 연극적 사회분석론』(경문사, 1959/1987), 3쪽.

18 조종혁, 『커뮤니케이션학: 이론과 관점』(세영사, 1992), 336쪽.

19 Irving Louis Horowitz, 「Books」, 『Commonweal』, May 23, 1975, p.150.

20 조나 레러(Jonah Lehrer), 강미경 옮김, 『탁월한 결정의 비밀: 뇌신경과학의 최전방에서 밝혀낸 결정의 메커니즘』(위즈덤하우스, 2009), 58쪽; 조현준, 『왜 팔리는가: 뇌과학이 들려주는 소비자 행동의 3가지 비밀』(아템포, 2013), 127쪽.

21 조종혁, 『커뮤니케이션학: 이론과 관점』(세영사, 1992), 338쪽.

22 제러미 리프킨, 이희재 옮김, 『소유의 종말(The Age of Access)』(민음사, 2001), 244쪽.

23 제러미 리프킨, 이희재 옮김, 『소유의 종말(The Age of Access)』(민음사, 2001), 245쪽.

24 조종혁, 『커뮤니케이션학: 이론과 관점』(세영사, 1992), 339~340쪽.

25 조종혁, 『커뮤니케이션학: 이론과 관점』(세영사, 1992), 340쪽.

26 조종혁, 『커뮤니케이션학: 이론과 관점』(세영사, 1992), 342쪽.

27 조종혁, 『커뮤니케이션과 상징조작: 현대사회의 신화』(성균관대학교출판부, 1994), 26쪽.

28 어빙 고프먼, 김병서 옮김, 『자아표현과 인상관리: 연극적 사회분석론』(경문사, 1959/1987), 19~20쪽.

29 제프리 로즌, 「당신의 사생활이 무너지고 있다」, 『동아일보』, 2000년 5월 3일, A23면.

30 조너선 터너, 정태환 외 옮김, 『현대 사회학 이론』(나남, 2001), 498쪽; 한규석·황상민, 「사이버공간 속의 인간관계와 심리적 특성」, 황상민·한규석 편저, 『사이버공간의 심리: 인간적 정보화사회를 위해서』(박영사, 1999), 24쪽.

31 조너선 터너, 정태환 외 공역, 『현대 사회학 이론』(나남, 2001), 508쪽.

32 엘리 패리저(Eli Pariser), 이현숙·이정태 옮김, 『생각 조종자들』(알키, 2011), 145쪽; Rebecca MacKinnon, 『Consent of the Networked: The Worldwide Struggle for Internet Freedom』(New York: Basic Books, 2012), p.150.

33 David Kirkpatrick, 『The Facebook Effect: The Inside Story of the Company That Is Connecting the World』(New York: Simon & Schuster Paperbacks, 2010/2011), p.199; 데이비드 커크패트릭(David Kirkpatrick), 임정민·임정진 옮김, 『페이스북 이펙트』(에이콘, 2010), 289쪽.

34 David Kirkpatrick, 『The Facebook Effect: The Inside Story of the Company That Is Connecting the World』(New York: Simon & Schuster Paperbacks, 2010/2011), p.202; 마샤 아미든 루스타드(Marcia Amidon Lusted), 조순익 옮김, 『마크 주커버그: 20대 페이스북 CEO, 8억 제국의 대통령』(해피스토리, 2011/2012), 141쪽, 147쪽; 데이비드 커크패트릭(David Kirkpatrick), 임정민·임정진 옮김, 『페이스북 이펙트』(에이콘, 2010), 294쪽.

35 Rebecca MacKinnon, 『Consent of the Networked: The Worldwide Struggle for Internet Freedom』(New York: Basic Books, 2012), pp.156~157.

36 백욱인, 「뒤집어 보는 인터넷세상」 (15) ‘천상의 분류법’과 구글의 페이지랭크 그리고 인간의 종말」, 『경향신문』, 2014년 4월 26일.

37 박돈규, 「"자신을 展示하도록 강요…스마트폰은 고문 도구"」, 『조선일보』, 2014년 3월 15일; 한승동, 「'투명성'은 순응 강압하는 이데올로기」, 『한겨레』, 2014년 3월 17일.

38 한병철, 김태환 옮김, 『투명사회』(문학과지성사, 2012/2014), 6쪽.

39 한병철, 김태환 옮김, 『투명사회』(문학과지성사, 2012/2014), 7쪽.

40 한병철, 김태환 옮김, 『투명사회』(문학과지성사, 2012/2014), 98~99쪽.

41 송상호, 『문명 패러독스: 왜 세상은 생각처럼 되지 않을까?』(인물과사상사, 2008), 49쪽.

42 이명수, 「공적 자기에만 매몰된 사회」, 『한겨레』, 2013년 11월 5일.

43 대니엘 솔로브(Daniel J. Solove), 이승훈 옮김, 『인터넷세상과 평판의 미래』(비즈니스맵, 2007/2008), 134쪽.

44 대니엘 솔로브(Daniel J. Solove), 이승훈 옮김, 『인터넷세상과 평판의 미래』(비즈니스맵, 2007/2008), 135쪽.

45 김청연, 「"교사도 감정노동자…학교가 무섭습니다"」, 『한겨레』, 2013년 12월 31일.

46 존 카밧진(Jon Kabat-Zinn), 장현갑·김교헌·김정호 옮김, 『마음챙김 명상과 자기치유 下』(학지사, 1990/2005), 247쪽.

47 야야 헤릅스트(Jaya Herbst), 이노은 옮김, 『피해의식의 심리학』(양문, 2002/2003), 58쪽.

48 위르겐 아우구스트 알트, 박종대 옮김, 『인식의 모험』(이마고, 2002/2003), 65~66쪽.

49 하비 케이, 오인영 옮김, 『과거의 힘: 역사의식, 기억과 상상력』(삼인, 2004), 224쪽에서 재인용.

50 강성민, 「"기억, 또 다른 전체주의"」, 『교수신문』, 2006년 4월 17일, 5면.

51 데이비드 로웬덜, 김종원·한명숙 옮김, 『과거는 낯선 나라다』(개마고원, 2006), 72쪽.

52 도정일은 "미국의 일부 정신과 사람들이 프로이트의 억압이론을 가져다가 '억압된 성적 기억'이란 이상한 상품을 만들어 아이들의 정서장애를 치료한다고 나섰다가 말썽을 일으킨 적이 있었죠"라며 프로이트의 오·남용에 대해 이렇게 말한다. "그 사람들이 '얘야, 잘 기억해봐라, 어릴 때 아빠나 엄마한테서 뭐 당한 일 없니?'라고 묻는 거예요. 자라면서 부모에게 이런저런 불만을 갖지 않은 아이들이 어디 있겠어요? 의사들의 질문에 아이들이 성적으로 억압당했다는 '기억'을 마구 날조해냈죠. 그래서 부모들이 고발당하는 사태까지도 벌어졌어요. 프로이트를 빙자한 돌팔이 의사들 때문에 이런 일이 생긴 겁니다. 프로이트도 억압의 기억이 날조될 수 있다는 걸 알고 있었습니다. 어린 시절에 겪은 성적 억압의 기억을 찾아내어 처리함으로써 그 억압 때문에 생겨난 심리적 장애를 치료한다는 것이 정신분석의 '방법'인데, 환자가 들려주는 그 기억이란 놈이 실제로 발생한 사건의 기억이 아니라 날조된 소설이라면 어쩔 것인가? 이런 함정을 잘 알고 있었기 때문에 프로이트는 정신분석이 '불가능한 작업'일 수 있다는 말도 했어요. 세상에는 불가능한 일이 세 가지 있는데, 교육과 정치, 그리고 정신분석이 그거라고 말이죠." 도정일·최재천, 『대담: 인문학과 자연과학이 만나다』(휴머니스트, 2005), 460~461쪽.

53 찰스 포드(Charles V. Ford), 우혜령 옮김, 『왜 뻔한 거짓말에 속을까: 상대의 마음을 읽는 거짓말의 심리학』(21세기북스, 1999/2009), 233~240쪽; 엘리어트 애런슨(Elliot Aronson), 박재호 옮김, 『인간, 사회적 동물: 사회심리학에 관한 모든 것』(탐구당, 2012/2014), 237쪽; 엘리자베스 로프터스(Elizabeth F. Loftus)·캐서린 케첨(Katherine Ketcham), 정준형 옮김, 『우리 기억은 진짜 기억일까?: 거짓기억과 성추행 의혹의 진실』(도솔, 1996/2008), 102~106쪽.

54 이남석, 『편향: 나도 모르게 빠지는 생각의 함정』(옥당, 2013), 327~333쪽; 「False memory」, 『Wikipedia』; 엘리엇 애런슨(Elliot Aronson)·캐럴 태브리스(Carol Tavris), 박웅희 옮김, 『거짓말의 진화: 자기정당화의 심리학』(추수밭, 2007), 129쪽; 엘리자베스 로프터스(Elizabeth F. Loftus)·캐서린 케첨(Katherine Ketcham), 정준형 옮김, 『우리 기억은 진짜 기억일까?: 거짓기억과 성추행 의혹의 진실』(도솔, 1996/2008).

55 로렌 슬레이터(Lauren Slater), 조증열 옮김, 『스키너의 심리상자 열기』(에코의서재, 2005), 237쪽.

56 「Elizabeth F. Loftus」, 『Current Biography』, 60:1(January 1999), p.29; 「Elizabeth Loftus」, 『Wikipedia』.

57 로렌 슬레이터(Lauren Slater), 조증열 옮김, 『스키너의 심리상자 열기』(에코의서재, 2005), 244쪽.

58 로렌 슬레이터(Lauren Slater), 조증열 옮김, 『스키너의 심리상자 열기』(에코의서재, 2005), 245쪽.

59 로렌 슬레이터(Lauren Slater), 조증열 옮김, 『스키너의 심리상자 열기』(에코의서재, 2005), 260쪽.

60 로렌 슬레이터(Lauren Slater), 조증열 옮김, 『스키너의 심리상자 열기』(에코의서재, 2005), 235쪽.

61 수잔 손탁, 이병용·안재연 옮김, 「침묵의 미학」, 『급진적 의지의 스타일』(현대미학사, 2004), 40쪽.

62 문강형준, 「'진정성'이라는 가면」, 『한겨레』, 2012년 9월 22일.

63 황현산, 「진정성의 정치」, 『경향신문』, 2014년 5월 31일.

64 정연승·김나연, 『49가지 커뮤니케이션의 법칙』(한스미디어, 2014), 15쪽.

65 살린 리(Charlene Li), 정지훈 옮김, 『오픈 리더십: 공유하고 소통하고 개방하라』(한국경제신문, 2010/2011), 85~86쪽.

66 필 로젠츠바이크(Phil Rosenzweig), 김상겸 옮김, 『올바른 결정은 어떻게 하는가: 모두를 살리는 선택

의 비밀』(엘도라도, 2014), 233~236쪽; 에드워드 렐프(Edward Relph), 김덕현 · 김현주 · 심승희 옮김, 『장소와 장소상실』(논형, 1976/2005), 101쪽.

67 필 로젠츠바이크(Phil Rosenzweig), 김상겸 옮김, 『올바른 결정은 어떻게 하는가: 모두를 살리는 선택의 비밀』(엘도라도, 2014), 234~235쪽.

68 올리버 버크먼(Oliver Burkeman), 김민주 · 송희령 옮김, 『행복중독자: 사람들은 왜 돈, 성공, 관계에 목숨을 거는가』(생각연구소, 2011/2012), 29~30쪽.

69 김난도 외, 『트렌드코리아 2012』(미래의창, 2011), 196~197쪽.

70 일레인 글레이저(Eliane Glaser), 최봉실 옮김, 『겟 리얼: 이데올로기는 살아 있다』(마티, 2012/2013), 139쪽.

71 필립 코틀러(Philip Kotler), 안진환 옮김, 『마켓 3.0: 모든 것을 바꾸어놓을 새로운 시장의 도래』(타임비즈, 2010), 67쪽.

72 「Authenticity Party」, 『Wikipedia』.

73 이계삼, 「너의 '진정성'이 들려」, 『한겨레』, 2013년 8월 16일.

제7장 자기계발과 조직

1 문요한, 『스스로 살아가는 힘: 내가 선택하고 결정하는 인생법』(더난출판, 2014), 232~233쪽.

2 장정빈, 『리마커블 서비스: 고객의 마음과 지갑을 여는 힘』(올림, 2009), 61쪽.

3 이시즈카 시노부, 이건호 옮김, 『아마존은 왜? 최고가에 자포스를 인수했나?』(북로그컴퍼니, 2009/2010), 23쪽, 59~60쪽.

4 필립 코틀러(Philip Kotler), 안진환 옮김, 『마켓 3.0: 모든 것을 바꾸어놓을 새로운 시장의 도래』(타임비즈, 2010), 138~139쪽.

5 존 코터(John P. Kotter), 한정곤 옮김, 『기업이 원하는 변화의 리더: 기업혁신의 8가지 함정과 8단계 성공법』(김영사, 1996/1999), 145~164쪽.

6 에드워드 러셀 월링(Edward Russell-Walling), 김영규 옮김, 『경영의 탄생: CEO가 반드시 알아야 할 50가지 경영 아이디어』(더난출판, 2007/2010), 113~115쪽.

7 스티븐 코비(Stephen R. Covey) 외, 김경섭 옮김, 『소중한 것을 먼저 하라: 스티븐 코비의 제4세대 시간경영』(김영사, 1994/1997), 349~350쪽.

8 에드워드 러셀 월링(Edward Russell-Walling), 김영규 옮김, 『경영의 탄생: CEO가 반드시 알아야 할 50가지 경영 아이디어』(더난출판, 2007/2010), 112쪽.

9 최지영, 「직함은 사람을 그 속에 가둬…CFO · COO 없고 '동료'만 있죠」, 『중앙일보』, 2014년 5월 10일.

10 「사설」 인사권 청와대에 뺏긴 장관들이 무슨 일 할 수 있겠나」, 『조선일보』, 2014년 7월 3일.

11 제프리 콤(Jeffrey Combs), 이지영 옮김, 『굿바이 미루기』(가디언, 2011/2012), 17쪽.

12 Charles Earle Funk, 『Thereby Hangs a Tale: Stories of Curious Word Origins』(New York: Quill, 2002), p.231.

13 닐 피오레(Neil Fiore), 서현정 옮김, 『나우: 지금 바로 실행하라』(알에이치코리아, 2007/2010), 109쪽.

14 이인식, 『멋진 과학 2』(고즈윈, 2011), 17쪽.

15 윌리엄 너스(William Knaus), 이상원 옮김, 『심리학, 미루는 습관을 바꾸다』(갈매나무, 2010/2013), 88쪽, 228~229쪽.

16 김경미, 『심리학의 위안』(교양인, 2012), 69쪽.

17 닐 피오레(Neil Fiore), 서현정 옮김, 『나우: 지금 바로 실행하라』(알에이치코리아, 2007/2010), 96~102쪽.

18 톰 켈리(Tom Kelley) · 데이비드 켈리(David Kelley), 박종성 옮김, 『유쾌한 크리에이티브: 어떻게 창조적 자신감을 이끌어낼 것인가』(청림출판, 2013/2014), 170~171쪽.
19 존 페리(John R. Perry), 강유리 옮김, 『미루기의 기술』(21세기북스, 2012/2013), 21~30쪽.
20 이유진, 「미루는 내가 미우십니까?」, 『한겨레』, 2013년 11월 14일.
21 케이트 폭스(Kate Fox), 권석하 옮김, 『영국인 발견(Watching the English)』(학고재, 2004/2010), 275~276쪽.
22 티모시 윌슨(Timothy D. Wilson), 강유리 옮김, 『스토리: 행동의 방향을 바꾸는 강력한 심리처방』(웅진지식하우스, 2011/2012), 27~28쪽.
23 「The Secret(book)」, 『Wikipedia』; 「Rhonda Byrne」, 『Wikipedia』.
24 한윤형 · 최태섭 · 김정근, 『열정은 어떻게 노동이 되는가: 한국사회를 움직이는 새로운 명령』(웅진지식하우스, 2011), 104쪽.
25 티모시 윌슨(Timothy D. Wilson), 강유리 옮김, 『스토리: 행동의 방향을 바꾸는 강력한 심리처방』(웅진지식하우스, 2011/2012), 45~46쪽; 론다 번(Rhonda Byrne), 김우열 옮김, 『시크릿』(살림출판사, 2006/2007), 19쪽, 23쪽, 136쪽, 137쪽.
26 브라이언 트레이시(Brian Tracy), 홍성화 옮김, 『전략적 세일즈』(비즈토크북, 2012), 78쪽.
27 비키 쿤켈(Vicki Kunkel), 박혜원 옮김, 『본능의 경제학: 본능 속에 숨겨진 인간행동과 경제학의 비밀』(사이, 2008/2009), 122쪽.
28 스티븐 브라이어스(Stephen Briers), 구계원 옮김, 『엉터리 심리학』(동양북스, 2012/2014), 71~73쪽.
29 토드 부크홀츠(Todd G. Buchholz), 장석훈 옮김, 『러쉬: 우리는 왜 도전과 경쟁을 즐기는가』(청림출판, 2011/2012), 302쪽; 진 트웬지(Jean M. Twenge) · 키스 캠벨(W. Keith Campbell), 이남석 편역, 『나는 왜 나를 사랑하는가』(옥당, 2009/2010), 143~144쪽.
30 이원석, 『거대한 사기극: 자기계발서 권하는 사회의 허와 실』(북바이북, 2013), 66쪽.
31 강준만, 「왜 어느 소방대원은 상습적인 방화를 저질렀을까?: 파킨슨의 법칙」, 『감정독재: 세상을 꿰뚫는 50가지 이론』(인물과사상사, 2013), 296~300쪽 참고.
32 로렌스 피터(Laurence J. Peter) · 레이몬드 헐(Raymond Hull), 나은영 · 서유진 옮김, 『피터의 원리: 승진할수록 사람들이 무능해지는 이유』(21세기북스, 1996/2009), 23~24쪽; William Morris & Mary Morris, 『Morris Dictionary of Word and Phrase Origins』, 2nd ed.(New York: Harper & Row, 1971), p.448, p.450; 「Peter Principle」, 『Wikipedia』.
33 로렌스 피터(Laurence J. Peter) · 레이몬드 헐(Raymond Hull), 나은영 · 서유진 옮김, 『피터의 원리: 승진할수록 사람들이 무능해지는 이유』(21세기북스, 1996/2009), 316~318쪽.
34 로렌스 피터(Laurence J. Peter) · 레이몬드 헐(Raymond Hull), 나은영 · 서유진 옮김, 『피터의 원리: 승진할수록 사람들이 무능해지는 이유』(21세기북스, 1996/2009), 79~81쪽.
35 로렌스 피터(Laurence J. Peter) · 레이몬드 헐(Raymond Hull), 나은영 · 서유진 옮김, 『피터의 원리: 승진할수록 사람들이 무능해지는 이유』(21세기북스, 1996/2009), 36~37쪽.
36 로렌스 피터(Laurence J. Peter) · 레이몬드 헐(Raymond Hull), 나은영 · 서유진 옮김, 『피터의 원리: 승진할수록 사람들이 무능해지는 이유』(21세기북스, 1996/2009), 167쪽.
37 로렌스 피터(Laurence J. Peter) · 레이몬드 헐(Raymond Hull), 나은영 · 서유진 옮김, 『피터의 원리: 승진할수록 사람들이 무능해지는 이유』(21세기북스, 1996/2009), 318쪽.
38 위니프레드 갤러거(Winifred Gallagher), 이한이 옮김, 『NEW: 돌도끼에서 스마트폰까지 새로움을 향한 인류 본능의 탐구』(오늘의책, 2011/2012), 74~75쪽.
39 올리버 버크먼(Oliver Burkeman), 김민주 · 송희령 옮김, 『행복중독자: 사람들은 왜 돈, 성공, 관계에 목숨을 거는가』(생각연구소, 2011/2012), 179~180쪽.
40 나은영, 「옮긴이의 글: 능력을 넘어서는 불행보다는 능력 안의 행복을 추구하라」, 로렌스 피터

(Laurence J. Peter)·레이몬드 헐(Raymond Hull), 나은영·서유진 옮김, 『피터의 원리: 승진할수록 사람들이 무능해지는 이유』(21세기북스, 1996/2009), 9쪽.

41 이채훈, 「'피터의 원리' vs PD의 원리」, 『피디저널』, 2014년 8월 20일.

42 황웨이, 김경숙 옮김, 『나와 세상의 비밀을 푸는 경이로운 심리법칙 66가지』(더숲, 2010/2012), 315~320쪽.

43 돈 탭스콧(Don Tapscott), 이진원 옮김, 『디지털 네이티브: 역사상 가장 똑똑한 세대가 움직이는 새로운 세상』(비즈니스북스, 2008/2009), 302쪽; 토머스 말론(Thomas W. Malone), 함규진 옮김, 『노동의 미래』(넥서스비즈, 2004/2005), 78쪽.

44 스콧 애덤스(Scott Adams), 이은선 옮김, 『딜버트의 법칙』(홍익출판사, 1996), 25~28쪽.

45 「Peter Principle」, 『Wikipedia』; 「Dilbert principle」, 『Wikipedia』; 「딜버트의 법칙(Dilbert's principle)」, 『네이버 지식백과』.

46 김성회, 「혁신은 실패 '오답노트'에서 나온다」, 『이코노믹리뷰』, 2011년 9월 1일.

47 이형근, 「"이종기업간 경쟁엔 유연한 자세 필요"」, 『디지털타임스』, 2014년 2월 3일.

48 「Putt's Law and the Successful Technocrat」, 『Wikipedia』.

49 「Negative selection(politics)」, 『Wikipedia』.

제8장 경쟁과 혁신

1 클레이턴 크리스텐슨(Clayton M. Christensen), 이진원 옮김, 『혁신기업의 딜레마: 미래를 준비하는 기업들의 파괴적 혁신전략』(세종서적, 1997/2009), 322~323쪽.

2 이신영, 「[Weekly BIZ] 클레이턴 크리스텐슨 하버드대 교수 "품질 개선·비용 감축 아닌 파괴적 혁신 해야 성장한다"」, 『조선일보』, 2013년 2월 2일.

3 마이클 모부신(Michael J. Mauboussin), 서정아 옮김, 『내가 다시 서른 살이 된다면』(토네이도, 2012/2013), 265~269쪽.

4 존 휴이(John Huey) 외, 조영신 옮김, 『립타이드: 언론 산업을 수장시킨 쉼 없이 밀려드는 혁신의 조류』(한국언론진흥재단, 2013), 82~83쪽.

5 리처드 코치(Richard Koch)·그렉 록우드(Greg Lockwood), 박세연 옮김, 『낯선 사람 효과: 지금 당신에게 필요한 사람들은 누구인가?』(흐름출판, 2010/2012), 341쪽.

6 제프리 페퍼(Jeffrey Pfeffer), 이경남 옮김, 『권력의 기술: 조직에서 권력을 거머쥐기 위한 13가지 전략』(청림출판, 2010/2011), 273~274쪽.

7 김병철, 「니코 멜레 "네이티브 광고? 광고는 생각도 하지 마라"」, 『미디어오늘』, 2014년 5월 22일.

8 클레이턴 크리스텐슨(Clayton M. Christensen)·마이클 레이너(Michael E. Raynor), 딜로이트컨설팅 코리아 옮김, 『성장과 혁신』(세종서적, 2003/2005), 11쪽.

9 필립 코틀러(Philip Kotler), 홍성태·윤성욱 옮김, 『마케팅의 10가지 치명적 실수』(세종서적, 2004/2005), 59쪽.

10 마이클 모부신(Michael J. Mauboussin), 서정아 옮김, 『내가 다시 서른 살이 된다면』(토네이도, 2012/2013), 269~271쪽.

11 「知彼知己」, 『네이버 한자사전』.

12 허윤희, 「'골리앗'과 붙더라도 10번 중 3번은 이긴다: 새 책 '다윗과 골리앗' 집필 중인 맬컴 글래드웰을 만나다」, 『조선일보』, 2013년 3월 16일.

13 맬컴 글래드웰(Malcolm Gladwell), 선대인 옮김, 『다윗과 골리앗: 강자를 이기는 약자의 기술』(21세기북스, 2013/2014), 20쪽.

14 허윤희, 「'골리앗'과 붙더라도 10번 중 3번은 이긴다: 새 책 '다윗과 골리앗' 집필 중인 맬컴 글래드웰을 만나다」, 『조선일보』, 2013년 3월 16일.

15 나해리, 「그럭저럭 괜찮은 스펙의 대학생」, 전다은 외, 『대한민국 취업전쟁 보고서』(더퀘스트, 2014), 187쪽.

16 맬컴 글래드웰(Malcolm Gladwell), 선대인 옮김, 『다윗과 골리앗: 강자를 이기는 약자의 기술』(21세기북스, 2013/2014), 102~103쪽.

17 맬컴 글래드웰(Malcolm Gladwell), 선대인 옮김, 『다윗과 골리앗: 강자를 이기는 약자의 기술』(21세기북스, 2013/2014), 113~117쪽.

18 「Big-fish-little-pond effect」, 『Wikipedia』.

19 Christine Ammer, 『The Facts on File Dictionary of Clichés』(New York: Checkmark Books, 2001), p.32.

20 Robert H. Frank, 『Choosing the Right Pond: Human Behavior and the Quest for Status』(New York: Oxford University Press, 1985), p.8.

21 Barry Schwartz, 『The Paradox of Choice: Why More Is Less』(New York: Harper Perennial, 2004), pp.189~190.

22 목정민, 「이해진 의장 "온라인 많은 '히든 챔피언' 기대"」, 『경향신문』, 2014년 6월 26일.

23 김은정, 「집중하라, 깊이 있게: '히든 챔피언' 著者가 말하는 히든 챔피언 비밀은?」, 『조선일보』, 2013년 7월 11일.

24 헤르만 지몬(Hermann Simon), 이미옥 옮김, 『히든 챔피언: 세계시장을 제패한 숨은 1등 기업의 비밀』(흐름출판, 2007/2008), 31~32쪽.

25 헤르만 지몬(Hermann Simon), 이미옥 옮김, 『히든 챔피언: 세계시장을 제패한 숨은 1등 기업의 비밀』(흐름출판, 2007/2008), 505~511쪽.

26 헤르만 지몬(Hermann Simon), 이미옥 옮김, 『히든 챔피언: 세계시장을 제패한 숨은 1등 기업의 비밀』(흐름출판, 2007/2008), 60쪽.

27 최준호, 「히든 챔피언, 한국선 힘든 챔피언」, 『중앙일보』, 2014년 4월 1일.

28 조중식, 「한국 산업계의 '벌떼 습성'」, 『조선일보』, 2014년 6월 19일.

29 손해용, 「"한국, 히든 챔피언 원하면 장인을 대접하라": '히든 챔피언' 개념 만든 지몬 박사」, 『중앙일보』, 2014년 10월 29일.

30 앨런 브링클리(Alan Brinkley), 황혜성 외 옮김, 『미국인의 역사 1』(비봉출판사, 1993/1998), 14쪽.

31 마이클 스펜스(Michael Spence), 이현주 옮김, 『넥스트 컨버전스: 위기 이후 도래하는 부와 기회의 시대』(리더스북, 2011/2012), 204~208쪽; 토드 부크홀츠(Todd G. Buchholz), 장석훈 옮김, 『러쉬: 우리는 왜 도전과 경쟁을 즐기는가』(청림출판, 2011/2012), 260쪽; 「Resource curse」, 『Wikipedia』; 「자원의 저주」, 『네이버 지식백과』.

32 토머스 차모로-프레무지크(Tomas Chamorro-Premuzic), 이현정 옮김, 『위험한 자신감: 현실을 왜곡하는 아찔한 습관』(더퀘스트, 2013/2014), 222쪽.

33 필립 맥마이클(Philip McMichael), 조효제 옮김, 『거대한 역설: 왜 개발할수록 불평등해지는가』(교양인, 2012/2013), 115쪽.

34 「자원의 저주」, 『네이버 지식백과』.

35 신동열, 「'자원의 저주'…기술·창의와 결합해야 '축복'」, 『한국경제』, 2013년 3월 15일.

36 스티브 포브스(Steve Forbes)·엘리자베스 아메스(Elizabeth Ames), 김광수 옮김, 『자본주의는 어떻게 우리를 구할 것인가』(아라크네, 2009/2011), 58쪽.

37 「Dutch disease」, 『Wikipedia』; 「Resource curse」, 『Wikipedia』.

38 유경준, 「Dutch Miracle(네덜란드의 기적)…10년 만에 고용률 70%, 네덜란드의 성공 비결은」, 『조선일

보」, 2013년 6월 19일.

39 토드 부크홀츠(Todd G. Buchholz), 장석훈 옮김, 「러쉬: 우리는 왜 도전과 경쟁을 즐기는가」(청림출판, 2011/2012), 259쪽.

40 최범규, 「풍년 농사에도 웃지 못하는 농가 왜?: "수확할수록 손해"…밭 뒤엎는 농가 속출」, 「충북일보」, 2013년 8월 25일.

41 김진규, 「여성농민회 "한중FTA 중단·대기업 농업생산 중단" 촉구」, 「시사제주」, 2013년 8월 29일.

42 김태근·박유연, 「[풍년의 역설] [1] 채소값 40% 폭락…豊年의 눈물」, 「조선일보」, 2013년 10월 26일.

43 박유연, 「절약의 역설에 빠진 한국 경제, 쓸 돈도 안 쓴다」, 「조선일보」, 2012년 8월 20일.

44 윌리엄·마블 사하키안, 이종철 역, 「위대한 철학자들의 사상」(문예출판사, 1988), 28~29쪽; 강재륜, 「논리학」(대왕사, 1996), 46~48쪽; 홍은택, 「블루 아메리카를 찾아서」(창비, 2005); 「Fallacy of composition」, 「Wikipedia」; 「Paradox of thrift」, 「Wikipedia」; 「Fallacy of division」, 「Wikipedia」.

45 권영준, 「'구성의 오류'」, 「주간조선」, 제1911호(2006년 7월 3일).

46 류근옥, 「'구성의 모순'이 빚는 오류 살펴야」, 「한국보험신문」, 2011년 7월 17일.

47 김종수, 「경제팀, '창조경제' 찾다 길을 잃다」, 「중앙일보」, 2013년 4월 24일.

48 신동열, 「위험한 도박 '공포의 균형'…핵은 주권보다 책임이 우선」, 「한국경제」, 2013년 2월 22일.

49 오형규, 「자장면 경제학」(좋은책만들기, 2010), 213쪽.

50 William Safire, 「Safire's Political Dictionary」(New York: Random House, 1978), p.51; Grant Barrett, ed., 「Oxford Dictionary of American Political Slang」(New York: Oxford University Press, 2004), p.52.

제9장 네트워크와 신호

1 니시 가즈히코, 김웅철 옮김, 「정보경영자 5인의 인터넷 예언」(평범사, 1997), 55쪽.

2 이선기, 「밀레니엄 리더: 디지털 경제를 움직이는 139인의 비전과 전략」(청림출판, 1999), 54쪽.

3 크리스 앤더슨(Chris Anderson), 정준희 옮김, 「프리: 비트 경제와 공짜 가격이 만드는 혁명적 미래」(랜덤하우스, 2009), 164~165쪽.

4 존 케이(John Kay), 「세상을 비추는 경제학」(베리타스북스, 2004/2007), 17~20쪽; 「Network effect」, 「Wikipedia」.

5 Ori Brafman & Rod A. Beckstrom, 「The Starfish and the Spider: The Unstoppable Power of Leaderless Organizations」(New York: Portfolio, 2006), pp.166~167.

6 장정모, 「플랫폼과 양면시장은 무엇이고 어떤 역할을 하나요?」, 「조선일보」, 2012년 10월 26일.

7 마이클 마이넬리(Michael Mainelli)·이안 해리스(Ian Harris), 윤태경 옮김, 「무엇이 가격을 결정하는가?」(21세기북스, 2011/2012), 144쪽; 앤서니 퍼킨스·마이클 퍼킨스, 형선호 옮김, 「인터넷 거품: 거품을 알면 전략이 보인다」(김영사, 2000), 27쪽; 홍성욱, 「네트워크 혁명, 그 열림과 닫힘: 지식기반사회의 비판과 대안」(들녘, 2002), 31쪽.

8 Jane Jacobs, 「The Death and Life of Great American Cities」(New York: Vintage Books, 1961/1992), p.145.

9 리처드 플로리다(Richard Florida), 이원호·이종호·서민철 옮김, 「도시와 창조계급: 창조경제 시대의 도시발전 전략」(푸른길, 2005/2008), 11쪽; 리처드 플로리다(Richard Florida), 박기복·신지희 옮김, 「후즈유어시티: 세계의 경제엘리트들은 어디서 사는가」(브렌즈, 2008/2010), 57~58쪽; 케빈 켈리(Kevin Kelly), 이한음 옮김, 「기술의 충격: 테크놀로지와 함께 진화하는 우리의 미래」(민음사, 2010/2011), 105쪽.

10 니얼 퍼거슨(Niall Ferguson), 구세희 옮김, 『위대한 퇴보』(21세기북스, 2012/2013), 11쪽.

11 에드워드 글레이저(Edward Glaeser), 이진원 옮김, 『도시의 승리』(해냄, 2011), 7쪽.

12 이상훈, 「세계 최고 초고속인터넷 서비스망 구축」, 『2006년 한국의 실력』(『월간조선』 2006년 1월호 별책부록), 151쪽.

13 윌리엄 데이비도(William H. Davidow), 김동규 옮김, 『과잉연결시대: 일상이 된 인터넷, 그 이면에선 어떤 일이 벌어지는가』(수이북스, 2011), 9쪽.

14 에드워드 홀(Edward T. Hall), 최효선 옮김, 『숨겨진 차원: 공간의 인류학』(한길사, 1966/2002), 273쪽; Desmond Morris, 『The Human Zoo: A Zoologist's Study of the Urban Animal』 2nd ed.(New York: Kodansha America, 1996), p.7; 바스 카스트(Bas Kast), 정인회 옮김, 『선택의 조건: 사람은 무엇으로 행복을 얻는가』(한국경제신문, 2012), 255쪽; 이영희, 「직장인 새 직업병 '공간축소 증후군'」, 『문화일보』, 2006년 7월 26일.

15 데이비드 하비(David Harvey), 초의수 옮김, 『도시의 정치경제학』(한울, 1989/1996), 145~211쪽; 니콜라 불러드(Nicola Bullard), 「모든 위기에서 세계를 구하는 방법」, 노암 촘스키(Noam Chomsky) 외, 김시경 옮김, 『경제민주화를 말하다』(위너스북, 2009/2012), 218~219쪽.

16 김진성, 「[Why] 과열된 프로야구 FA 시장 왜?」, 『부산일보』, 2013년 11월 23일.

17 박용훈, 「한국 프로야구 FA 무엇이 문제인가」, http://ch.yes24.com/Article/View/23797.

18 최병모 · 이수진, 『코즈가 들려주는 외부효과 이야기』(자음과모음, 2011), 20~24쪽.

19 조지프 스티글리츠(Joseph E. Stiglitz), 이순희 옮김, 『불평등의 대가: 분열된 사회는 왜 위험한가』(열린책들, 2012/2013), 326쪽. 그 시인은 영국의 존 돈(John Donne, 1572~1631)이다. "누구도 섬이 아니다(No man is an island)"는 말의 원래 의미에 대해 미국 심리학자 니컬러스 디폰조(Nicholas DiFonzo)는 이렇게 말한다. "대부분의 창조물처럼 인간 역시 사회적 상호작용을 하도록 태어났다. 함께 이야기하고, 함께 먹고, 함께 일한다. 거래를 하고, 물물교환을 하며, 언쟁을 벌인다. 우리가 스스로 인간임을 증명하는 데 가장 중요한 증거는 타인과 의사소통을 한다는 점이다. 우리는 타인과의 관계 속에서 스스로를 바라보기도 한다." 니컬러스 디폰조(Nicholas DiFonzo), 곽윤정 옮김, 『루머사회: 솔깃해서 위태로운 소문의 심리학』(흐름출판, 2008/2012), 9쪽.

20 「외부효과(external effect)」, 『네이버 지식백과』; 팀 하포드(Tim Harford), 이진원 옮김, 『경제학 콘서트 2』(웅진지식하우스, 2008), 153~154쪽, 246~247쪽; 서정환, 「외부효과로 인한 비효율성, 직접 해결하는 방법은?」, 『한국경제』, 2013년 8월 17일; 베르나르 마리스(Bernard Maris), 조홍식 옮김, 『무용지물 경제학』(창비, 2003/2008), 327~328쪽; 스티븐 레빗(Steven D. Levitt) · 스티븐 더브너(Stephen J. Dubner), 안진환 옮김, 『슈퍼 괴짜경제학』(웅진지식하우스, 2009), 243~247쪽; 라즈 파텔(Raj Patel), 제현주 옮김, 『경제학의 배신: 시장은 아무것도 주지 않는다』(북돋움, 2009/2011), 239~240쪽; 에릭 브린욜프슨(Erik Brynjolfsson) · 앤드루 맥아피(Andrew McAfee), 이한음 옮김, 『제2의 기계시대: 인간과 기계의 공생이 시작된다』(청림출판, 2014), 284쪽.

21 리처드 플로리다(Richard Florida), 김민주 · 송희령 옮김, 『제3차 세계리셋』(비즈니스맵, 2010/2011), 262쪽; 에드워드 글레이저(Edward Glaeser), 이진원 옮김, 『도시의 승리』(해냄, 2011), 64~65쪽.

22 한민옥, 「한은, 중기 '외부 효과' 만든다」, 『디지털타임스』, 2013년 6월 18일.

23 피터 우벨(Peter A. Ubel), 김태훈 옮김, 『욕망의 경제학』(김영사, 2009), 139~140쪽.

24 최병서, 『애커로프가 들려주는 레몬 시장 이야기』(자음과모음, 2011), 13쪽.

25 다니엘 핑크(Daniel H. Pink), 김명철 옮김, 『파는 것이 인간이다』(청림출판, 2012/2013), 75~76쪽.

26 「Lemon(Automobile)」, 『Wikipedia』; 『시사영어사/랜덤하우스 영한대사전』(시사영어사, 1991), 1298쪽; 로스 밀러(Ross M. Miller) · 버논 스미스(Vernon L. Smith), 권춘오 옮김, 『실험경제학: '보이는 손'으로 시장을 지배하라』(일상이상, 2002/2011), 230쪽; 김은정, 「레몬 마켓은 옛말…새 차보다 잘 나가는 중고차」, 『조선일보』, 2012년 3월 23일, B1면; 「The Market for Lemons」, 『Wikipedia』; 장하성,

『한국 자본주의: 경제민주화를 넘어 정의로운 경제로』(헤이북스, 2014), 638쪽.

27 「Lemon Socialism」, 『Wikipedia』.

28 Neil Ewart, 『Everyday Phrases: Their Origins and Meanings』(Poole · Dorset, UK: Blandford Press, 1983), p.10.

29 토머스 셸링(Thomas C. Schelling), 이한중 옮김, 『미시동기와 거시행동: 작은 동기와 선택은 어떻게 커다란 현상이 될까』(21세기북스, 2006/2009), 120~121쪽.

30 하노 벡(Hanno Beck), 박희라 옮김, 『일상의 경제학』(더난출판, 2004/2006), 197~198쪽.

31 팀 하포드(Tim Harford), 김명철 옮김, 『경제학 콘서트』(웅진지식하우스, 2005/2006), 167~168쪽.

32 토머스 셸링(Thomas C. Schelling), 이한중 옮김, 『미시동기와 거시행동: 작은 동기와 선택은 어떻게 커다란 현상이 될까』(21세기북스, 2006/2009), 121쪽.

33 박찬희 · 한순구, 『인생을 바꾸는 게임의 법칙』(경문사, 2005), 228쪽; 「역선택(逆選擇, adverse selection)」, 『네이버 지식백과』.

34 딘 베이커, 「[세계의 창] 오바마케어를 둘러싼 정치쇼」, 『한겨레』, 2013년 11월 11일.

35 오윤희, 「[Weekly BIZ] 의사는 처방을 팔고 교사는 지식을 팔아…우린 모두 세일즈맨」, 『조선일보』, 2013년 10월 12일.

36 김영훈, 「가락시장처럼 경매에 부치니…일본선 '중고차 조작' 없다」, 『중앙일보』, 2013년 7월 2일.

37 박성환 · 황윤정, 「"감히 연세대 동문 동문 거리는 놈들…"」, 『한겨레21』, 제967호(2014년 7월 1일).

38 오찬호, 『우리는 차별에 찬성합니다: 괴물이 된 이십대의 자화상』(개마고원, 2013), 163쪽.

39 낸시 에트코프(Nancy Etcoff), 이기문 옮김, 『미(美): 가장 예쁜 유전자만 살아남는다』(살림, 1999/2000), 262~263쪽; 댄 애리얼리(Dan Ariely), 이경식 옮김, 『거짓말하는 착한 사람들: 우리는 왜 부정행위에 끌리는가』(청림출판, 2012), 154~158쪽.

40 「시장 신호 이론(market signaling)」, 『네이버 지식백과』; 「Information asymmetry」, 『Wikipedia』; 「Signalling(economics)」, 『Wikipedia』; 팀 하포드(Tim Harford), 김명철 옮김, 『경제학 콘서트』(웅진지식하우스, 2005/2006), 172~174쪽, 197쪽; 박찬희 · 한순구, 『인생을 바꾸는 게임의 법칙』(경문사, 2005), 234~235쪽; 레이 피스먼(Ray Fisman) · 팀 설리번(Tim Sullivan), 이진원 옮김, 『경제학자도 풀지 못한 조직의 비밀』(웅진지식하우스, 2013/2014), 73~74쪽; 폴 오이어(Paul Oyer), 홍지수 옮김, 『짝찾기 경제학』(청림출판, 2014), 100~102쪽.

41 마이클 스펜스(Michael Spence), 이현주 옮김, 『넥스트 컨버전스: 위기 이후 도래하는 부와 기회의 시대』(리더스북, 2011/2012), 13~14쪽, 243쪽.

42 한순구, 「신비주의 마케팅 효과는 잠깐…소비자, 곧 품질差 알게 돼」, 『조선일보』, 2012년 9월 12일.

43 팀 하포드(Tim Harford), 김명철 옮김, 『경제학 콘서트』(웅진지식하우스, 2005/2006), 176쪽, 197쪽; 「Information asymmetry」, 『Wikipedia』.

44 박찬희 · 한순구, 『인생을 바꾸는 게임의 법칙』(경문사, 2005), 230쪽.

45 「2014 슈퍼볼 광고비 사상 최고…거액 쏟아부은 국내 기업은?」, 『이투데이』, 2014년 2월 3일; 남민우, 「슈퍼볼 경제효과 논란 불구 인기 폭발…벤처광고 첫 등장」, 『조선일보』, 2014년 2월 4일.

46 「시장 신호 이론(market signaling)」, 『네이버 지식백과』; 「Information asymmetry」, 『Wikipedia』; 「Signalling(economics)」, 『Wikipedia』; 팀 하포드(Tim Harford), 김명철 옮김, 『경제학 콘서트』(웅진지식하우스, 2005/2006), 172~174쪽, 197쪽; 박찬희 · 한순구, 『인생을 바꾸는 게임의 법칙』(경문사, 2005), 234~235쪽; 레이 피스먼(Ray Fisman) · 팀 설리번(Tim Sullivan), 이진원 옮김, 『경제학자도 풀지 못한 조직의 비밀』(웅진지식하우스, 2013/2014), 73~74쪽; 폴 오이어(Paul Oyer), 홍지수 옮김, 『짝찾기 경제학』(청림출판, 2014), 100~102쪽.

47 전중환, 『오래된 연장통: 인간 본성의 진짜 얼굴을 만나다』(사이언스북스, 2010), 83쪽.

48 이인식, 『짝짓기의 심리학: 당신은 누구와 사랑에 빠지는가』(고즈윈, 2008), 149~150쪽, 169쪽.

49 '노력 정당화 효과'는 강준만, 「왜 해병대 출신은 '한 번 해병은 영원한 해병'이라고 할까?: 노력 정당 화 효과」, 『감정 독재: 세상을 꿰뚫는 50가지 이론』(인물과사상사, 2013), 67~71쪽을 참고할 것.

50 케이윳 첸(Kay-Yut Chen) · 마리나 크라코브스키(Marina Krakovsky), 이영래 옮김, 『머니랩: 돈이 벌 리는 경제실험실』(타임비즈, 2010), 294쪽.

51 케이윳 첸(Kay-Yut Chen) · 마리나 크라코브스키(Marina Krakovsky), 이영래 옮김, 『머니랩: 돈이 벌 리는 경제실험실』(타임비즈, 2010), 297~299쪽.

52 제프리 밀러(Geoffrey F. Miller), 김명주 옮김, 『스펜트: 섹스, 진화 그리고 소비주의의 비밀』(동녘사이 언스, 2009/2010), 151쪽.

53 피터 틸(Peter Thiel) · 블레이크 매스터스(Blake Masters), 이지연 옮김, 『제로 투 원』(한국경제신문, 2014), 57쪽.

54 제프리 밀러(Geoffrey F. Miller), 김명주 옮김, 『스펜트: 섹스, 진화 그리고 소비주의의 비밀』(동녘사이 언스, 2009/2010), 155쪽.

55 데이비드 버스(David Buss), 전중환 옮김, 『욕망의 진화』(사이언스북스, 2003/2007), 245쪽.

제10장 미디어와 사회

1 Daniel J. Czitrom, 『Media and the American Mind: From Morse to McLuhan』(Chapel Hill: University of North Carolina Press, 1982), p.178.

2 Daniel J. Czitrom, 『Media and the American Mind: From Morse to McLuhan』(Chapel Hill: University of North Carolina Press, 1982), p.177.

3 Marshall McLuhan and Quentin Fore, 『Medium Is the Massage: An Inventory of Effects』 (New York: Bantam, 1967), p.26.

4 Samuel L. Becker, 「Presidential Power: The Influence of Broadcasting」, 『Quarterly Journal of Speech』, 47(February 1961), pp.10~18; Peter E. Kane, 「Evaluating the "Great Debates"」, 『Western Speech』, 30(Spring 1966), pp.89~96; Joe McGinniss, 『The Selling of the President 1968』(New York: Pocket Books, 1969).

5 케네스 데이비스(Kenneth C. Davis), 이순호 옮김, 『미국에 대해 알아야 할 모든 것, 미국사』(책과함 께, 2003/2004), 490~491쪽.

6 A. K. 프라딥(A. K. Pradeep), 서영조 옮김, 『바잉브레인: 뇌 속의 욕망을 꺼내는 힘』(한국경제신문, 2010/2013), 337~339쪽.

7 이상철, 『스포츠저널리즘의 위기』(이진출판사, 1999), 65쪽.

8 이은호, 『축구의 문화사』(살림, 2004), 52~54쪽.

9 알프레드 바알, 지현 옮김, 『축구의 역사』(시공사, 1999), 91~93쪽; 스테판 지만스키 · 앤드루 짐벌리스 트, 김광우 옮김, 『왜? 세계는 축구에 열광하고 미국은 야구에 열광하나』(에디터, 2006), 101~106쪽.

10 박영욱, 『매체, 매체예술 그리고 철학』(향연, 2008), 27쪽.

11 엠 그리핀(Em Griffin), 김동윤 · 오소현 옮김, 『첫눈에 반한 커뮤니케이션 이론』(커뮤니케이션북스, 2012), 496쪽.

12 Marshall McLuhan, 박정규 옮김, 『미디어의 이해: 인간의 확장』(커뮤니케이션북스, 1997), 455쪽.

13 Marshall McLuhan, 박정규 옮김, 『미디어의 이해: 인간의 확장』(커뮤니케이션북스, 1997), 54쪽.

14 Marshall McLuhan, 『Understanding Media: The Extensions of Man』(New York: McGraw-Hill, 1965), p.310.

15 Marshall McLuhan, 『Understanding Media: The Extensions of Man』(New York: McGraw-Hill,

1965), p.310.

16 Werner J. Severin & James W. Tankard, Jr., 장형익·김흥규 옮김, 『커뮤니케이션개론』(나남, 1991), 405쪽.

17 데니스 매퀘일(Denis McQuail), 오진환 옮김, 『매스커뮤니케이션 이론』(나남, 1990), 334쪽.

18 Werner J. Severin & James W. Tankard, Jr., 장형익·김흥규 옮김, 『커뮤니케이션 개론』(나남, 1991), 409쪽.

19 이강수, 『현대 매스커뮤니케이션의 제문제』(범우사, 1991), 367~380쪽.

20 정군기, 「영국방송의 디지털 전환에 관한 연구: 디지털 디바이드의 관점에서」, 『언론과학연구』, 제7권1호(2007년 3월), 267쪽.

21 김희연, 「인터넷 이용률 계층 간 격차 심화」, 『경향신문』, 2003년 10월 2일, 18면.

22 이호규, 「정보격차 논의에 대한 비판적 고찰: 집단 수준의 논의에서 개인 수준의 논의로」, 『한국언론학보』, 제53권6호(2009년 12월), 21쪽.

23 존 팰프리(John Palfgrey)·우르스 가서(Urs Gasser), 송연석·최완규 옮김, 『그들이 위험하다: 왜 하버드는 디지털 세대를 걱정하는가?』(갤리온, 2008/2010), 238쪽; 「Participatory culture」, 「Wikipedia」.

24 안선희, 「통신비 비중 미국의 3.4배: 일본보다도 1.4배 높아 사교육비는 2배 웃돌아」, 『한겨레』, 2007년 11월 20일.

25 이순혁, 「휴대폰 가장 비싼 나라는 한국」, 『한겨레』, 2013년 7월 30일.

26 전병역, 「스마트폰 보급률 한국 67%로 1위」, 『경향신문』, 2013년 6월 26일.

27 이순혁, 「휴대폰 가장 비싼 나라는 한국」, 『한겨레』, 2013년 7월 30일.

28 전병역, 「스마트폰 보급률 한국 67%로 1위」, 『경향신문』, 2013년 6월 26일.

29 로렌스 레식(Lawrence Lessig), 이주명 옮김, 『자유문화: 인터넷시대의 창작과 저작권 문제』(필맥, 2004/2005), 69쪽.

30 이호규, 「정보격차 논의에 대한 비판적 고찰: 집단 수준의 논의에서 개인 수준의 논의로」, 『한국언론학보』, 제53권6호(2009년 12월), 19쪽.

31 리처드 세넷(Richard Sennett), 김병화 옮김, 『투게더: 다른 사람들과 함께 살아가기』(현암사, 2012/2013), 235쪽.

32 Dorothy Auchter, 『Dictionary of Historical Allusions & Eponyms』(Santa Barbara, CA: ABC-CLIO, 1998), p.10; 「발칸반도」, 「위키백과」.

33 강남규, 「럭비공 공화당, 미국 디폴트 뇌관 건드리나」, 『중앙일보』, 2013년 10월 8일.

34 「Splinternet」, 「Wikipedia」. splinter는 "조각, 가시, 파편", splinter group은 "정치적인 분파"란 뜻이다.

35 http://web.mit.edu/marshall/www/papers/CyberBalkans.pdf; 니콜라스 카(Nicholas Carr), 임종기 옮김, 『빅 스위치: Web2.0시대, 거대한 변환이 시작된다』(동아시아, 2008), 225~232쪽.

36 Cass Sunstein, 『republic.com』(Princeton, NJ: Princeton University Press, 2001), pp.65~84; 데이비드 와인버거(David Weinberger), 이현주 옮김, 『혁명적으로 지식을 체계화하라』(살림비즈, 2007/2008), 353쪽; 강준만, 「왜 개인보다 집단이 과격한 결정을 내리는가?: 집단극화 이론」, 『감정독재: 세상을 꿰뚫는 50가지 이론』(인물과사상사, 2013), 279~284쪽.

37 이석우, 「"인터넷이 사회균열 부추겨"」, 『서울신문』, 2005년 8월 18일, 12면.

38 백지운, 「전 지구화 시대 중국의 '인터넷 민족주의'」, 『황해문화』, 제48호(2005년 가을호), 219쪽.

39 임석규, 「러셀의 경고」, 『한겨레』, 2014년 4월 28일.

40 엘리 패리저(Eli Pariser), 이현숙·이정태 옮김, 『생각 조종자들』(알키, 2011), 10쪽, 20쪽.

41 Cass R. Sunstein, 『Why Societies Need Dissent』(Cambridge, MA: Harvard University Press,

2003); Cass R. Sunstein, 『Going to Extremes: How Like Minds Unite and Divide』(New York: Oxford University Press, 2009).

42 강준만, 「왜 선량한 네티즌이 '악플 악마'로 변할 수 있는가?: 루시퍼 효과」, 『우리는 왜 이렇게 사는 걸까?: 세상을 꿰뚫는 50가지 이론 2』(인물과사상사, 2014), 265~270쪽.

43 김정근, 「[신년 대담] 2014년을 조망하다(1) 정치 분야—윤평중 · 조국 교수」, 『경향신문』, 2014년 1월 1일.

44 브랜든 브루스(Brendan Bruce), 김정탁 옮김, 『이미지 파워』(커뮤니케이션북스, 1998), 166쪽.

45 김응숙, 『소비문화 이데올로기 분석』(커뮤니케이션북스, 1998), 53쪽; 러셀 뉴먼(W. Russell Neuman), 전석호 옮김, 『뉴미디어와 사회변동』(나남, 1995), 149쪽.

46 윌슨 브라이언 키(Wilson Bryan Key), 허갑중 옮김, 『섹스어필 광고 섹스어필 미디어』(책과길, 1994), 44쪽.

47 윌슨 브라이언 키(Wilson Bryan Key), 허갑중 옮김, 『현대사회와 잠재의식의 광고학』(나남, 1992), 38~40쪽.

48 에이버리 길버트(Avery Gilbert), 이수연 옮김, 『왜 그녀는 그의 스킨 냄새에 끌릴까: 후각 심리학이 밝히는 세상의 블랙박스』(21세기북스, 2008/2009), 225쪽.

49 윌슨 브라이언 키(Wilson Bryan Key), 허갑중 옮김, 『섹스어필 광고 섹스어필 미디어』(책과길, 1994), 237~247쪽.

50 윌슨 브라이언 키(Wilson Bryan Key), 허갑중 옮김, 『현대사회와 잠재의식의 광고학』(나남, 1992), 309쪽.

51 스콧 릴리언펠드(Scott O. Lilienfeld) 외, 문희경 · 유지연 옮김, 『유혹하는 심리학』(타임북스, 2010), 62쪽.

52 더글러스 러시코프, 홍욱희 옮김, 『당신의 지갑이 텅 빈 데는 이유가 있다: 디지털 시대에도 예외가 아닌 대기업의 교묘한 마케팅 전략』(중앙M&B, 2000), 293쪽.

53 더글러스 러시코프, 홍욱희 옮김, 『당신의 지갑이 텅 빈 데는 이유가 있다: 디지털 시대에도 예외가 아닌 대기업의 교묘한 마케팅 전략』(중앙M&B, 2000), 294쪽.

54 요코이 신지, 장경환 옮김, 『서브리미널 마케팅: 대중조작의 신기법』(앞선책, 1996), 75쪽.

55 요코이 신지, 장경환 옮김, 『서브리미널 마케팅: 대중조작의 신기법』(앞선책, 1996), 76쪽.

56 요코이 신지, 장경환 옮김, 『서브리미널 마케팅: 대중조작의 신기법』(앞선책, 1996), 275~276쪽.

57 요코이 신지, 장경환 옮김, 『서브리미널 마케팅: 대중조작의 신기법』(앞선책, 1996), 276~277쪽.

58 요코이 신지, 장경환 옮김, 『서브리미널 마케팅: 대중조작의 신기법』(앞선책, 1996), 277쪽.

59 요코이 신지, 장경환 옮김, 『서브리미널 마케팅: 대중조작의 신기법』(앞선책, 1996), 17~24쪽.

60 요코이 신지, 장경환 옮김, 『서브리미널 마케팅: 대중조작의 신기법』(앞선책, 1996), 35~36쪽.

61 요코이 신지, 장경환 옮김, 『서브리미널 마케팅: 대중조작의 신기법』(앞선책, 1996), 265쪽.

62 데이비드 이글먼(David Eagleman), 김소희 옮김, 『인코그니토: 나라고 말하는 나는 누구인가』(쌤앤파커스, 2011), 88쪽.

생각의 문법

ⓒ 강준만, 2015

초판 1쇄 2015년 2월 12일 펴냄
초판 5쇄 2020년 10월 20일 펴냄

지은이 | 강준만
펴낸이 | 강준우
기획 · 편집 | 박상문, 박효주, 김환표
디자인 | 최진영, 홍성권
마케팅 | 이태준, 최수향
인쇄 · 제본 | (주)삼신문화

펴낸곳 | 인물과사상사
출판등록 | 제17-204호 1998년 3월 11일

주소 | (04037) 서울시 마포구 양화로7길 6-16 서교제일빌딩 3층
전화 | 02-325-6364
팩스 | 02-474-1413

www.inmul.co.kr | insa@inmul.co.kr

ISBN 978-89-5906-316-1 03300
값 15,000원

이 저작물의 내용을 쓰고자 할 때는 저작자와 인물과사상사의 허락을 받아야 합니다.
파손된 책은 바꾸어 드립니다.

이 도서의 국립중앙도서관 출판시도서목록(CIP)은 서지정보유통지원시스템 홈페이지(http://seoji.nl.go.kr)와
국가자료공동목록시스템(http://www.nl.go.kr/kolisnet)에서 이용하실 수 있습니다.
(CIP제어번호 : CIP2015003388)